V&R

Elisabeth Buck

Bewegter Religionsunterricht

**Theoretische Grundlagen
und 45 kreative Unterrichtsentwürfe
für die Grundschule**

Vandenhoeck & Ruprecht
in Göttingen

Autorin

Elisabeth Buck, Jahrgang 1958, ist Diplom-Musiklehrerin mit Hauptfach Rhythmik und arbeitet im Bereich der Interaktion von Musik, Bewegung und Sprache mit unterschiedlichen Zielgruppen. In ihrer Tätigkeit als Katechetin i.N. hat sie Modelle entwickelt, in denen die Prinzipien von Rhythmik, Psychomotorik und Improvisationstheater in der Religionspädagogik angewendet werden. Sie lebt zur Zeit in Trabelsdorf bei Bamberg.

Die Deutsche Bibliothek – CIP Einheitsaufnahme

Buck, Elisabeth:
Bewegter Religionsunterricht: theoretische Grundlagen
und 45 kreative Unterrichtsentwürfe für die Grundschule / Elisabeth Buck. –
Göttingen: Vandenhoeck und Ruprecht, 1997
ISBN 3-525-61107-2

Satz: Weckner Fotosatz GmbH, Göttingen
Illustration: real GESTALTUNG
Reinhold Albert
97522 Sand am Main
Fotos: Michael Aust, XPO Fotodesign, Bamberg
Druck und Bindearbeiten: Hubert & Co., Göttingen

Inhalt

Vorwort

»Bewegter Religionsunterricht« – der Religionspädagoge nickt zustimmend; als Zustandsbeschreibung paßt das in die derzeitige religionspädagogische Landschaft, in der der Religionsunterricht tatsächlich gewaltig in Bewegung geraten ist. Genaueres Hinsehen und Herumblättern belehren ihn allerdings schnell eines Besseren: »Tasten, schnuppern, tanzen, springen, sich verstecken, singen, schleichen, sich verkleiden, Theater spielen, lärmen und lauschen, all das tun Kinder im Bewegten Religionsunterricht.« Es geht bewegt zu, Inhalte werden im Spiel bewegt und von vielen Seiten erforscht, es kommt Bewegung in äußere und innere Standpunkte, Erlebnisse aus dem Unterricht bewegen Kinder und Erwachsene. Bewegt und bewegend, so soll er sein, der Bewegte Religionsunterricht. Und was sagt dazu der etablierte Wissenschaftler an der Universität? Nun, wie es seines Amtes ist, räsoniert er zunächst – ehe er sich ›bewegen‹ läßt – in kühler Distanz über das richtige Verhältnis zwischen religionsunterrichtlicher Theorie und Praxis.

Nicht nur universitäre Lehrerbildung und schulpraktische Studien brauchen die Schulstube, sondern auch universitäre Forschung und konzeptionelle Arbeit didaktischer Provenienz haben bedachte, erprobte und anregende Schulpraxis bitter nötig. Wie für alle Fachdidaktiken gilt das auch für die Religionsdidaktik als dem mit der Theorie des schulischen Religionsunterrichts befaßten Wissenschaftsgebiet. Längst ist in Allgemeiner Didaktik wie Fachdidaktik das deduktiv einbahnige Modell überholt, wonach die Wissenschaft die konzeptionellen und didaktischen Maßgaben vorgab, denen die Praxis so weit wie möglich zu entsprechen hatte. Statt dessen geht man heute von einem wechselseitigen Verhältnis von Theorie und Praxis, in unserem Fall: von religionsdidaktischer Theorie und religionsunterrichtlicher Schulpraxis aus, bei der wie in einem Regelkreis Theorie und Praxis und Praxis und Theorie kritisch konstruktiv miteinander und untereinander korrelieren. Wo dieser beziehungsreiche Wechselprozeß gelingt, schafft das beiderseits bedenkliche Bewegung und erträgliche Begegnung. Für Bücher, die sich diesem Anspruch kritischer Wechselseitigkeit stellen, gilt nicht mehr die kurzschlüssige Devise »Aus der Praxis für die Praxis« unter Außerachtlassung der Theorie oder das Motto »Theorie für die Praxis« unter Verleugnung wirklicher Praxis. Verlangt und gefragt sind jetzt die Arbeiten aus der Praxis, die der wissenschaftlichen Auseinandersetzung nicht aus dem Weg gegangen sind, und die Arbeiten aus der Theorie, die sich ernsthaft den Anfragen und Anforderungen aus der Praxis gestellt haben. Das bedeutet selbstverständlich keine Leugnung des jeweiligen Standorts und der je spezifischen Aufgabenstellungen und verschiedenen Gaben, Anregungen und Erträge, die jemand – ob nun aus der Schulpraxis oder aus der Wissenschaft – für seine Person und seinen Teil einbringen kann. Ausgeschlossen bleiben sollten aber im Sinne gedeihlicher wechselseitiger Befruchtung von Theorie und Praxis alle Versuche isolierender Abschottung, überheblicher Ignorierung oder einseitiger Dominierung von der einen oder anderen Seite her. Damit das gelingen kann, braucht es gerade im Bereich der unterrichtspraktischen Literatur geeignete Autorinnen und Autoren, die mit ihren Voraussetzungen, Begabungen und Erfahrungen in der Lage und willens sind, sich diesem hohen Anspruch an ihre Arbeit zu stellen.

Elisabeth Buck tut es und wagt es mit ihrem Buch »Bewegter Religionsunterricht«, und jeder, der mit ihren Vorschlägen, Ideen und Anregungen nähere Bekanntschaft macht, ist darüber – und spätestens hier verläßt den ›Vorwortler‹ seine ›coole‹ Distanz – nicht nur froh und dankbar, sondern möchte das, was er gelesen hat, auch nicht mehr missen; denn dieser »Bewegte Religionsunterricht« dürfte ihn – besonders wenn er selbst unterrichtet – mit seinen unkonventionellen und kreativen Unterrichtsentwürfen ›echt‹ in Bewegung gebracht haben. In Person und Funktion von Elisabeth Buck ist der glückliche Fall eingetreten, daß dem Religionsunterricht durch einen bestimmten Ausbildungs- und Werdegang ganz neue Seiten und Dimensionen abgewonnen worden sind:

Als Diplom-Musiklehrerin mit Hauptfach Rhythmik und praktizierende Religionslehrerin mit Zusatzausbildung legte es sich für sie nahe, das in Diplomstudium und Beruf Gelernte und Erfahrene auch für den Religionsunterricht fruchtbar werden zu lassen. Dabei kam ihr nicht nur ihre religionsunterrichtliche Praxis an der Grundschule entgegen und zugute, sondern auch ihre musik- und religionspädagogische Lehrtätigkeit an der Universität Bamberg, die ihr kontinuierliche wissenschaftliche Begleitung, Hinterfragung und Durchdringung ihrer nicht gerade alltäglichen Unterrichtspraxis abverlangte und ermöglichte. Was dabei herausgekommen ist, liegt uns jetzt in theoretischer Grundlegung und praktischen Unterrichtsentwürfen für die Grundschule vor.

Zwar sollte man den »Bewegten Religionsunterricht« nicht gleich als neue religionspädagogische Konzeption feiern, muß aber immerhin zugeben, daß er durchaus didaktisch neue Akzente setzt und neue Wege erschließt. Der dezidierte Ansatz bei den Bewegungs- und Wahrnehmungserlebnissen der Kinder findet sich so in der Religionspädagogik noch nicht und erschließt der Religionsdidaktik gerade in allgemeindidaktischer und lerntheoretischer Hinsicht bisher nicht wahrgenommene wissenschaftliche Bezüge, Bereiche und Einsichten, die der religionsunterrichtlichen Theorie und Praxis tatsächlich verheißungsvolles Neuland eröffnen. Die viel beschworene und immer wieder geforderte Ganzheitlichkeit religionsunterrichtlichen Lernens erfährt mit diesem »Religionsunterricht durch Sinnes- und Bewegungserfahrung« nicht nur eine Bereicherung durch das neue Element der Bewegungsspiele, sondern darüber hinaus auch eine konzeptionelle Fundierung, welche die Bewegungserfahrung in die Sinnes-, Wahrnehmungs-, Gestaltungs- und Denkerfahrungen und -erfordernisse integriert. Wie das in concreto aussieht, veranschaulichen gleichsam als Probe aufs Theorieexempel die als »kreativ« angekündigten Unterrichtsentwürfe.

Und kreativ sind diese Vorschläge mit ihrer Fülle an Einfällen, Inszenierungen, Gestaltungen und Tanz- und Bewegungsarrangements allemal. In der Reihenfolge des geplanten Unterrichtsverlaufs werden sie jeweils inhaltlich und methodisch so genau und anregend beschrieben, daß sie zum ›Nachmachen‹ ermutigen und ermuntern. Wer in seinem Religionsunterricht mit Bucks Stundenbildern arbeitet, dem werden besonders bei Themen, die er in seinem Unterricht schon immer behandelt hat, überraschend neue Möglichkeiten aufge-

zeigt und Anstöße gegeben, um für sich und seine Schüler aus der Konventionalität des Gewohnten in die Dynamik religionsunterrichtlich ungewohnter Bewegtheit versetzt zu werden. Der beinahe überbordende Einfallsreichtum, den so gut wie jedes der angebotenen Stundenbilder – seien sie nun biblisch, problem- oder erfahrungsorientiert thematisiert – für die ›Benutzer‹ bereithält, ist schlichtweg bewundernswert. Hier profitiert Elisabeth Buck als Musik-, Rhythmik- und Religionslehrerin von ihren Erfahrungen im Bereich der Interaktion von Musik, Bewegung und Sprache und ihrer Begabung, ohne theologischen Substanzverlust die Prinzipien von Rhythmik, Psychomotorik und Improvisationstheater auch im Religionsunterricht anzuwenden. Daraus erwachsen die vielen selbst getexteten und vertonten Lieder und Singspiele in den Unterrichtsvorschlägen ebenso wie die behutsam geduldigen Anleitungen zu den diversen Tanz- und Bewegungsspielen, die auch den schüchtern Tanzgehemmten zu ersten Schritten in Richtung tanzender Bewegung mit und in seiner Klasse (ver-)führen können. Nicht vergessen und übersehen werden sollen dabei schließlich die sorgfältig überlegten und ins Werk gesetzten Vorschläge zur »Heftwerkstatt« am Ende der Stundenbilder. Wer jemals die Freude und den Stolz der Grundschulkinder an ihren Heftkunstwerken miterleben konnte, der ahnt, was ein »Bewegter Religionsunterricht« an ›Hand-, Herz- und Kopf-Begeisterung‹ bei den Kindern auslösen und anrichten kann – eine Bewegung, die über das stolz nach Hause getragene und gebührend bewunderte Hausheft bis in die Familien hinein sichtbare Wirkung zeigt!

Ein verkopfter Religionspädagoge kommt ins Schwärmen und vergißt das ›Kopf-Schütteln‹, das ihn bei dem einen oder anderen Vorschlag aus welchen Gründen auch immer ankam. Hier bewegt sich wirklich etwas, und wir sollten das Vorgestellte und Vorgeschlagene im Interesse eines lebensförderlichen Religionsunterrichts ausprobieren und in unseren religionspädagogischen Theorie- und Praxisbemühungen weiterbewegen. In diesem Sinne kann ich den mit vorliegendem Buch präsentierten Kostproben eines Bewegten Religionsunterrichts nur wünschen, daß sie bei den Leserinnen und Lesern den Anklang finden, der das Erscheinen weiterer Bände mit Stundenbildern Bewegten Religionsunterrichts für die einzelnen Jahrgangsstufen der Grundschule möglich macht.

Bamberg, im Juli 1997   Rainer Lachmann

Theorie des Bewegten Religionsunterrichts

1. Einleitung und Definition des Bewegten Religionsunterrichts

Tasten, schnuppern, tanzen, springen, sich verstecken, singen, schleichen, sich verkleiden, Theater spielen, lärmen und lauschen, all das tun Kinder im Bewegten Religionsunterricht. Es geht bewegt zu, Inhalte werden im Spiel bewegt und von vielen Seiten erforscht, es kommt Bewegung in äußere und innere Standpunkte, Erlebnisse aus dem Unterricht bewegen Kinder und Erwachsene. Bewegt und bewegend, so soll er sein, der Bewegte Religionsunterricht. Auf einen kurzen Nenner gebracht, läßt sich der Bewegte Religionsunterricht folgendermaßen definieren:

Inhalte des Religionsunterrichts werden durch Wahrnehmungs- und Bewegungsspiele erlebnishaft angeboten. Die Erlebnisse werden im Unterrichtsgespräch, durch die Erzählung oder durch eine abschließende besondere Heftgestaltung eingeordnet, reflektiert und bewertet und somit in persönliche, soziale, kirchliche und religiöse Zusammenhänge gestellt.

Dabei verbinden sich im Bewegten Religionsunterricht zwei Komponenten eng miteinander, nämlich eine theologische und eine anthropologische:

Die theologische Komponente

Die Botschaft von der liebenden Zuwendung Gottes zu den Menschen, die den Religionsun-terricht wie ein roter Faden durchziehen soll, hat ihr Zentrum in der Menschwerdung Gottes. Gott bewegt sich auf den Menschen zu. Schöpfung, menschliche Erfahrungen mit Gott in der Geschichte und der Umgang Jesu mit den Menschen, all das spricht die Sinnlichkeit des Menschen an. Die biblische Verkündigung trennt nicht zwischen Leib, Seele und Geist. Darum sollte der christliche Glaube die Ganzheit des Menschen nicht spalten wollen.

Du gibst meinen Schritten weiten Raum, daß meine Knöchel nicht wanken., 2 Sam 22,37

Und es begab sich, als Elisabeth den Gruß Marias hörte, hüpfte das Kind in ihrem Leibe LK 1,41

Jesus bückte sich und schrieb mit dem Finger auf die Erde. Joh 8,6

Meine Augen sehen stets auf den Herrn; denn er wird meinen Fuß aus dem Netze ziehen. Ps 25,15

Jesus fing an, den Jüngern die Füße zu waschen. Joh 13,5

David aber und ganz Israel tanzte mit aller Macht vor Gott her. 1 Chr 13,8

Das Wort ward Fleisch und wohnte unter uns. Joh 1,14

Simon Petrus fiel Jesus zu Füßen. LK 5,8

Da sie aber aßen, nahm Jesus das Brot, dankte und brach's und gab's den Jüngern und sprach: Nehmet, esset; das ist mein Leib. Mt 26, 26

Zu Jeremia: Mache dir ein Joch und lege es auf deinen Nacken. Jer 27,2

Sie fühlte an ihrem Leibe, daß sie von ihrer Plage geheilt war. Mk 5, 29

An zahllosen Stellen spricht die Bibel körperliches Handeln und Leben an, weil Geistig-Seelisches immer körperlich ausgedrückt oder erlebt wird.

Die anthropologische Komponente

»Kinder bewegen sich, wo auch immer sie dazu Gelegenheit haben, und auch dann, wenn sie es nicht sollen. Sie nehmen ihre Umwelt als Bewegungswelt wahr, auch wenn diese ursprünglich nicht dazu gedacht ist.«[1] Kann bei Erwachsenen in vielen Situationen (Schreibtischarbeit, Autofahren u.v.m.) das Bewußtsein der eigenen Leiblichkeit zurücktreten, so ist für die Kinder der eigene Körper die Hauptbühne, auf der jede Aktion und jede Empfindung stattfindet:

In die Höhe springen vor Freude

Versteckenspielen

schaukeln

Hochzeit spielen

klatschen und trampeln

Aus Wut Türen knallen

Gummitwist

tote Vögel beerdigen

Fangen spielen

Mit Steinen, Colabüchsen oder Bällen Fußball spielen

raufen

Im Sand buddeln

von hohen Mauern springen

sich vor einem Regenwurm auf den Boden knien

Kissenschlacht

sich im Kreis drehen bis zur Schwindligkeit

Baumhäuser bauen

Die Emotionen der Kinder drücken sich unmittelbar in sichtbaren Körpersignalen aus. Mauern werden zu Balancierstrecken umfunktioniert, die Fernsehserie »Raumschiff Enterprise« wird mit verteilten Rollen nachgespielt, Sinnfragen des Lebens werden im Spiel bewegt. Kinder können sich auf Gott zubewegen, da im Bewegungsspiel der Kinder Gott und die ganze Welt Platz haben können. Vielleicht schwingt das mit im Satz Jesu: »Laßt die Kinder zu mir kommen und hindert sie nicht, denn solchen gehört das Reich Gottes.«

Es sind also diese beiden Ausrichtungen, an denen sich der Bewegte Religionsunterricht orientiert. Zusammengefaßt heißt das: Gott wendet sich dem leiblichen Menschen zu und wird selbst leiblicher Mensch. Das Kind ist ein Wesen, das durch leibliche Bewegung spielt, lernt, Erfahrungen macht und sich sogar im Spiel Gott zuwenden kann.

Im Bewegten Religionsunterricht soll die Empfindungswelt der Kinder ernstgenommen werden. Darum werden in ihm Möglichkeiten für leibliche Erlebnisse angeboten. Die Kinder können ihre Bewegungskompetenz in den Unterricht einbringen. Dabei entsteht ein Raum, in dem Kinder eine Ahnung von der Zuwendung Gottes bekommen können, jenes Gottes, der nach christlichem Glauben die leibliche Existenz des Menschen erschaffen hat und ernst nimmt.

Inwieweit dabei Kinder glauben lernen können, also inwieweit sie es wagen, Gott als grossem gutem Freund zu vertrauen, das entzieht sich der Planbarkeit durch die unterrichtenden Erwachsenen. Kindliche Zugänge zu Gott sind aber häufig unmittelbarer und auch unkonventioneller, als es bei Erwachsenen üblich ist.

2. Lerntheoretischer Hintergrund

Vor langer Zeit gab es in Nürnberg eine Schulfibel, genannt »Nürnberger Trichter«. Im Volksmund wurde der Titel übernommen, verbunden mit der Wunschvorstellung, man könne einfach mit einem Trichter viel Wissen in Kinderköpfe hineinschütten. Ein ähnlicher Wunsch kommt in dem geflügelten Wort zum Ausdruck: »Er hat wohl die Weisheit mit Löffeln gefressen.« So zu lernen ist bekanntlich nicht möglich. Der Besonderheit, daß menschliches Lernen ganz eigene Wege geht, verdankt die Menschheit die Entwicklung verschiedenster Kulturen und Epochen.

Der Mensch kommt im Verhältnis zum Tier relativ unfertig auf die Welt. Es dauert fast zwei Jahrzehnte, bis man ihm ein selbständiges Leben zutraut. In der Tierwelt gibt es nirgendwo so lange Entwicklungszeiten. Ein Kalb kann wenige Minuten nach seiner Geburt stehen und seiner Mutter hinterherlaufen. Es dauert nur einige Monate, bis das Kalb »erwachsen« ist. Auch die Verhaltensweisen von Rindern in Afrika, Nordamerika, Asien oder Europa unterscheiden sich kaum. Über die letzten Jahrtausende hinweg hat sich bei Rindern keine höhere Intelligenz ausgebildet. Beim Menschen hingegen konnten unterschiedlichste gesellschaftliche Kulturen entstehen. Immer neues Wissen wurde und wird weitergegeben. Und das deshalb, weil der Mensch relativ offen auf die Welt kommt und sich den speziellen Anforderungen und Bedingungen seiner Umgebung entsprechend entwickeln kann.

Ein neugeborenes Kind verfügt über genetisch festgelegte Nervenzellen im Gehirn. Aber diese Nervenzellen sind im Anfangsstadium noch weitgehend isoliert voneinander. Sie haben noch keine Verbindungen. In den ersten Lebensmonaten bilden sich Verbindungsleitungen von Nervenzelle zu Nervenzelle. Seitenverästelungen wachsen, bis eine dichte Vernetzung im Gehirn entstanden ist. Allerdings geschieht das nicht von alleine nach einem genetisch festgelegten, automatischen Reifungsprozeß. Stattdessen sind Sinnesreize von außen nötig, die im Gehirn ankommen. Jeder Sinnesreiz regt das Gehirn an, Leitungen als Verbindungen zwischen den Nervenzellen wachsen zu lassen. Die Hautwahrnehmung des Säuglings wird durch Körperkontakt und Körperpflege, die Gleichgewichtswahrnehmung durch Getragen- und Gewiegtwerden angesprochen. Das Kind reizt beim Zappeln und Strampeln seine Bewegungswahrnehmung selbst. Stimmen und Geräusche der Umgebung sowie die eigenen Lautäußerungen sind Impulse für die Hörwahrnehmung. Gerüche und Geschmacksreize kommen im Gehirn an. Die Sehwahrnehmung wird durch kräftige Farben und intensive Gesichtszuwendung der Eltern angesprochen. So kann sich beim Kind das Nervennetz im Gehirn entsprechend den Angeboten und Bedingungen der Umwelt entwickeln.

Selbst wenn in den ersten Lebensmonaten die Grundstruktur dieses Nervennetzes weitgehend vollendet wird, sind intensive Sinnesanregungen weiterhin notwendig. Man weiß mittlerweile, daß die Feinverästelungen der Nervenleitungen, die Dendriten, verkümmern, wenn nicht genügend sensorische Anreize in der Kindheit gegeben sind.

Damit ist aber die Gehirnentwicklung, die in der Auseinandersetzung der Sinne mit der Umwelt geschieht, noch nicht abgeschlossen. Durch jede intensive Aktion, bei der Sinneswahrnehmungen stattfinden, bilden sich im Gehirn neue Synapsen. Synapsen sind Schaltstellen, die den Informationsaustausch im Nervennetz koordinieren. Das geschieht so ähnlich wie bei einem Stromkabelnetz, bei dem Leitungen geöffnet oder geschlossen werden müssen, damit es nicht zu einem Kurzschluß kommt. Je mehr Synapsen entstehen, umso vielfältiger werden die Gehirnleistungen des Individuums. Die Bildung neuer Synapsen wird nicht durch das Lebensalter begrenzt, denn selbst als Greis kann der Mensch durch die Entstehung neuer Synapsen neue Gehirnpotentiale dazugewinnen.

In jüngster Zeit geraten neue Entdeckungen der Hirnforschung zunehmend in das Blickfeld von Lernpsychologie und Pädagogik. »Denn tatsächlich hat die Erforschung der ›höheren Funktionen‹ des Gehirns – Wahrnehmen, Lernen, Denken, Erinnern – eine dramatische Wende genommen, daß manche Wissenschaftler sie schon mit dem Aufbruch der Quantenphysik in den zwanziger Jahren dieses Jahrhunderts vergleichen.«[2] Der Einfluß neuropsychologischer Erkenntnisse hat die Erziehungswissenschaften bereits im Bereich der Sonderpädagogik grundlegend verändert und ist beispielsweise aus der Motopädagogik nicht mehr wegzudenken.[3]

Das Leben eines Kindes ist geprägt vom Lernen durch Sinnesleistungen. Kinder haben einen Trieb, der sie dazu drängt, die Umwelt durch ihre Sinne zu erforschen. Sie bauen Verstecke, Lager und Höhlen, sie erleben dabei ihre Körperumgrenzung und erproben ihre eigene Autonomie. Um ihren Gleichgewichtssinn anzuregen, schaukeln sie und drehen sie sich, balancieren sie und kippeln mit den Stühlen. Sie matschen, graben und modellieren, und lernen dabei, Materialien, Formen, Feuchtigkeiten und Temperaturen zu unterscheiden. Sie kitzeln sich gegenseitig und verkleiden sich und verinnerlichen dabei ihre Körperform. Sie spielen Rollenspiele, um durch die Nachahmung von Körperhaltung, Mimik und Stimme geistige Haltungen von erwachsenen Vorbildern nachempfinden zu können. Sie experimentieren mit Klängen von Gegenständen und lernen dabei, Umweltklänge zuzuordnen und zu unterscheiden. Sie malen, schneiden, schnitzen und bauen und können dadurch immer besser Farben und räumliche Strukturen unterscheiden und handhaben.

Jean Piaget hat für die erste kindliche Entwicklungsphase den Begriff »Sensomotorik« geprägt. Er spricht von »sensomotorischer Intelligenz« und meint damit, daß Kinder im handelnden Spiel ihrer kognitiven und sprachlichen Intelligenz weit voraus sind. Victor von Weizsäcker nennt die Wechselbeziehung von Wahrnehmung und Bewegungsreaktion den »Gestaltkreis«: Nur durch die Wahrnehmung, also nur durch seine Sinnestätigkeit, kann der Mensch Kontakt zu seiner Umwelt aufnehmen und daraufhin wieder aktiv werden. Die Bewegungsaktion wiederum wird begleitet von Sinneswahrnehmung und wird durch sie korrigiert und ergänzt. Die Bewegungsreaktion stellt sich wieder darauf ein. Dies ist ein Kreisprozeß.

Ein Beispiel: Ein Kind klettert auf einen Baum. Es fühlt mit den hochgereckten Händen (taktile Wahrnehmung), ergänzt von den Augen (visuelle Wahrnehmung), ob es einen Ast ergreifen kann. Der Körper spürt (kinästhetische Wahrnehmung), wie hoch der Arm greift, wie sehr sich die Muskeln dehnen müssen. Die Füße suchen Halt, der Lagesinn im Ohr registriert, wie schräg der Kopf nun gehalten wird, wo die Senkrechte liegt und wie die Erdanziehungskraft spürbar wird (vestibuläre Wahrnehmung). Das Kind reagiert auf diese Informationen mit seiner Bewegung, indem es den Körper in eine Haltung bringt, die ihm mehr Sicherheit bietet. In dieser neuen Situation treffen wieder neue Sinnesimpulse ein, und so weiter. Zeitliche Bewegungsplanung ist nur durch die eigene Sinnesleistung und die eigenen Bewegungsreaktionen lernbar. Lernen findet hier nur durch eigenes Erleben statt. Das gilt für viele Bereiche menschlicher Fähigkeiten.

Im »Kommunikationstheoretischen Lernmodell« von Werner Radigk werden diese unmittelbaren Sinnes- und Bewegungserlebnisse als die erste Informationsstufe bezeichnet, auf der sich ein Mensch Kenntnis und Umgangskompetenz in Bezug auf seine Umwelt erarbeitet. Auf dieser ersten Informationsstufe werden sämtliche lebensnotwendigen Grundfähigkeiten ausgebildet:
- Geborgenheitsgefühl und Urvertrauen
- Botschaften von Stimmungen senden und verstehen können
- Räumliche Grundbegriffe (wie Oben, Unten, Innen, Außen, Rechts, Links) und räumliche Ordnungen und Gliederungen handhaben können

– Sich in zeitlichen Grundbegriffen und Gliederungen (wie z.B. Rhythmen oder Reihen) orientieren können
– Logische Abfolgen verstehen und gestalten können

und vieles andere.

Ausgehend von der ersten Informationsstufe lernt das Kind, Sinnesinformationen zu symbolisieren in Form von Sprache. Das Wort »Ball« ergibt für das Kind nur einen Sinn, wenn es genug Sinneserfahrungen mit dem Gegenstand Ball gemacht hat. (Hände tasten seine Form ab, Zunge beleckt das Material, die Augen schauen dem hüpfenden Ball hinterher, die Ohren hören den Aufprall, Kommunikation mit der Mutter wird im gemeinsamen Ballspiel erlebt.) Die symbolisierte Form der ersten Informationsstufe in der Sprache ist für Radigk bereits die zweite Informationsstufe. Später, in einer weiteren Umkodierung, kommt dann als dritte Informationsstufe die Schrift hinzu. »Sprache löst ab von der Realität, verallgemeinert, macht Sachverhalte handhabbar, die nicht aus einzelnen Sinneserfahrungen ableitbar sind, oder die sinnlich überhaupt nicht unmittelbar erfahrbar sind.«[4] Man müßte allerdings ergänzen, daß Sprache auch ganz nah am sinnlich Wahrgenommenen bleiben kann. Sie kann schildern, mitteilen und eigene Stimmungen bewußt machen. Mit der Schriftsprache schließlich lassen sich Erkenntnisse festhalten, die zeitüberdauernd unabhängig von sinnlichen Situationen verfügbar bleiben. Auf dieser dritten Informationsstufe kann man sich dann auch mit den Erkenntnissen unzähliger anderer Menschen auseinandersetzen, gleichgültig, ob sie aus früheren Jahrhunderten oder aus anderen Erdteilen stammen.

Diese drei Informationsstufen, nämlich sinnlich unmittelbares Erleben, Sprache und Schrift, wurden oft als hierarchischer Prozeß verstanden (Pawlow, Galperin, Leontjew, Piaget). Für Piaget beispielsweise ist es so, daß das Kind die sensomotorische Phase irgendwann hinter sich läßt und zu einer zunehmenden Abstrahierung seiner Denkoperationen fortschreitet. Der Schluß daraus könnte sein, daß die Zeit des Lernens auf der ersten Informationsstufe im Laufe der Grundschulzeit irgendwann einmal passé sei und das Kind dann weitgehend auf den Stufen von Sprache und Schrift lernen könne.

Das Wesentliche des »Kommunikationstheoretischen Lernmodells« von Radigk ist nun, daß alle drei Informationsstufen im schulischen Lernen miteinander im Austausch stehen sollten. Das heißt, Sinnes- und Bewegungserlebnis treten gleichberechtigt zum Lernen durch Schrift und Sprache hinzu. In den letzten Jahren wird das zunehmend in den Grundschulen berücksichtigt. Im Deutschunterricht übt man Silbentrennung durch Kästchenhüpfen, Symmetrie im Mathematikunterricht wird verstehbar gemacht durch symmetrische Bewegungen und Raumwege, im Musikunterricht lernen die Kinder geradtaktige und ungeradtaktige Musik zu unterscheiden, indem sie im Tanz die verschiedenen Bewegungsschwerpunkte eines Taktes entdecken. Im Religionsunterricht kann man Enge und Befreiung im eigenen Leben durch Reigentänze symbolhaft nachvollziehen.

Das »Kommunikationstheoretische Lernmodell« kommt aus der Sonderpädagogik, denn hier sind bei den Schülern große Erlebnis- und Verarbeitungslücken aus der ersten Informationsstufe zu beobachten. Die Gründe dafür reichen von angeborenen genetischen Problemen über Krankheiten bis hin zu Versagen der Umwelt. »Die Erscheinungen mangelhafter Erarbeitung der ersten Informationsstufe sind bekannt. Sie werden als Verbalismus oder Arbeit mit Worthülsen in der Literatur beschrieben. Bei Verbalismus verfügt der Mensch zwar über das sprachliche Material, ohne jedoch die notwendigen Sinngehalte, die realen Erfahrungen, Ordnungen, Normen und Werte darauf beziehen zu können. Die Sprache existiert zwar, sie wird jedoch inhaltslos und eben deshalb auch beziehungslos. Der Mensch spricht von Dingen, die er nicht, oder nicht recht versteht.«[5] Umgekehrt bleibt das Lernen oberflächlich und kommt nicht zum Wesentlichen, wenn wie beim reinen »Anschauungsunterricht« der Prozeß auf der ersten Informationsstufe kleben bleibt. Darum sollen nach dem Modell von Radigk im Unterricht an der Sonderschule alle drei Informationsstufen aufeinander bezogen sein, denn dann können die oben genannten Lücken aufgearbeitet werden.

Der Bewegte Religionsunterricht, den ich zunächst für die reguläre Grundschule, und nicht für die Sonderpädagogik konzipiert habe, gründet sich dennoch gerade auf dieses Lernmodell, und zwar aus folgenden Gründen:

Zum ersten ist es eine unbestrittene Tatsache, daß heute für Kinder nicht mehr so vielseitige Sinneserfahrungen möglich sind wie noch vor 30 Jahren. Wir Menschen unserer Zeit haben uns aus der Natur zurückgezogen. »Die Autos dürfen heute draußen spielen« (Süddeutsche Zeitung). Es dominieren Kommunikationssysteme, die ständig Informationen aus der zweiten und dritten Stufe transportieren.

Zum anderen fordert das Lernen auf allen drei Informationsstufen das Gehirn in weit größerem Maße als das Lernen nur auf der zweiten und dritten Stufe. Werden die drei Lernstufen miteinander verflochten, so hat das beim Lernenden vielerlei Auswirkungen: er findet differenziertere Assoziationen, erfaßt leichter den Sinn eines Lerninhalts, erkennt breitere Zusammenhänge, ist eher fähig zu Transferleistungen, kann sich stärker persönlich betroffen mit dem Inhalt auseinandersetzen und speichert Gelerntes leichter abrufbar im Langzeitgedächtnis. In der Suggestopädie und dem Superlearning hat man im Gebiet des Fremdsprachenunterrichts beeindruckende Erfolge erzielt. Durch zusätzlichen Einsatz von körperlichen Entspannungstechniken, von Musik und Rollenspiel hat man laut R. S. Baur bei den Schülern eine erheblich größere Sicherheit und Gewandtheit im Fremdsprachenumgang erreicht, als das bisher nur durch das Lernen mit Sprache und Schrift möglich war.[6] Das Gehirn ist kein Treppenhaus, in dem man von Stufe zu Stufe weiterschreiten kann. Stattdessen sind bei allen menschlichen Aktivitäten (Bewegung, Wahrnehmung, mentale Prozesse) alle Hirnbereiche und Funktionen im wechselseitigen Austausch vielfältig miteinander verschaltet.

Zum dritten ist gerade der Religionsunterricht ein Unterrichtsfach, in dem das Kind als ganzer Mensch angesprochen werden soll. Der Bewegte Religionsunterricht will für die Kinder Glaubenshilfe und damit Lebenshilfe sein. Lebenshilfe aber ist nicht denkbar, ohne daß man die körperlich-sinnenhafte Existenzweise der Kinder ernstnimmt.

In curricular – ausgerichteter Didaktik des Religionsunterrichts spielt die Formulierung von Lernzielen eine große Rolle. Im Bewegten Religionsunterricht wird davon Abschied genommen. Es werden keine konkreten Lernziele vorgegeben. Stattdessen wird der Lerninhalt so angeboten, daß die Kinder im Beziehungsgefüge der miteinander verzahnten drei Informationsstufen mit dem Inhalt kommunizieren können. Diese Kommunikation treibt das Lernen in einem relativ offenen Prozeß voran: auf der sinnlich körperlichen Ebene, in der sprachlichen Auseinandersetzung und im schriftsprachlichen Umgang.

Der Unterrichtsprozeß im Bewegten Religionsunterricht besteht deshalb aus Wechselbeziehungen, Rückwirkungen und Regulationsmechanismen, aus Verschaltungen zwischen sozialen Interaktionen, schöpferischen Entwicklungen und emotionalen sensomotorischen Vorgängen. Ein kybernetischer Prozeß also, der aus den Verknüpfungen sein Leben bezieht. (Kybernetik wird hier im Sinne der Biokybernetik verstanden: Sensorik, Emotion, Kognition, Motorik beispielsweise, sind in einer Art Fließgleichgewicht aufeinander bezogen.) Was im Bewegten Religionsunterricht geschehen kann, ist nicht mit konkreten Zielangaben planbar und soll auch nicht geplant werden: »Bei solchen Modellen haben wir es mit einem grundlegend neuen Denkansatz zu tun, dessen Ergebnisse nur im Gesamtverbund und nicht stückweise verwertet werden können, denn in diesem Moment würden sie ihm schon nicht mehr entsprechen. Die Spannweite kybernetischer Vorgänge ist gerade durch diesen Verbund aber auch so unendlich groß.«[7]

Was sich L. im Bewegten Religionsunterricht lediglich vornimmt, ist die Schwerpunktsetzung innerhalb des vorgegebenen Unterrichtsinhalts. Die Schwerpunktsetzung orientiert sich an der Grundintention, wie sie in Kapitel 1 beschrieben ist: Es soll ein Raum angeboten werden, in dem Kinder eine Ahnung von der Zuwendung Gottes bekommen können, jenes Gottes, der nach christlichem Glauben die leibliche Existenz des Menschen erschaffen hat und ernst nimmt. Wie sich dieser Schwerpunkt im Unterrichtsgeschehen mit den Kindern dann auswirkt, bleibt offen und spannend.

Abschließend soll das »Kommunikationstheoretische Lernmodell«, das die Grundlage für den Bewegten Religionsunterricht ist, an einem Beispiel konkretisiert werden. Damit soll belegt werden, daß sich im nichtschulischen Leben das Lernen schon immer so abgespielt hat, während es sich beim herkömmlichen Lernen im Schulunterricht um eine relativ künstliche Form des Lernens handelt. In dem Beispiel geht es darum, wie ein Mensch sich in seiner lebenslangen Entwicklungszeit in der Regel mit dem Thema »Tod« beschäftigt und auseinandersetzt:

Ein Säugling erlebt, daß die lebenserhaltenden Faktoren wie Wärme, Halt, Nahrung, die alle in der Mutter personifiziert sind, zwar kurzzeitig verschwinden können. Aber wenn man nur heftig genug schreit, stehen sie wieder zur Verfügung. In der Auseinandersetzung zwischen Tod und Leben gibt es für den Säugling und auch noch für das Kleinkind vermutlich nur das Einfordern vitaler Interessen.

In der frühen Zeit des Spracherwerbs, also ab dem Ende des 1. Lebensjahres, wenn die Hauskatze, der Opa oder die Puppe wiedererkannt und benannt werden können, ist der Tod ein Verschwinden aus dem Erlebnisfeld, ebenso wie wenn der Ball über die Gartenmauer fällt und ab diesem Moment für das Kind nicht mehr existiert.

Wird der Aktionsradius des Kindes größer, so wird es mit dem alltäglichen Tod kleiner Tiere konfrontiert. Die Wespe liegt am Boden und rührt sich nicht mehr, ähnlich wie das Aufziehauto, das kaputt gegangen ist. Es kommt zu Gesprächen mit den Geschwistern und Eltern. Das Erleben, daß sich eine Kohlmeise im Garten nicht mehr bewegt, nicht mehr piepst und einfach auf der Seite liegt, verbindet sich jetzt mit Sprachmustern der Erwachsenen: Wörter wie »gestorben«, »Tod« oder »Grab« tauchen auf und prägen sich ein, werden aber oft auch völlig anders verstanden, als sie von Erwachsenen gemeint sind.

Mittlerweile kommt das Kind in eine Entwicklungsphase, in der es allmählich seine Umwelt von sich abheben und unterscheiden kann. Das Kind stellt die Distanz und die Unterschiedenheit zwischen sich und seiner Umwelt fest, es kann aber auch Vergleiche ziehen. Es setzt nun den Tod einer Kohlmeise beispielsweise zu sich selbst in Beziehung. Liegt das Kind abends im Bett, denkt es nach: »Bin ich auch tot, wenn ich schlafe und nicht herumspringe und spiele?«

Im Spiel mit älteren Kindern, im Gespräch mit Erwachsenen oder vielleicht bei einer Beerdigung lernt das Kind unsere kulturellen Bräuche des Begrabens kennen. Eine Zeitlang wird nun jede tote Maus, jede Hummel beerdigt, sogar mit Blumen und Grabstein. Der Tod wird ins Spiel mit aufgenommen. Im Spiel und im gedanklichen Vorstellungsraum entstehen Fragen: »Kann, wer tot ist, noch fühlen? Hat ein Gestorbener keine Angst? Friert man im Grab? Wieso sagen die Erwachsenen, der Verstorbene ist jetzt im Himmel, wenn sie ihn doch in ein Grab gelegt haben? Ich habe Angst, wenn ich alleine bin. Keine Angst habe ich auf dem Schoß von Mama.«

Die Einstellung zu Tod und Sterben ist stetigen Veränderungen unterworfen, bis hin ins hohe Alter, an der Schwelle des eigenen Todes. Diese Veränderungen hängen ab von den jeweiligen Lebensphasen, von persönlichen Erlebnissen mit Sterben und Tod und inwieweit man fähig ist, sich diesem Thema zu stellen.

Auf der ersten Informationsstufe setzt sich das Kind mit »Tod« auseinander, indem es sinnlich erlebt, daß z.B. ein Tier nicht mehr reagiert und sich nicht mehr bewegt. Das Kind spielt selbst »tot sein«. Auf der zweiten Informationsstufe lernt das Kind sprachliche Bezeichnungen für diesen leblosen Zustand. Das Kind nimmt diese Sprachformeln auf, verändert sie aber auch und paßt sie seinen Denkschemata und seiner Weltsicht an. Durch das System Sprache werden die unmittelbaren Erlebnisse benannt, gedeutet und eingeordnet. Später, als Schulkind, Jugendlicher und Erwachsener kann das Lesen von Texten zu Tod und Sterben, etwa in der Bibel, und das Niederschreiben eigener Gedanken dazu verhelfen, daß man größere Klarheit gewinnt und fremde Gedanken mit aufnehmen kann. Dies geschieht, wie bereits ausgeführt, auf der dritten Informationsstufe.

Aber selbst ein Erwachsener erfährt seine intensivsten Auseinandersetzungen mit diesem Thema nicht beim Lesen oder bei Gesprächen, sondern im Erlebnis, das ihn selbst betrifft. Wenn ein Angehöriger gestorben ist und man den Haushalt auflösen muß, wenn man die persönlichen Gegenstände des Verstorbenen in die Hand nehmen muß und überlegt, was mit den Dingen nun geschehen soll, wenn man das Grab pflegt, da plötzlich gewinnt die Auseinandersetzung mit dem Tod an neuer Tiefe. Diese Erlebnisse werden dann etwa in Gesprächen, Briefen oder beim Lesen von religiösen Texten gedeutet und verarbeitet.

Wenn sogar für Erwachsene gilt, daß Lernen und Reifen in der Durchdringung dieser drei Informationsstufen geschieht, wieviel mehr trifft das für Kinder zu, die sich die Welt in Rollen-, Symbol- und Konstruktionsspiel einverleiben. Sprache beeinflußt dann die sinnliche Handlungsebene, und die gesprochene Sprache beeinflußt die schriftsprachliche Äußerung, bis hin zu kindlichen Grabinschriften wie »Hier ruht in Frieden unser Hase Eberhard«.

3. Der Bewegte Religionsunterricht im Verhältnis zu verschiedenen religionspädagogischen Konzeptionen

Der grundlegende Inhalt des Bewegten Religionsunterrichts ist, wie bereits ausgeführt, die liebende Zuwendung Gottes zum leiblich existierenden Menschen. Sie ist besonders durch die Menschwerdung Gottes in Jesus von Nazareth begreifbar.

Diese Linie »von oben nach unten« prägt also den Bewegten Religionsunterricht, wie genauso auch umgekehrt die Linie »von unten nach oben«: Die Kinder in ihrer Ganzheitlichkeit suchen nach Lebensantworten. Sie dürfen Gott Fragen stellen, sie dürfen Gott anklagen und mit ihm ringen, wenn sie nicht verstehen können, warum Erwachsene Kriege führen, warum sich ihre Eltern scheiden lassen, warum es Autounfälle gibt und Wälder sterben, warum sie krank werden. Sie dürfen aktiv nach Spuren Gottes im Leben suchen.

Ihre Ganzheitlichkeit mit Leib, Seele und Geist soll im Bewegten Religionsunterricht ernstgenommen werden, indem davon ausgegangen wird, daß Gott grundsätzlich auf Seiten der Kinder steht (Mk 9,36f/Mk 10,14f). Die Art, wie die Kinder die Welt sehen, in ihr spielen und handeln, bekommt ihre eigene Berechtigung. L. ist nicht der Belehrende, der weiß, wo es lang geht. Stattdessen muß sich der Pädagoge auf kindliche Erlebnisformen einlassen, die seine eigene Weltsicht auch manchmal in Frage stellen können. In der im Bewegten Religionsunterricht erwünschten Kommunikation zwischen Gottes Botschaft und kindlichem Erleben und Entdecken kann der Pädagoge des Bewegten Religionsunterrichts nur der Vermittler sein, der diese Kommunikation auf immer wieder neue Weise in Gang bringen soll. Allerdings hängt seine Glaubwürdigkeit auch daran, inwiefern er für sich selbst diese Kommunikation als spannend empfindet.

Damit sind alle jene religionspädagogischen Konzeptionen unserer Tage mit dem Bewegten Religionsunterricht vereinbar, die diesen beiden Linien ihre Berechtigung einräumen: Gott spricht den Menschen an und der Mensch sucht nach Gott, möchte ihn ansprechen und will von ihm angesprochen werden.

Konzeptionen, die nur vermitteln wollen, daß Gott zu den Menschen spricht und dabei ignorieren, wie Gottes Wort beim Menschen ankommt, sind mit dem Bewegten Religionsunterricht nicht vereinbar. Umgekehrt schließt der Bewegte Religionsunterricht solche Konzeptionen aus, die vordringlich anthropologische Dimensionen berücksichtigen und die Zuwendung Gottes in seiner Inkarnation weitgehend außer acht lassen.

Somit wäre der Bewegte Religionsunterricht nicht praktizierbar in all jenen Formen der Evangelischen Unterweisung, in denen die Botschaft des Evangeliums als Anspruch dem Kind gegenübergestellt wird, ohne auf dessen Belange einzugehen.

Auch steht der Bewegte Religionsunterricht dem Konzept des Hermeneutischen Religionsunterrichts Stallmanns kritisch gegenüber. In diesem stehen das kognitive Verstehen und Kennenlernen von christlichen Traditionen und Texten im Vordergrund, ohne daß dabei der Glaube des Kindes eine Rolle spielt. Auch wenn dabei beteuert wird, daß das »Verstehen« als umfassender menschlicher Prozeß verstanden wird, der das Selbstverständnis des Kindes beeinflußt, gibt der hermeneutische Unterricht in Wirklichkeit eindeutig dem kognitiven Verstehen ein viel stärkeres Gewicht als anderen, beispielsweise sensomotorischen Verstehensprozessen. Das war seinerzeit übrigens nicht nur in der Religionspädagogik aktuell, sondern auch in anderen Erziehungsfeldern gab es in den sechziger und siebziger Jahren Konzepte der Entmythologisierung. Alles Geheimnisvolle und Magische wurde auch in pädagogischen Konzepten eliminiert. Das führte zum Beispiel dazu, daß keine Nikoläuse in den Kindergärten mehr

auftreten durften oder Märchen tabuisiert oder umgedichtet wurden. Daß man damit den kognitiven Realitätsbegriff von Erwachsenen den Kindern überstülpen wollte und ihnen damit ihre eigenen Möglichkeiten von Wirklichkeitsverarbeitung durch ihre Phantasie wegnahm, trat aber bald zutage.

Im Bewegten Religionsunterricht gesteht man den Kindern zu, je nach Entwicklungsstand und unterschiedlicher Persönlichkeit beispielsweise Wundergeschichten als real einzuschätzen oder sie als Wahrheitsbotschaft einer fiktiven Wirklichkeit herauszulösen. L. läßt für die Kinder beide Möglichkeiten offen und betont weder die eine noch die andere. Dabei wird die unmittelbare Kommunikation zwischen Unterrichtsinhalt und Kind in Gang gesetzt, ohne kritische Filter durch eine textliche Interpretation vorzuschalten. L. baut auf Überraschungen, die sich durch den spontanen Umgang der Kinder mit dem Inhalt ergeben können und blockt diesen spontanen Umgang mit dem Inhalt nicht ab durch das Einbringen von Ergebnissen der historisch-kritischen Forschung einer bestimmten Epoche der deutschen evangelischen Theologiegeschichte.

Wenn im Bewegten Religionsunterricht z.B. biblische Geschichten nachgespielt werden, bedeutet das aber nicht, daß diese auf fundamentalistische Art als objektivierbare historische Tatsachen festgelegt werden sollen. Darum werden im Bewegten Religionsunterricht immer wieder Phasen der kritischen Reflexion eingeschoben. Der Ort dafür ist das Gespräch, in dem alle Sichtweisen der Kinder ernstgenommen werden oder kritische Gedanken mittels L.impuls (siehe Handpuppe Tilly, Kap. I.5.2.) eingebracht werden können. Gegenüber dem hermeneutischen Ansatz aber ist zu sagen, daß man im Bewegten Religionsunterricht die individuelle Erzählgestalt jeder biblischen Geschichte ernst nimmt und für den RU fruchtbar macht. Im Gegensatz zum hermeneutischen Unterricht, der gut gnostisch aus biblischen Geschichten die allgemeine geistige »Botschaft« herausdestillieren will und alles Individuelle als Hülle und somit als reines Transportmittel erachtet, betrachtet der Bewegte Religionsunterricht die biblische Geschichte in erster Linie als untrennbare und sinnvolle Einheit aus leiblichen und geistig-seelischen Erfahrungen.

Konzepte der Problem- und Humanorientierung scheiden an den Punkten aus, an denen sich Religion aus den Befindlichkeiten der Menschen definiert, ohne den Glauben daran ernst zu nehmen, daß sich Gott geschichtlich und in Geschichten auf die Menschen zubewegt. Allerdings berührt die Schülerorientierung im interdisziplinären Lernprozeß des Problemorientierten Religionsunterrichts durchaus Absichten des Bewegten Religionsunterrichts.

Nipkows »doppelte Spur« im Konvergenztheoretischen Orientierungsmodell, also die gleichrangige Berücksichtigung humanwissenschaftlicher und theologischer Ansprüche, kommt dem Grundanliegen des Bewegten Religionsunterrichts nahe. Ähnliche Modelle der Vermittlung zwischen Theologie und Anthropologie beziehen, ebenso wie Nipkow, die Erfahrung des Schülers in die Unterrichtskonzeption mit ein. Da aber diese Modelle schwerpunktmäßig sprach- und schriftorientiert sind, können sie nur erinnerte, in den Unterricht mitgebrachte Erfahrung der Schüler bearbeiten, nicht aber unmittelbare Sinnes- und Bewegungserlebnisse. Hier driften die Vermittlungsmodelle und der Bewegte Religionsunterricht auseinander.

Die dem Bewegten Religionsunterricht zugrunde liegende Einstellung läßt sich gut mit dem Satz Tillichs ausdrücken: »Gott antwortet auf die Fragen des Menschen, und unter dem Eindruck von Gottes Antworten stellt der Mensch seine Fragen.«[8] Im Bewegten Religionsunterricht wird diese Aussage so umgesetzt: Mit Gottes Antworten wird in Bewegungsspielen »umgegangen«, durch die sprachliche Verarbeitung in Gespräch und Erzählung können neue Fragen entstehen, die Fragen werden in Wahrnehmungs- und Bewegungsspielen vertieft, bewußt gemacht und neu gestellt, worauf wiederum in der sprachlichen Verarbeitung sowie in schriftlicher und künstlerischer Übertragung Erfahrungen mit Gottes Antworten »faß-bar« werden können.

Da der Bewegte Religionsunterricht die Menschwerdung Gottes und die leibliche Existenz des Menschen ernst nimmt, ist die Bearbeitung der Inhalte durch Wahrnehmungs- und Bewegungsspiele mehr als nur Methode, sondern die methodische Art des Unterrichts ist unmittelbar durch dessen inhaltliche Konzeption bedingt.

4. Erlebnis und Erfahrung im Bewegten Religionsunterricht

Das unmittelbare Erlebnis ist ein wesensmäßiger Bestandteil des Bewegten Religionsunterrichts. Es genügt in diesem Unterricht nicht, von vergangenen Erlebnissen anderer Menschen zu hören, zu lesen oder im Gespräch über frühere eigene Erlebnisse nachzudenken. Stattdessen müssen im Unterricht selbst authentische Erlebnisse stattfinden können. Sie sind ein wesentlicher Beitrag bei der Bearbeitung des Unterrichtsinhalts. Von Erlebnis kann man sprechen, wenn durch Sinneswahrnehmungen eine innere mentale Bewegung ausgelöst wird. Bisher gibt es in der Neuropsychologie noch keine befriedigenden Modelle, um diesen Vorgang zu beschreiben. Dennoch soll hier der Versuch gewagt werden, nach heutigem Wissensstand Wahrnehmungserlebnisse modellhaft darzustellen, auch wenn dabei zwangsläufig vieles im Unklaren bleiben muß.

Beispielhaft für jede Art von Wahrnehmungserlebnis wird ein Hörvorgang beschrieben: Ein Mensch steht am Straßenrand vor einer Kurve, die er nicht einsehen kann.

Hinter dieser Kurve nähert sich ein großer schwerbeladener Laster. Ab einem bestimmten Zeitpunkt treffen Schallwellen, die der Laster aussendet, auf das Ohr des Menschen. Je nach dem, ob er in Gedanken versunken oder durch einen anderen Vorgang stark in Anspruch genommen ist, oder ob er bereit ist, den Schall des Lasters zur Kenntnis zu nehmen, je nach dem also, in welchem Aufmerksamkeitszustand er ist, wird dieser Schall in seinem Gehirn erkannt und identifiziert oder gar nicht bewußt bemerkt. Angenommen, der Mensch möchte die Straße überqueren, und er hat ein ausgeprägtes Gefahrenbewußtsein, dann ist er auf bewußten Empfang für Verkehrsgeräusche eingestellt. Darum wird er nun die Richtung orten, aus der der Schall kommt. »Aha«, denkt er, »da tut sich etwas hinter dieser Kurve.« Er beachtet Zeitdauer und Lautstärke, er erkennt, der Schall dauert an und wird lauter. Aufgrund bisheriger Erfahrung deutet er dieses Ereignis so, daß die Schallquelle offenbar näherkommt. Gleichzeitig untersucht er die Klangfarbe und die Geräuschmischung, also die Frequenzen des Schalls. An der Geräuschfarbe erkennt er den Motor. »Also ein Kraftfahrzeug.« Es klingt voll, dunkel, satt brummend. »Jawohl«, schließt er, »das muß ein großes Fahrzeug sein, größer als mein Kleinwagen.« Denn er hat die Erfahrung gemacht, alles was tief klingt, ist häufig größer als die gleiche Sorte der Dinge, die heller klingen. Fragt sich jetzt nur, Bus oder Laster. Jetzt ertönt kurz vor der Einmündung der Straße ein scharfes, quietschendes, pfeifendes, rasselndes Geräusch und verstummt. Jetzt ist der Mensch überzeugt: »Das ist ein Lastauto, denn das Bremsen eines Busses hat eine andere Geräuschmischung. Darin habe ich Erfahrung, denn ich bin schon jahrzehntelang Bus gefahren.«

Was hier ausschweifend geschildert ist, läuft ständig in Bruchteilen von Sekunden in der menschlichen auditiven Wahrnehmung ab. Es können gleichzeitig mehrere verschiedene Schallereignisse registriert, erkannt und verarbeitet werden. Innerhalb kürzester Reaktionszeiten, ohne daß dies bewußt bemerkt wird,

entscheidet das Gehirn, welches der vielen gleichzeitigen Schallereignisse wichtig erscheint und welches nicht. Das Gehirn filtert aus nach dem Motto: »Da höre ich hin, den Rest überhöre ich.« Das Schallereignis, das das Gehirn für hörenswert hält, wird zum Aufmerksamkeitsvordergrund, andere werden zum Hintergrund.

Welchen Sinnesreiz das Gehirn als Vordergrund bewußten Erlebens auswählt, hängt davon ab, wie dieser Reiz emotional bewertet wird. Alle Sinnesinformationen, mit Ausnahme der Geruchsempfindungen, müssen durch einen Bereich des Zwischenhirns (Thalamus) hindurch. Sie werden hier gefiltert, indem der Gefühlsgehalt der Information festgestellt und damit über die Weiterleitung oder die eventuelle Zurückweisung entschieden wird. Evolutionsgeschichtlich bedeutet das, daß bei diesem Vorgang unbewußt beurteilt wird, ob eine Sinnesinformation lebensbedrohende oder lebensfördernde Umstände aus der Umwelt meldet, oder ob sie wegen ihrer Bedeutungslosigkeit ignoriert werden kann.

Mit einer bekannten Geschichte läßt sich das illustrieren: Ein Indianerhäuptling geht mit einem weißen Geschäftsmann durch New York. Der Indianer bringt den Weißen zum Staunen, weil er mitten im Verkehrs- und Menschengewühl eine Grille heraushört, die in einer Mauerritze sitzt. Der Indianer will dem Geschäftsmann beweisen, daß es nicht in erster Linie am guten Gehör liegt, sondern an der Bedeutung eines Geräusches für den Einzelnen. Und er läßt eine Dollarmünze auf den Boden fallen. Das Klingen der Münze war gewiß nicht lauter als die Grille, aber sofort stürzen sich zehn Menschen auf das Geldstück, um es zu erhaschen.

Der Volksmund sagt: »Man hört, was man will.« Die Figur-Grund-Entscheidung (das ist die unbewußte Entscheidung darüber, was zum Vordergrund oder zum Hintergrund eines Wahrnehmungsvorgangs wird) wird somit zur Schleuse für das bewußte Hörerlebnis.

Aber noch etwas muß dazu kommen: Diese Schleuse öffnet sich nur und bleibt nur so lange offen, solange ein ausreichender Aufmerksamkeitsgrad gewährleistet ist. Dieser Aufmerksamkeitsgrad ist abhängig vom momentanen vegetativen Gleichgewicht, von ausgeglichenen Stoffwechselfunktionen, vom psychischen Gleichgewicht und von bisherigen Erlebnissen, die, ausgelöst von der momentanen Wahrnehmung, miterinnert werden. Dabei werden immer Zeitspannen von ca. 3 Sekunden zu einer Bewußtseinseinheit zusammengefaßt, die man auch als Hörgedächtnisspanne bezeichnen kann. (Die Hörgedächtnisspanne bedeutet: Ein Schallereignis »klingt« in den Hirnnervenfasern nach, wenn die Schwingung im Ohr schon zur Ruhe gekommen ist.) Diese Schallinformation nun, die durch die Schleuse gelangt ist, wandert durch die Nervenzellen und sucht nach Resonanz. Sie »tastet« die Nerven nach gespeicherten Hörerfahrungen ab, ob diese der neu wahrgenommen ähneln.

Allerdings ist eine isolierte Betrachtung von Hörempfindung und Hörerlebnis irreal. Denn bei jeder Hörwahrnehmung sind auch andere Sinneskanäle aktiv. Eine sinnvolle Denkleistung und Umweltorientierung gibt es nur in der Verflechtung vieler Wahrnehmungsarten: Das Hören wird gleichzeitig durch das Körpergefühl, durch Empfindung von Raumtiefe (haptisch, auditiv und visuell), durch Empfindungen des Gleichgewichtsorgans oder des Tastsinnes ergänzt. Man spricht hier von Wahrnehmungsintegration. Das heißt: Momentane oder frühere Empfindungen aus anderen Sinnesmodalitäten werden ihrer Erlebnisqualität entsprechend zur vordergründigen Wahrnehmung in Beziehung gesetzt. Die Empfindungen werden zur Wahrnehmung und bilden mit aller innerer Bewegung das Erlebnis. Damit kommt es über die Sinnesempfindung zur Sinnerfassung und zur persönlichen Sinndeutung.

Modell eines Wahrnehmungsvorgangs beim Hören

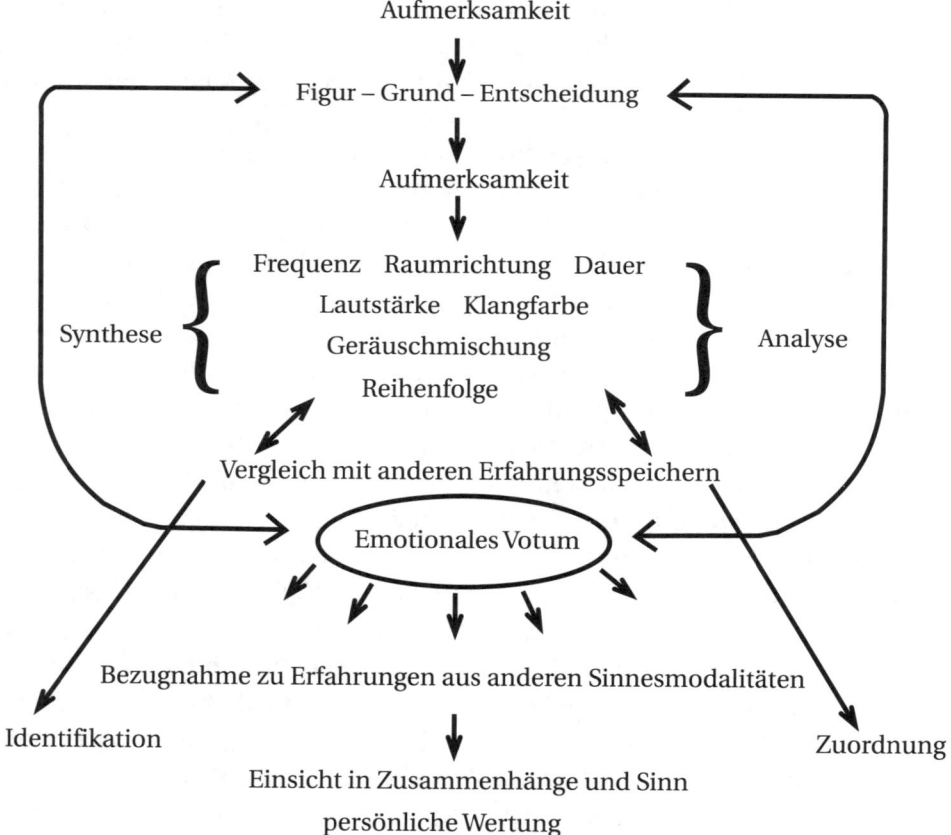

Was hier im Bereich auditiver Wahrnehmungserlebnisse beschrieben wurde, gilt im Prinzip für alle anderen Formen sinnlichen Erlebens. Erlebnisse der Tast-, der Bewegungs- oder der Sehwahrnehmung beispielsweise werden alle emotional bewertet, werden alle mit unterschiedlichsten Sinneserfahrungen verglichen, zugeordnet und integriert. Die bewußte Aufmerksamkeit hängt ab vom emotionalen Votum des Zwischenhirns, vom Aufmerksamkeitsgrad je nach körperlich-seelischer Verfassung oder von der bisherigen Wahrnehmungsintegration. Erlebnisse isolierter Einzelwahrnehmungen gibt es nicht, da sich die anderen Wahrnehmungskanäle nicht ausschalten lassen. Zumindest werden ihre Repräsentationen im Gehirn immer mitaktiviert.

Das unmittelbare Erlebnis ist individuell und unauflösbar mit der Identität des erlebenden Menschen verbunden. Erleben ist subjektiv. Das Erleben kommt aus dem unmittelbaren Kontakt zu einer Situation und ist nicht angewiesen auf Informationen aus zweiter und dritter Hand. Dabei wirken Erlebnisse nicht für sich selbst. Entscheidend ist, wie sich der Erlebende das Erlebnis aneignet. Es gibt das unangenehme Erlebnis, das schöne Erlebnis, das lustige und das traurige Erlebnis, einschneidende oder unvergeßliche, prägende, aber auch verdrängte Erlebnisse oder Schlüsselerlebnisse. Wir untermauern die Glaubwürdigkeit einer Schilderung mit dem Satz:« Das kannst du mir glauben, denn ich habe es selbst erlebt.« Erleben ist zeitlich und örtlich bestimmbar.

Gemeinsames Erleben kann trotz individueller Unterschiede die Gruppenidentität aufbauen und das Wir-Gefühl stärken. Die meisten Menschen fühlen sich unwohl, wenn sie bemerken, daß sich ihr Erleben einer Situation vom Erleben naher Menschen radikal unterscheidet. Deshalb suchen sie Kontakt zu Menschen, die ähnlich empfinden wie sie selbst.

Was man nicht erlebt hat, kann man nur zur Kenntnis nehmen, wenn andere es einem erzählen, Filme vorführen, Bilder oder Tondokumente oder Schriftzeugnisse vorlegen.

Dabei hängt es von der Intensität dieser Dokumente ab, wie stark man davon berührt wird. Wird der sinnliche Eindruck der Personen, die die Situation authentisch erlebt hatten, plastisch mitgeteilt, kann er das Erlebnis nahezu suggerieren.

Dennoch kann ein suggeriertes Erlebnis das unmittelbare Spüren am eigenen Leib nicht ersetzen. Trotz eines noch so brillant geschriebenen Berichts über ein Theaterereignis werde ich nie erfahren, wie ich diese Theateraufführung empfunden hätte, weil ich nicht dabei gewesen bin. Wenn ich die Aufführung selbst erlebe, kann ich hören, sehen, riechen, die Temperatur des Raumes fühlen, sitzen, stehen, gehen, mich umdrehen und etwas anfassen und mich in meiner räumlichen Stellung in diesem Theater erleben. Zum Erleben gehört dazu, das ich das »um mich Herum« aufnehmen kann. Das distanzierte Beobachten dagegen, mit dem Rücken zur Wand, eröffnet mir nur ein schmales Spektrum meiner Erlebnisfähigkeit. Zum Erleben gehört also: Hineingeraten, mittendrin sein, hineinvermengt sein, daruntergemischt sein.

Im Bewegten Religionsunterricht wird nicht von Erlebnispädagogik gesprochen. Es geht im Bewegten Religionsunterricht nicht darum, Abenteuer, besonders herausragende, umwerfende Erlebnisse oder spektakuläre Nervenkitzel anzubieten. Es geht viel schlichter um sensorische Wirklichkeitsaufnahme und um Sensibilisierung: Man könnte blindlings, weil extrem zielorientiert, einen Weg laufen, den Blick streng geradeaus gerichtet, ohne links und rechts zu sehen. Ich kann aber auch mit aufgesperrten Sinnen aufnehmen, was um mich herum alles zu erleben ist. Ich kann schnuppern, lauschen, mit den Füßen die unterschiedlichen Bodenbeschaffenheiten und den Wind in meinem Gesicht spüren. Erlebnisfähigkeit läßt sich bilden und muß in den Blickwinkel familiärer und schulischer Erziehung geraten. Dagegen wird die Erlebnisfähigkeit eingeschränkt und die Sinne stumpfen ab, wenn das Umfeld entsprechend eintönig gestaltet wird.

Erweiterte Erlebnisfähigkeit ist kein überflüssiger Luxus. Sie birgt vielfältige Möglichkeiten, Gott und die Welt zu erfahren und Lebenszusammenhänge zu verstehen und zu deuten.

Wenn wir uns sinnlichem Erleben öffnen, begegnen wir unseren Emotionen. Die Welt erscheint uns nicht als objektive, gefühlsneutrale Wirklichkeit, sondern wir erleben sie als von uns stimmungsmäßig gefärbte, gewertete und gedeutete Wirklichkeit. Damit eröffnen sich uns neue kreative Ausdrucksmöglichkeiten.

»Wo wären denn, so möchte ich einmal fragen, die Künste, die darstellenden vor allem, aber auch die Dichtkunst, wenn unsere Welt wirklich so objektiv wäre, wenn sie wirklich so absolut und mit so eindeutigem Sinn feststände, wie wir es immer voraussetzen? Wo bliebe denn der Raum für diesen menschlichsten aller Bereiche, wenn nicht ganz im Gegenteil die Möglichkeit, ja die Notwendigkeit gegeben wäre, die Wirklichkeit unserer Welt immer aufs neue zu deuten und auszulegen? Wenn wir nicht gezwungen wären, der Wandelbarkeit und Vielzahl ihrer niemals endgültig faßbaren Bedeutungen und Zusammenhänge immer wieder von neuem nachzugehen und den Versuch zu machen, sie zu entschlüsseln? Dieser Spielraum würde auf ein Nichts zusammenschrumpfen in einer Welt, die in Wahrheit ›objektiv‹ wäre.«[9]

Wie verhält sich nun Erlebnis zu Erfahrung?

Im täglichen Sprachgebrauch werden Erlebnis und Erfahrung deutlich unterschieden. Man sagt: »Das ist aber ein heftiges Gewitter, das ich soeben erlebe!« Und man kann feststellen: »Es ist meine Erfahrung, daß auf feuchtwarmes Wetter häufig Gewitter folgen.«

Demnach gründet sich Erfahrung auf mehrere Erlebnisse, in denen man einen gemeinsamen Trend erkennen kann. Die Reihung solch ähnlicher Erlebnisse hinterläßt eine Spur, die mit jedem dazu passenden Erlebnis tiefer eingeschliffen wird. Die Spur führt zu einer generalisierenden, übergeordneten Deutung, die wir »Erfahrung« nennen. Weichen Erlebnisse von diesem Trend ab, dann wird die bisherige Erfahrung in Frage gestellt, neu bewertet und modifiziert. Wenn ein Mensch unfähig ist, seine Erfahrungen von andersartigen Erlebnissen korrigieren zu lassen, so handelt es sich dabei um eine Form von Persönlichkeitsstörung.

Erlebnisse prägen unsere Erfahrung, und die Erfahrung bestimmt unser Wertesystem, unsere Haltung uns selbst, unserer Umwelt, unseren Mitmenschen und Gott gegenüber. Von der Qualität unserer Erfahrung hängt unsere Lebenstüchtigkeit ab.

Ein Beispiel: Ein Bergführer gilt als »erfahren«, wenn er unzählige Erlebnisse in der Bergwelt sammeln konnte und wenn er in der Lage ist, diese Erlebnisse zueinander in Beziehung zu setzen und daraus auch generalisierende Schlüsse zu ziehen, ohne die Differenziertheit der alpinen Bedingungen außer acht zu lassen: Er ist viele verschiedene Wege gegangen, sowie gleiche Wege immer wieder unter unterschiedlichen Wetterbedingungen. Er hat Wetterumschwünge erlebt, Nebel, Schneetreiben, Gewitter oder trockenes sonniges Wetter. Er hat verschiedenes Gestein mit unterschiedlichem Schuhwerk bewältigt. Er hat verschiedene Tiere beobachtet. Er hat die eigene Kondition in Beziehung zur Steigung und zur Weglänge gesetzt. Er hat sich Orientierungspunkte gesucht. Er hat sich Wegstrecken und Verläufe von Wanderwegen eingeprägt. Er hat sich zu Pflanzen herabgebeugt, sie befühlt und berochen. Er hat Kontakte geknüpft zu Almbauern und zur Bergwacht. Diese Erfahrung kann niemals durch ausschließliches Bücherstudium oder durch Berichte anderer ersetzt werden.

Unstrittig ist, daß durch sinnliche Erlebnisse nachhaltiger gelernt wird. Das Erlebnis gräbt sich in die Persönlichkeit ein und bleibt im Langzeitgedächtnis haften, es wird integriert und bewertet und wandelt sich so in Erfahrung, die Teil der Persönlichkeit wird.

Erfahrung läßt sich aus der Art der Erlebnisse begründen. Wenn Menschen zu einem gleichen

Thema voneinander abweichende Erfahrungen vorweisen, dann deshalb, weil sie zu der Sache eben auch voneinander abweichende Erlebnisse hatten.

Dazu wieder ein Beispiel: Gerade die weit auseinanderklaffenden Meinungen über »Kirche« in unserer Gesellschaft gründen sich auf jeweils unterschiedliche Erlebnisse, die entweder zu der Erfahrung führten, »Kirche ist für mich Heimat«, oder zu der Erfahrung »Kirche ist für mich Gefängnis.« Konnte man als Kind schöne Kindergottesdienste besuchen, dort spannende Geschichten hören, mit anderen Kindern zusammensein, konnte man erleben, daß die Eltern in das kirchliche Leben mit eingebunden waren, im Kirchenchor mitsangen, einen als Kind zum Abendmahl mitnahmen, durfte man im Gottesdienst auf Mutters Schoß sitzen, Kekse essen und Bilderbücher anschauen, durfte man beim Erntedankschmuck mithelfen, Schulgottesdienste oder Familiengottesdienste aktiv mitgestalten, später Jugendgottesdienste mitfeiern, die dem eigenen Lebensstil entsprachen, hat man alle diese vielen Erlebnisse gehabt mit dem gemeinsamen Trend »In der Kirche kann ich gut leben«, dann ist daraus die Erfahrung geworden: »Kirche ist für mich Heimat.« Andere hatten andere Erlebnisse: Da sitzen in langweiligen Gottesdiensten steife Erwachsene, die böse werden, wenn man als Kind mit den Füßen zappelt, da gibt es Beerdigungen, wo die Erwachsenen ausweichen, wenn man Fragen stellt, da steht man vor Taburäumen wie Altar oder Sakristei, die man offenbar als normal Sterblicher nicht betreten darf. Wer solche Erlebnisse mit Kirche hatte, der hat erfahren: »Kirche ist langweilig, unheimlich, bedrohlich, sie nimmt mir die Luft zum Atmen, sie schränkt meine Freiheit ein. Mit Kirche will ich nichts mehr zu tun haben, denn sie wirkt auf mich wie ein Gefängnis.«

Eine unübersehbare Vielzahl von Erlebnissen prägt die innere Bereitschaft, die religiösen Dimensionen im eigenen Leben mitzurechnen, oder die innere Abwehr dagegen. Grunderfahrungen, die die religiöse Haltung

beeinflussen, beziehen sich auch auf frühe Erlebnisse mit den ersten Bezugspersonen. Erlebnisse, bei denen man sich in Angstsituationen geborgen fühlen konnte, prägen das sogenannte »Urvertrauen«: Gehalten werden in den Armen der Mutter, nachts bei Gewitter ins Bett der Eltern kriechen dürfen, im Kaufhaus verloren gehen und die Mutter wiederfinden und sich in ihrem Rock verstecken. Oder später dann: von der Schule heimkommen, sich mit Eltern und Geschwistern um den Mittagstisch versammeln, anregende oder lustige Gespräche in der Familienrunde. Wer solche zuverlässigen Geborgenheitserlebnisse hat, kann auf die Erfahrung von Geborgenheit zurückgreifen. Die Liedzeile »Von guten Mächten wunderbar geborgen« löst solche angenehmen Erinnerungen aus, die nach den warmen Armen der Mutter riechen und vielleicht nach heißem Kakao nach durchnäßtem Heimkommen schmecken.

Unser Gottesbild ist wesentlich beeinflußt von den Erlebnissen, die wir mit den wichtigsten Menschen unseres Lebens hatten. Luthers Erlebnisse mit seinen eigenen Eltern, die ihn als Kind sehr hart straften, prägte seine Erfahrung: Ich bin nicht genügend, meine Fehler müssen hart geahndet werden, Gott muß ein zorniger Gott sein, nie kann ich ihm recht sein, mich erwartet ein furchtbares Gericht. Luthers Grundangst »Wie bekomme ich einen gnädigen Gott« dürfte für jemanden, der freiheitlich aufgewachsen ist, ohne Schläge und Demütigungen durch die Eltern zu erleben, ohne die Erfahrung, den Anforderungen der Eltern nie genügen zu können, wenig verständlich sein. Aber an Luther sehen wir auch, daß religiöse Deutungen auch als Gegenbild zu bisherigen Erfahrungen verstanden werden können. Diese Erkenntnisse können einen Lebenslauf radikal verändern. Bei Luther war das die Entdeckung, daß Gott gnädig ist.

Glauben kann also auch bedeuten, daß ich allen menschlichen Erfahrungen zum Trotz Gott zutraue, meine unerfüllten Sehnsüchte zu stillen, daß ich Zuwendung von Gott erhoffen kann, die ich in meinem Leben zu wenig erlebt habe. Gott sei Dank sind, wie bereits angedeutet, Erfahrungen nicht unverrückbar. Bisherige Erfahrungen können durch neue Erlebnisse modifiziert werden. Wenn das nicht so wäre, müßte man als L. für das Fach Religion oft resignieren, denn Kinder kommen häufig mit negativen Grundhaltungen zum Thema Kirche oder Religion in den Religionsunterricht. (Allerdings sind dies häufig Überzeugungen, die nicht auf Erlebnissen beruhen, sondern auf übernommenen Urteilen der Eltern. Zum Glauben negativ eingestellte Eltern verweigern ihren Kindern häufig die Möglichkeit, eigene Erfahrungen mit Kirche oder Religion zu sammeln.) Auf Erfahrungen kann man nicht wie auf Akten, die immer gleich bleiben, zurückgreifen. Stattdessen wird jede Erfahrung neu gefärbt, je nach Art der neuen Erlebnisse. »Erinnerungen verändern sich nicht nur mit der Zeit, sondern sie werden auch von der Situation zum Zeitpunkt der Erinnerung stark beeinflußt«, schreibt der amerikanische Soziologe Richard Ofshe.[10] »Wir rekonstruieren also unsere Vergangenheit stets im Lichte der inzwischen gemachten Erfahrungen«.

Im Bewegten Religionsunterricht wird mit dem Erlebnis auf mehrere Weisen gerechnet:

1. Das Erlebnis stellt im Unterricht einen direkten Kontakt zum Unterrichtsinhalt her durch Symbolspiele, Rollenspiele, tänzerisch-pantomimische Spiele oder durch besondere sensorisch reizvolle Situationen. Durch die Kontaktaufnahme zum Inhalt über das Erlebnis wird den Kindern die Möglichkeit zur subjektiven Deutung gegeben.
2. Durch die jeweiligen Unterrichtserlebnisse werden bei den Kindern Erinnerungen an frühere ähnliche Erlebnisse abgerufen. Dadurch wird eine Verbindung zu den Lebenserfahrungen der Kinder hergestellt. Zum gegenwärtigen Unterrichtserlebnis können die Kinder ihre bisherigen Erfahrungen in Beziehung setzen, den Unterrichtsinhalt in ihre Erfahrungen einordnen und diese unter Umständen neu bewerten.
3. Im Bewegten Religionsunterricht werden hin und wieder sorgsam geplante Erlebnisse angeboten, die für viele Kinder neu sind und, wenn sie glücken, zu Schlüsselerlebnissen werden können.

5. Die Mittel des Bewegten Religionsunterrichts

Um einer Kommunikation zwischen der Botschaft des Evangeliums und dem kindlichen Erleben und Entdecken Raum zu geben, werden im Bewegten Religionsunterricht praxiserprobte Mittel eingesetzt. Diese Mittel haben ihre Wurzeln teilweise in der rhythmisch-musikalischen Erziehung, wie sie sich in Europa seit Emile Jaques-Dalcroze etabliert hat, teilweise in Spielfeldern der Motopädagogik von Ernst J. Kiphard, im Improvisationstheater des Keith Johnstone und in der Pantomime.

5.1. Das Symbolspiel

Ein wichtiges Element im Bewegten Religionsunterricht ist das Symbolspiel. In ihm werden symbolische Handlungen gemeinsam gespielt.

Diese sind eingebunden in ein umfassendes Unterrichtsgeschehen aus Erzählung, kreativ-künstlerischer Verarbeitung und interpretierendem Gespräch.

Beispiel: Im Kinofilm »Club der toten Dichter« läßt ein Lehrer seine fast erwachsenen Schüler nacheinander auf das Lehrerpult steigen, damit sie sich ihr Klassenzimmer aus einer neuen Perspektive ansehen sollen. Die erstaunten Gesichter der Schüler, die bei diesem Erlebnis jeweils in direkter Kameraeinstellung zu sehen sind, wirken auf den Zuschauer beeindruckend. Jeder, der das Pult erklimmt und sich dann von da oben aus »die Welt besieht«, erlebt etwas Überraschendes und Ungewohntes. Während der Lehrer seinen Schülern Mut macht, im Leben Neues zu wagen und eingefahrene Wege zu verlassen, spiegelt sich auf ihren Gesichtern Staunen über den unerwarteten Anblick der Bänke und Stühle fast aus der Vogelperspektive und Stolz über den eigenen Mut.

Diese Filmszene zeigt eine symbolische Handlung, also eine Handlung, die eine über die vordergründigen Umstände hinausgehende Bedeutung hat. Der Standortwechsel der Schüler im Raum hilft ihnen dazu, ihre Vergangenheit zu deuten und bietet ihnen eine Neuorientierung für die Zukunft an. Ohne die Rede des Lehrers, die die Bewegung deutet, würde die Handlung ihren Sinn verlieren und absurd wirken.

Jede Kultur kennt Symbolhandlungen, die in ihr allgemein bekannt sind und die rituellen Charakter haben können. Wenn ein Bräutigam seine Braut früher über die Schwelle trug, dann nicht, weil sie plötzlich fußkrank geworden war, sondern weil er damit ausdrücken wollte: »Ich will dich wie auf Händen durchs Leben tragen. Ich werde für dich sorgen und für dich verantwortlich sein. Im Haus darfst du auf eigenen Füßen stehen.« Dieses Symbol entsprach der Rollenverteilung in früheren bürgerlichen Schichten. Teilweise hält man auch heute noch an diesem Brauch fest, obwohl er nicht mehr mit dem heutigen Rollenverständnis übereinstimmt. Häufig werden also Symbolhandlungen weitertradiert, auch wenn ihr Sinn nicht mehr bekannt ist oder nicht mehr in die neuen gesellschaftlichen Zusammenhänge paßt. Dann erhalten solche Symbole reinen Signalcharakter, der bestimmte Lebenshöhepunkte kennzeichnet und markiert. Es geht dann nicht mehr um die ursprünglich intendierte inhaltliche Lebensinterpretation, sondern es ist nur noch Schmuck, Ausstattung und ermöglicht das Wiedererkennen, ähnlich einem Firmenlogo.

Tradierte Symbolhandlungen werden häufig nicht kommentiert. Ihre Berechtigung wird meist stillschweigend vorausgesetzt. Bei neuen Symbolhandlungen kann es sein, daß erst einmal der Sinn mitgeteilt werden muß. Bei Jeremia beispielsweise geschieht das durch die Predigt, die interpretiert, warum dieser Mann mit einem hölzernen Ochsenjoch durch die Stadt zum König läuft. Im »Club der toten Dichter« erfolgt die Deutung durch die Rede des Lehrers.

Bewegungshandlungen werden als Symbol zum Träger übergeordneter Bedeutungen, die in weitere Lebenssituationen hinein transferiert werden können oder die Vergangenes im Nachhinein bewerten und einordnen helfen (z.B. Beerdigungsrituale, Abschiedsrituale vom Junggesellenleben...).

Da es trotz hochentwickelter verbaler Sprache in jeder Kultur Symbolhandlungen gibt, müssen diese anscheinend einen Wert haben, der über die sprachlichen Möglichkeiten, Lebensdeutungen zu vermitteln, hinausgeht. Worte können beschreiben, interpretieren, gedanklich beleuchten, aber sie können nicht allen Deutungsebenen gerecht werden. Symbolhandlungen sind der Versuch, den Sinn bestimmter Lebenssituationen auszudrücken. Für Sinndeutungen fehlen einem oft die Worte. Wer Sinn empfindet, kann das nicht unbedingt verbal ausdrücken. Die Einordnung und die Bewertung von Lebenssituationen geschieht vermutlich zu einem großen Teil vorsprachlich und übersprachlich. Damit wird dieses Geschehen aber auch individuell und mehrdeutig, weil es nur schwer verbal mitteilbar ist.

Beispiel: Eltern oder Paten schenken ihren Schulanfängern eine Schultüte, die die Kinder an ihrem ersten Schultag mit in die Schule nehmen. Man kann das so interpretieren, daß damit den Kindern der Eintritt in ein Leben, das von saurer Pflichterfüllung geprägt sein wird, versüßt werden soll. Die Schultüte ist also ein Symbol, das den Kindern beim Schulanfang helfen soll. Unterschwellig drückt sich damit aber noch etwas anderes aus, nämlich daß die Schultüte auch den Eltern helfen soll: Man übergibt sein Kind einer Institution, in die Hände fremder Menschen. Bisher hatte man fast uneingeschränkte Einflußmöglichkeiten auf sein Kind, nun geht es in eine Lebenswelt, die sehr stark über das Kind bestimmen wird und wo man, zumindest in Bayern, als Eltern so gut wie keine Entscheidungsbefugnisse mehr hat. Die Gummibärchen und Stofftiere in der Tüte symbolisieren, daß man dem Kind einen Vorrat an elterlicher Liebe mitgeben will und etwas vom Reichtum der elterlichen Fürsorge in die Schule hineinschmuggeln möchte. Außerdem kann die Schultüte auf die Umgebung auch als Statussymbol wirken. Auch wenn es ein mehrdeutiges Symbol ist, ist die Tendenz dieses Brauches unstrittig: Mit dem ersten Schultag ändert sich das Leben des Kindes entscheidend. Um diese Tatsache bewußt werden zu lassen, gibt es ein Geschenk, das in seiner Form einmalig ist und in unserer Gesellschaft nur diesem Anlaß zugeordnet wird. Die Grundtendenzen der Symbolhandlung »Schultüte schenken« sind: Das Herausheben der Situation des Schulanfangs als etwas Besonderes, das Kennzeichnen des Kindes als Schulanfänger und das Versüßen der Situation. Die unbewußten Deutungsmuster in den einzelnen Familien können im Detail sehr variieren.

Es werden also niemals alle Deutungsebenen einer Symbolhandlung faßbar sein. Ihre Wirkung ist nicht kontrollierbar, planbar oder meßbar. Unbewußte Verarbeitungsmechanismen bleiben im Verborgenen. Wie die Symbolhandlung erlebt wird, hängt mit so komplexen Faktoren zusammen wie beispielsweise die persönliche Lebenserfahrung, die individuelle soziale Lebensgeschichte, die gesundheitliche Verfassung, der Gemütszustand und vieles andere.

Die Tendenz aber, soweit sie für die Beteiligten plausibel ist, kann von ganzen Gruppen in der gemeinsamen Symbolhandlung mitvollzogen werden.

Symbolhandlungen haben ihren Platz bei Festen, Eröffnungen, Einweihungen, Verabschiedungen, Beerdigungen oder bei Installationen von Regierungen, also häufig beim Hinübergehen in eine neue Lebensphase.

Im Leben der Kinder kommen Symbolhandlungen im Spiel reichhaltig vor. Bei »Pippi Langstrumpf« von Astrid Lindgren wird eine Szene beschrieben, in der Pippi und ihre Freunde sich miteinander verschwören, immer so zu bleiben, wie sie jetzt gerade sind. Sie essen ein Bonbon und sprechen: »Liebe kleine Grummeluß, niemals will ich werden gruß.« (sic!) Mit diesem Spruch und dem gemeinsamen Essen drücken sie ihren Entschluß aus, nie das Lebensgefühl ihrer Kindergemeinschaft aufzugeben.

Gegenstände und Räumlichkeiten erhalten im Spiel neue Bedeutungen. Die Blechbüchse wird zur Schatzkiste und zur Trägerin von Geheimnissen, ein besonders geformter Stein wird zum Zauberstein, der alle Wünsche erfüllen kann und einem das Gefühl des vom Glück Begünstigten vermittelt, das Rückzugslager auf dem Schrank symbolisiert Unabhängigkeit, Ungestörtheit wie auf einer einsamen Insel.

Im Schulalltag sind Symbolhandlungen meist beschränkt auf das Anzünden von Adventskerzen, auf das Pflanzen eines Baumes, auf den Schulanfang mit Schultüte, also in der Regel auf Schulfeste, Schulgottesdienste oder andere herausragende Ereignisse. Im unterrichtlichen Lernen kommen Symbolhandlungen in der Regel nicht vor.

Horst Klaus Berg erwähnt im Methodischen Kompendium für den Religionsunterricht kurz die »Symbolhandlung« als Methode zur biblischen Texterschließung, aber er erklärt sie nicht näher, sondern er illustriert sie nur mit zwei Beispielen.[11] Er fordert als Qualitätskriterien einer Symbolhandlung im Unterricht Stimmigkeit und Plausibilität, legt aber nicht dar, wie diese Qualität erreichbar wäre.

Im Religionsunterricht bieten sich tatsächlich Symbolhandlungen an. Symbolhandlungen sind trotz eindeutig abgesteckter Tendenzen offen für die individuellen Erfahrungen und Lebensgeschichten der Kinder. Spuren religiöser Erfahrungen können in Symbolhandlungen generalisiert und »meditierbar« werden: Befreiung aus einem Alpdruck, Umkehr, Geborgenheit, Aufeinander-Angewiesen-Sein, Orientierung finden, und viele andere.

Im Bewegten Religionsunterricht wird nicht von »Symbolhandlung« gesprochen, sondern von »Symbolspiel«. Damit wird an die Fähigkeit der Kinder angeknüpft, im Spiel mittels ihrer starken Phantasie Ort, Zeit und Gegenstände entsprechend den vorausgesetzten Inhalten zu verwandeln. Darüber hinaus soll die Kennzeichnung als Spiel auch jene Leichtigkeit in das Bewegungssymbol hineintragen, die dem Kind innere Freiheit zugesteht und nicht in einen religiösen Mitvollzug zwingen will. Spielen heißt, »so tun als ob«, allerdings nicht in einer erwachsenentypischen Beliebigkeit. Spielen heißt, »ich probiere aus, wie sich das anfühlt.« Spiel und Realität schließen sich bei Kindern nicht gegenseitig aus. Wenn man spielt, enthält das gleichzeitig die Möglichkeit, daß man erkennt: Das ist jetzt relevant für mein Leben. Orte des Symbolspiels im Unterrichtsverlauf wären

1. die Hinführung zu einem Thema,
2. das vertiefende Nacherleben oder
3. die Umrahmung von Erzähl-, Rollenspiel- und Gesprächsphasen:

(1) Symbolspiel als Hinführung

Beispiel: Ein Unterrichtsinhalt für die 4. Jahrgangsstufe ist das Gebot »Du sollst nicht stehlen«. (Gott schenkt uns, was wir zum Leben brauchen. Er schützt es mit seinem Gebot »Du sollst nicht stehlen«.)

– Die Kinder sitzen verteilt am Boden. Mit Kreide malt jedes einen Kreis um sich. Nun hat jedes Kind einen Bereich, der ihm gehört. Die Kinder gehen zu Musik durch den Raum. Wenn die Musik endet, läuft jedes Kind zu seinem Kreis zurück und setzt sich hinein. In einer späteren Phase malt jedes Kind ein liebgewordenes Spielzeug oder irgendeinen wichtigen Gegenstand aus seinem persönlichen Besitz auf ein Blatt Papier und legt es in seinen Kreis. Dann lädt jedes Kind einmal ein Kind seines Vertrauens in seinen Kreis ein und zeigt ihm sein Bild. Die Tendenz dieses Symbolspiels soll bewußt machen, wie wichtig persönlicher Besitz für jeden ist, ja daß Besitz zum Selbstbestimmungsrecht eines jeden einzelnen gehört.

Diebstahl kann von daher als Eindringen in die persönliche Sphäre (symbolisiert durch den Kreis, in den man nur jemanden einlädt, dem man vertraut) eines anderen und als Vertrauensbruch verstanden werden.

(2) Symbolspiel als vertiefendes Nacherleben

Beispiel: Ein Unterrichtsinhalt in der 1. Jahrgangsstufe ist »Jesus kümmert sich um Einsame und Ausgestoßene« (Levi). Im Rollenspiel wird der Lebensalltag eines Zöllners nachgespielt. Anschließend erzählt L. die biblische Geschichte aus Mk 2, wobei L. besonders die Gefühle plastisch macht, die Levi in seiner Situation als Ausgestoßener und in seiner Lebenswende durch Jesu Annahme empfinden könnte. Es folgt ein Spiellied, das die Kinder aus einem einsamen Versteck heraus in den gemeinsamen Kreis ruft. In einer Gesprächsphase wird darüber gesprochen, wie es einem ergeht, wenn einen andere Kinder nicht mitspielen lassen, wenn einen die Erwachsenen fortschicken, weil sie einen nicht brauchen können etc. Nun schließt sich das Symbolspiel an, dessen Tendenz als Jesu Einladung an jeden Einsamen angekündigt wird: L. knotet mehrere Seile zu einem großen Kreis zusammen, setzt sich hinein und sagt: »In meinen Kreis darf jeder hinein. Ich wünsche mir ein Kind hinein, das noch nicht so gut radfahren kann. Ich wünsche mir ein Kind hinein, zu dem seine große Schwester oder sein großer Bruder manchmal sagt: »Du störst, geh weg! Ich wünsche mir ein Kind hinein, das oft von Erwachsenen weggeschickt wird...« Es ist auch gut möglich, jedes Kind einzeln zu befragen, was es nicht gut kann oder wodurch es sich bei Freunden oder in der Familie zurückgesetzt fühlt. So kann man jedes Kind einzeln einladen, in den Kreis zu kommen, bis alle zusammen im Seilekreis sitzen.

(3) Symbolspiel als Umrahmung mehrerer Unterrichtsphasen

Beispiel: In einer Themenreihe zu Petrus, 3. Jahrgangsstufe, findet sich der Abschnitt:

»Petrus muß erleben, wie Jesus den Weg zum Kreuz geht. Seine Hoffnungen zerbrechen, er zweifelt an Jesus, hat Angst und wird schuldig.« Zu Beginn beschriften die Kinder eine Reihe von Schachteln mit Erwartungen, die Petrus in Bezug auf Jesus hat. (Jesus bekommt immer mehr Ansehen; Jesus wird als Messias und Herr im ganzen Volk anerkannt; Friedenszeit bricht an; es wird keine Kriege mehr geben; alle glauben an Jesus...). Aus diesen Schachteln wird nun ein Turm gebaut. Als Tendenz dieses Symbolspiels wird genannt, »daß wir nachvollziehen wollen, welche Hoffnungen Petrus auf Jesus *gebaut* hat«. Anschließend erzählt L. die Geschichte aus Mk 14, 32–65 in Auswahl. Zu einer bedrohlichen Orchestermusik stellen die Kinder mit einem pantomimischen Rollenspiel dar, wie Petrus aus Angst (als die Musik am lautesten ertönt) flieht. Im Gespräch versuchen die Kinder zu klären, warum der sonst so mutige Petrus davongelaufen ist. Nun wird als abschließendes Symbolspiel der Turm umgestürzt. Als Tendenz dieses Symbolspiels wird ausgesprochen: »Als Jesus wie ein Verbrecher abgeführt wird, stürzen die Hoffnungen des Petrus zusammen. Während wir das im Spiel miterleben, können wir uns in Petrus hineinversetzen. Vielleicht spüren wir, daß Hoffnungen auch bei uns einstürzen können.«

Die Tendenz des Symbolspiels kann im Gespräch, im Lied, im Tafelanschrieb oder in Merksätzen durch knappe, klare Worte sprachlich umrissen werden. Bei Beispiel a) wäre das vielleicht: »Jeder von uns braucht etwas, das nur ihm gehört.« Bei b): »Bleib nicht allein, komm mit herein, Gott will mit dir zusammensein.« Und bei c): »Petrus baut große Hoffnungen auf Jesus« und »Jetzt brechen die Hoffnungen des Petrus zusammen«. Die Tendenz muß klar umrissen werden. Die Schattierungen persönlichen Erlebens, also die Vielschichtigkeit möglicher Wirkungen, das alles bleibt offen und enthält eine Art Zauber, der das Symbolspiel von allen anderen Unterrichtselementen unterscheidet.

Die Spontaneität der Kinder, die in anderen Unterrichtsphasen ihren Platz hat, tritt beim Symbolspiel zurück. Sie ruht ähnlich wie bei einer liturgischen Handlung. Die Kinder wissen, daß sich das Symbolspiel vom Rollenspiel oder einer Gesprächsrunde völlig unterscheidet. Entweder wird dieses Spiel vorher kurz und klar erklärt oder während der Durchführung von L. eindeutig geleitet. Mit der Zeit stellen sich die Kinder darauf ein: Ein Symbolspiel bietet Raum zum Innehalten, Wahrnehmen, Nachspüren, Ahnen, Einschwingen, Danken, Genießen...

Symbolspiele lassen sich u.a. aus dem Bewegungsausdruck des Körpers (Körpersymbole), aus räumlichen Wegen und Formen (Raumsymbole), aus Zeitkategorien, aus Klängen und Geräuschen und den Eigenschaften von Spielmaterialien entwickeln:

Körpersymbole:

Hände: Bitten, abwehren, grüßen, Ketten bilden, Räuberleiter bauen, Schalen bilden, wachsen wie Blumen, streicheln, suchen, tasten, Gesicht verbergen hinter Händen...
Kopf: senken, heben, schütteln, nicken, nach hinten über die Schulter sehen, Kopf einziehen, unter die Achsel stecken, Augen schließen, öffnen, Mund öffnen, zusammenpressen, weit öffnen...
Rücken: Arm um die Schultern eines anderen legen, Lasten tragen, Lasten abgenommen bekommen, mit dem Rücken zur Wand, sich ducken, sich breit machen, Sorge, daß einem jemand in den Rücken fällt...
Füße: Mit beiden Beinen auf dem Erdboden stehen, herkommen, weichen, fliehen, schwanken, schreiten, erstarrt, gelähmt, tanzen, Füße auf weitem Raum, nachfolgen, alleine gehen, durcheinander gehen...

Raumsymbole:

Kreis: Öffnen, schließen, sich abgrenzen, Kreis teilen, sich verdichten, sich weiten, geduckt, zusammengekauert, hoch aufgerichtet, nach außen gewendet, jemanden aufnehmen...

Schlange: Mauer bilden, sich zum Labyrinth oder zur Schnecke winden, Ausweg durch Umkehr, Gasse bilden, Tore, Durchgang, Sackgasse...
Wege und Raumpunkte: In die Ecke gekauert, in der Raummitte, Wege kreuz und quer, rückwärts, Weite, Enge, Höhe, Tiefe, geradlinig, kurvig...

Zeitsymbole:

Zeitlupe – endlos, Zeitraffer, Hektik, Erstarren, Pause, Stop, Verharren, Warten, Wiederholung, Zäsur, Wiederkehrender Refrain als zuverlässiges Kontinuum, Rhythmus (siehe auch unter »Klangsymbole«).

Klangsymbole:

Klangfarbe: Helle, dunkle, warme, kalte, strahlende, dumpfe Klänge...
Geräusche: scheppern, rasseln, quietschen, klopfen, schlurfen, rascheln, plätschern...
Dynamik: Laut, leise, an- und abschwellend...
Melodie: Fröhliche, klagende, unheimliche, beruhigende Motive ...
Rhythmus: Peitschend, fordernd, Sicherheit vermittelnd, belebend, lebenslustig, einschläfernd...
Harmonik: Majestätisch, weich, reibend...

Symbole durch Materialien:

Wasser: In Krügen, Schüsseln, plätschernd, als Guß, Klang-, Tast-, Seherlebnis
Licht: Kerzen, Feuer, Taschenlampen, Diaprojektorstrahler (farbig), Sonne, Schatten
Tücher: Weiße Laken, großes schwarzes Tuch, Chiffontücher... – Eingewickelt werden, hineingelegt und gewiegt werden, Wellen gestalten, unter einem ausgespannten Tuch wie in einer Höhle, in einem Zelt, unter dem Himmel sitzen, einen Umhang tragen, eine Wand aufbauen...
Steine: Gewicht, Form, Muster, individuelle Unterschiede, Alter, Herkunft, Muster legen, Grenze, Mauer, Altar...
Stühle: Abgrenzung, hohe Warte beim Daraufstehen, Versteck, Thron...
Kartons: Gebäude bauen, Türme, in einem Karton sitzen – Geborgenheit oder Gefangenschaft, Mauern auf- und abbauen...
Seile: In einer Seilschaft sich sichern, Abgrenzungen bauen, aneinander anknüpfen, jemanden herbeiziehen, retten...
Und viele andere Materialien mehr.

Die Auswahl und Gestaltung eines Symbolspiels muß sich am Symbolcharakter orientieren und darf nicht in vergleichende Anschauung abgleiten. Im obengenannten Kapitel von Horst Klaus Berg, in dem er kurz auf die Symbolhandlung eingeht, wird als negatives Beispiel genannt, wie L. einen großen Teller und einen kleinen Teller in eine Schüssel mit Wasser taucht, um die Taufe zu erklären. Der große Teller soll Jesus darstellen und der kleine Teller das Kind. Abgesehen davon, daß Teller hier eher Spülmittelwerbung assoziieren lassen, handelt es sich hier nicht um eine symbolische Handlung im ausgeführten Sinne, sondern es geht hier nur um Veranschaulichung mit Gegenständen, die reale Personen stellvertretend darstellen sollen. Das Symbolspiel muß aber eine weite Deutung und ein inneres Mitvollziehen ermöglichen. Die Kinder müssen die Handlung aktiv mitvollziehen dürfen. Es geht nicht darum, daß die Kinder beobachten, was ihnen L. vorführt. Das Symbolspiel ist nicht zu verwechseln mit einer Handlung, durch die L. etwas erklären will, damit es die Kinder kognitiv besser verstehen sollen. Sondern die Tendenz des Symbolspieles läßt die Kinder Elemente des Glaubens ausprobieren: »Hilf mir, meinen Platz darin besser zu verstehen, mich in der Glaubenswahrheit wiederzufinden, hilf mir, Sinn und meine Einbindung in das Sinngeschehen mit allen Sinnen zu erleben.«

5.2. Das Rollenspiel

Das Rollenspiel ist eine Spielform, die sich sowohl seit Jahrtausenden in der Theaterkultur und in religiösen Symboltänzen der Erwachsenen wiederfindet als auch im spontanen

Spiel der Kinder, ohne daß dieses von Erwachsenen inszeniert werden muß.

Im Rollenspiel schlüpft der Spieler mit Hilfe seiner Phantasie in eine andere Identität. Er imitiert die Bewegung und die Sprechweise einer anderen Person. Dabei versucht er, die Welt quasi in der Haut dieser anderen Person neu zu interpretieren und Handlungen nach einer für ihn neuen Logik zu planen und auszuführen. So können unterschiedlichste Lebensentwürfe modellhaft ausprobiert werden.

Ungewohnte Situationen im Leben bergen viel Unbekanntes. Gerade im Religionsunterricht tauchen oft solche provokante, erschreckende oder erstaunliche Themen auf, auf die Menschen häufig mit Ausweichen oder Ignorieren reagieren. Themen wie Krankheit, Elend, Tod, Umkehr und Neuanfang, sich jemandem bedingungslos Anvertrauen usw. bergen Situationen, für die wir postmodernen Menschen häufig keine vertrauten Verhaltensschemata gelernt haben. Ängstliche Fragen stellen sich ein: »Wie wirke ich da? Wie fühle ich mich selbst an? Wie stehe ich dann da? Welche Haltung werde ich einnehmen? Was könnte alles an bisheriger Haltung zusammenbrechen?«

Kinder stellen sich ungewohnten Situationen offener als Erwachsene. Sie probieren im Spiel verschiedenartigste Rollen aus. Sie haben in der Regel keine Scheu, mit einem toten Vogel Beerdigung zu spielen. Sie heiraten, fliegen zum Mond, führen Polarexpeditionen durch oder retten Verletzte aus Felsenschluchten. Spielend werden neue Haltungen eingenommen. Dadurch wächst das Selbstvertrauen, daß man unterschiedlichsten Anforderungen gewachsen sein kann.

Diese Lernform, die die Kinder für sich selbst entwickeln, um ihre Handlungskompetenz zu erhöhen, wird im Bewegten Religionsunterricht aufgenommen und gezielt in den methodischen Verlauf einbezogen. Dabei werden verschiedene Formen des Rollenspiels unterschieden:

(1) Spiel von definierten Rollen

Dies dürfte die schulisch am häufigsten genutzte Form des Rollenspiels sein. Person, Ort und »story« stehen fest und werden genau definiert. Der Zöllner Zachäus, wie er Jesus begegnet, oder Luther vor dem Reichstag zu Worms ergeben Spielrollen, die weitgehend vorstrukturiert sind. Das Kind spielt also eine Geschichte nach, die es zuvor kennengelernt hat. Es versetzt sich in diese Personen hinein und versucht, am eigenen Leib nachzuerleben, wie es für diese Person gewesen sein könnte. Es geht hier also um Nachvollziehen, sich Hineinversetzen, »Umgang« mit der Geschichte, Mit-Gehen. Die Person, deren Rolle man spielt, wird verstehbar, ja man selbst könnte diese Situation so erlebt haben. Räumliche und zeitliche Distanz einer Geschichte werden unwichtig.

Kinder können in gespielten Rollen aufgehen. Im Gegensatz zu Erwachsenen können sie kaum innere Distanz zu einer Rolle aufbauen, während sie sie spielen. Deshalb lehnen Kinder auch bestimmte Rollen ab, wenn sie starke Widerstände dagegen in sich spüren. Warum manche Kinder manche Rollen unbedingt und andere absolut nicht spielen wollen, hat zuweilen Gründe, die wir nicht ohne weiteres entschlüsseln können. Beispielsweise wählen sich manchmal psychisch labile Buben kriegerische Charaktere, obwohl sie eigentlich für eine andere Person in der Geschichte Sympathie entwickelt haben. So geraten sie in innere Konflikte, die ein gemeinsames Rollenspiel in einer Gruppe sprengen können.

Der Bewegte Religionsunterricht hat keine geplant psychotherapeutische Ausrichtung, er verfolgt somit auch keine psychotherapeutischen Ziele. Darum werden im Bewegten Religionsunterricht die definierten Rollen einer Geschichte bewußt ausgewählt. Selten wird die story mit allen beteiligten Personen textgetreu nachgespielt. Stattdessen wird die Identifikationsfigur wie mit dem Brennglas herausgehoben und in den Vordergrund gestellt. Andere beteiligte Personen erscheinen dann indirekt entweder nur mit der Stimme, in Klängen symbolisiert oder in Rahmenerzählungen.

Der einsame Wanderer von Jericho nach Jerusalem wird also nicht im Rollenspiel von den Räubern zusammengeschlagen. Stattdessen kann »die Geschichte vom barmherzigen Samariter« vorgelesen werden und synchron spielt nur der Wanderer seine Rolle: Er taumelt, schützt sich vor unsichtbaren Schlägern, zuckt zusammen, fällt zu Boden. Eine andere Möglichkeit wäre, daß sich jedes Kind der Klasse auf den Boden legt und sich vorstellt, verwundet und durstig in der sengenden Sonne zu liegen. Es gibt keinen Grund, die Kinder das Verprügeln eines Wehrlosen aus der Sicht der Täter erleben zu lassen. Nur die Erlebnisweise, die das Kind in der eigenen Rolle kennenlernt, wird im Langzeitgedächtnis gespeichert und wirkt prägend.

Mit der Auswahl der zu spielenden Figuren klärt L. für sich, welche Schwerpunkte er setzen will, was das hermeneutische Zentrum darstellen soll, welche Erlebniswelten er für die Kinder zum Nachspüren anbieten will. Vermutlich werden das in der Regel jene Personen symbolisieren, die sich mit all ihren Schwächen und auch im Scheitern auf ein Leben mit Gott einlassen, oder wo zumindest offengelassen ist, daß sie sich auf ein solches einlassen könnten. Die dunklen Seiten des Lebens werden also nicht ausgespart. Nachzufühlen, wie Petrus in die Enge getrieben zu Lügen ausflüchtet, sich hineinzuversetzen, wie man sich vor sich selbst schämt, darüber lohnt es sich, über das Spiel mit den Kindern ins Gespräch zu kommen.

(2) Illustrierendes Rollenspiel

Ähnlich einem Bild von Breughel werden hier in einem relativ freien Rollenspiel Sitten und Gebräuche einer bestimmten Gemeinschaft oder das Lebensgefühl einer bestimmten Zeit dargestellt. Da geht es z.B. darum, einen mittelalterlichen Markt zur Zeit Luthers mit Bettlern, Soldaten, Krämern, Mönchen und Wunderheilern zu bevölkern oder die Sippenwanderung eines Abraham mit Knechten, Mägden, Kindern und allerlei Viehzeug auszustatten oder im Spiel ein ägyptisches Bauwerk durch Sklaven in der Zeit Moses zu errichten. Auch die Gegenwart kann im illustrierenden Rollenspiel ins Klassenzimmer geholt werden: Die Kinder spielen Pausenhof, Familienfeier, Kaufhausgewimmel, Zuschauer auf dem Fußballplatz.

Jedes Kind erfindet dabei seine eigene Rolle. Nur der Rahmen steht fest: der Ort, die Zeit, der Anlaß und die Atmosphäre. Die Personen sind also nicht von vornherein als bestimmte Persönlichkeiten definiert, sondern sie entstehen mehr oder weniger zufällig. Die Kinder kreieren eigene Charaktere, die dann innerhalb des gesteckten Rahmens handeln.

Das illustrierende Rollenspiel bedeutet für den Unterrichtsprozeß, daß die Atmosphäre einer bestimmten Zeit oder die Sorgen einer ganzen Gemeinschaft lebendig werden und so als Hintergrund oder Anlaß von Gotteserfahrungen verstehbar werden.

Die so entstandenen bewegten Illustrationen stehen dann für eine Erzählung als Ausgangserlebnis zur Verfügung oder als gemeinsame Grundlage eines Gesprächs. Im illustrierenden Rollenspiel können die Kinder erleben, daß auf welchen »Schauplätzen« und in welchen Situationen auch immer, verantwortliche oder hilflose Menschen als Individuen leben.

(3) Selbstinszeniertes,
thematisch angestoßenes Rollenspiel

Hier ist der Ausgangspunkt für ein Rollenspiel durch ein Problem, einen Konflikt oder eine andere klar definierte Situation vorgegeben. Die Problemlösung ist unbekannt, der weitere Verlauf und der Ausgang sind zunächst völlig offen. Beliebige Personen können sich in einer solchen Lage befinden. Die Kinder spielen die vorgegebene Situation und entwickeln die Szene selbständig weiter.

Beispiele: Ein Schüler mit Gipsbein kommt nur langsam voran. Wird er den Schulbus erreichen? Welche Rolle spielen hier die Mitschüler? Die Katze ist gestorben, das Lieblingstier der Familie Meier. Wie gehen die Geschwister damit um, wie die Freunde? Eine griechische Familie begegnet Paulus auf seiner Reise. Was wird aus dieser Begegnung?

Diese Form von Rollenspiel ist als Szene für eine Person, für zwei oder für Kleingruppen denkbar. Sie ist sowohl als spontane Improvisation als auch als vorher in der Kleingruppe entworfenes, vorgeplantes Spiel möglich. In der Art, wie die Kinder die Szene weiterentwickeln, wird ihre persönliche Stellungnahme zu bestimmten Inhalten sichtbar. Und so gibt es auch gleich Zündstoff für eine anschließende Gesprächsphase.

Alle drei hier vorgestellten Formen des Rollenspiels sind miteinander kombinierbar. So kann ein Spiel mit definierten Rollen beginnen (Josef trifft nach langen Jahren seine Brüder in Ägypten wieder, die ihm so viel Leid zugefügt haben) und dann als selbstinszeniertes, thematisch angestoßenes Spiel von den Kindern mit eigenen Ideen weiterentwickelt werden. (Wie könnte Josef reagiert haben, wie seine Brüder?) Das illustrierende Rollenspiel kann den Hintergrund für das definierte Rollenspiel oder für das offene, thematisch angestoßene Spiel bilden (Das Leben am ägyptischen Hof mit Dienern, Soldaten, höfischen Verwandten).

(4) Puppenrollenspiel im Unterrichtsgespräch

Man kann auch im Unterrichtsgespräch auf Aspekte des Rollenspiels zurückgreifen. Mit Hilfe einer Puppe können Gesprächsimpulse gegeben werden, die von den Kindern unmittelbar aufgenommen werden können. Die Puppe (Handpuppe oder Tütenpuppe) wird von L. gespielt und gesprochen. Aber sie hat ihre eigene Denk- und Sprechweise, je nach Puppenpersönlichkeit.

Beispiel: Im vorliegenden Praxisteil ist für die 1. und 2. Jahrgangsstufe als Gesprächspuppe eine Tütenpuppe namens »Strubblmutz« vorgeschlagen. Strubblmutz hat einen sensiblen, leicht ängstlichen Charakter und

braucht immer etwas länger als die Kinder, um etwas zu verstehen. Als Tütenpuppe kann sich Strubblmutz schnell verstecken, wenn er sich fürchtet. Er kann schüchtern über den Tütenrand schauen. Die Kinder reagieren auf diese Puppenpersönlichkeit meist dergestalt, daß sie ihr unbefangen von den eigenen Ängsten erzählen und ihr vieles nochmals genauer erklären.

Für die 3. und 4. Jahrgangsstufe ist eine Handpuppe, sie heißt Tilly, vorgeschlagen. Sie hat einen übermütigen, draufgängerischen Charakter. Sie spricht schon beinahe Jugendslang und reagiert auf einzelne Unterrichtsinhalte häufig zunächst skeptisch. Der Erfahrung nach wird dieser Charakter von den Kindern sofort akzeptiert und geliebt. Die Kinder merken sehr bald, daß man mit übernommenen Überzeugungen bei »Tilly« nicht weit kommt, sondern daß man mit ihr sehr ehrlich und ungeschönt sprechen kann.

L. spielt also hier das Rollenspiel. Dabei verlagert L. bestimmte Gedankenabläufe nach außen und gibt ihnen personifizierte Gestalt in Form dieser Puppe. L. wechselt ähnlich einem Bauchredner zwischen den Aktionen der Puppe und den eigenen persönlichen Äußerungen hin und her. Dabei kann es durchaus vorkommen, daß L. selbst und die Puppe verschiedener Meinung sind, ja daß L. sie sogar manchmal zurechtweisen muß, weil sie sich L.'s Meinung nach ab und zu anders benehmen sollte. Durch das Rollenspiel L.'s mittels der Puppe ist also genaugenommen ein Kind mehr in der Klasse, das für zusätzlichen Zündstoff im Unterrichtsgespräch sorgt und den persönlichen Bezug der Kinder zum Unterrichtsinhalt fördern kann.

(5) Methodische Hinweise zum Rollenspiel im Bewegten Religionsunterricht

Für einen gewinnbringenden Umgang mit dem Rollenspiel im Unterricht sollten einige Regeln beachtet werden:
– Man sollte nie *direkt* ins Rollenspiel einsteigen. Vorbereitend können Bewegungslieder, Tanzspiele oder thematisch freie Erwärmungsspiele den Körper und die Spielbereitschaft aufwecken.
– Ist eine Schulklasse noch völlig unerfahren mit dem Rollenspiel im Schulalltag, sollte man mit elementaren Darstellungsspielen allmählich zum Rollenspiel hinführen. So kann man z.B. verschiedene Fortbewegungsarten sammeln und ausprobieren: Humpeln, schlurfen, trippeln, stapfen, hasten, torkeln. Da kann jedes Kind gleich mit einsteigen.

Weitere Beispiele:
– Zu Musik spazieren gehen oder hüpfen, beim Verstummen der Musik in der letzten Körperhaltung erstarren.
– In Kleingruppen biegt jeweils ein Kind ein anderes Kind zu einer Statue, und anschließend werden alle Skulpturen in einem gespielten Museumsbesuch besichtigt und mit Namen versehen.
– Alle gehen gleichzeitig durch den Raum, jeder auf einem selbstgewählten, sich ständig wiederholenden Weg, a) in Zeitlupe, b) im Zeitraffer, c) mit akustisch markierten Stops, d) mit unterschiedlichen Gefühlen wie jubelnd, nachdenklich, wütend.
– Alle gehen im Raum spazieren. Jedem, dem sie begegnen, begrüßen sie mit Handschlag.
– Stuhlverwandlungsspiel: Die Kinder sitzen auf ihrem Stuhl zuerst wie auf einem Thron, dann wie auf dem Zahnarztstuhl, wie in der Eisenbahn, auf der Reservebank beim Fußballspiel, auf der Parkbank, beim Frisör.

– Am Anfang sollte auf jeden Fall der Schutz durch die Gruppe gewährleistet sein. Es sollte in der Einstiegsphase noch kein Einzelspiel geben, bei dem ein einzelnes Kind heraustreten müßte. Das würde nur bisherige Hierarchien bestätigen: Die Schüchternen zieren sich und die Vorlauten trauen sich sofort. Erst wenn die Kinder im Schutz der Gruppe genügend Erfahrung und Sicherheit mit dem schulischen Rollenspiel sammeln konnten, kann man sie irgendwann einmal auch zu einem »Solo« vor der Klasse heraustreten lassen.
– Das Rollenspiel im Unterricht steht und fällt damit, wie es L. gelingt, eine Spielatmosphäre zu schaffen. Da ist natürlich zunächst die eigene Spielfreude L.'s gefragt. Kinder sind ja wie Seismographen. Sie spüren, ob L. selbst Hemmungen beim Darstellungsspiel hat. Wenn L. im Spiel gern selber in verschiedene Rollen schlüpft, dann lassen sich in der Regel auch die Kinder von seiner Spiellust anstecken. Die Spielatmosphäre muß es den Kindern ermöglichen, sich ganz in die Situation der zu spielenden Szene hineinzuversetzen. Auch die Sprache L.'s hat etwas damit zu tun. Eine plastische Erzählsprache kann die Spielsituation aufbauen, indem sie verbal die Farben malt, das Licht aufleuchten läßt, die Tagestemperatur und das Wetter spürbar werden läßt, den Duft erleben läßt und die räumliche Struktur und Tiefe der Szenerie erschafft.
– Unverzichtbar für Rollenspiele aller Art sind feste Regeln über genaue zeitliche und räumliche Grenzen (Spielbühne abgrenzen, Vorbereitung auf Startsignal, klare Abmachungen über das Ende, freie Sicht für die Zuschauer innerhalb der Klasse). Auch die Aufgabenstellung muß präzise und unmißverständlich sein. Bevor die Kinder mit dem Spiel beginnen, sollte sich L. immer rückversichern, ob den Spielern wirklich klar ist, worum es jetzt inhaltlich gehen soll. Denn nur mit klaren Regeln und eindeutiger Aufgabenstellung ist eine gute Theaterimprovisation auch in einer großen Gruppe möglich.

Andernfalls droht undifferenziertes Gehampel, das zweifelsohne im Chaos endet. Das Rollenspiel soll ja in die Tiefe führen. Genauer gesagt: im Rollenspiel sollen die Kinder Dimensionen des Unterrichtsinhalts entdekken, die die Sprache allein nie ausloten kann. Zu solcher Art Rollenspiel kommt man nur über deutliche Impulsgaben.

– Es ist nicht sinnvoll, bewegungstechnische Details vorzugeben oder die Sprechweise vorzuschreiben. Identität hat man erreicht, wenn die Kinder reden, wie »ihnen der Schnabel gewachsen ist«. Dann sprechen sie ihren Dialekt, sie benutzen ihr alltägliches Vokabular und sie holen ihre Empfindungen geradewegs aus dem Bauch heraus. Bewegungs- und Ausdrucksdifferenzierung erreicht man über den thematischen Inhalt. Denn wenn der Inhalt eindeutig ist, fordert er zwangsläufig die angemessenen Bewegungen. Ein Beispiel: Die Kinder möchten die Frauen spielen, die am Ostermorgen zu Jesu Grab gehen. Wenn man es falsch machen will, gibt man Bewegungsanweisungen: »Ihr müßt jetzt ganz langsam gehen, laßt die Köpfe hängen, eine stützt sich bitte auf die andere auf...« So geschieht es leider oft, wenn für die Schultheaterbühne Vorführstücke »eingeübt« werden. Solche technischen Anweisungen aber werfen die Kinder aus der vollzogenen Identifikation mit der Rolle und der Spielsituation heraus. Es werden distanzierende Beobachterkriterien dazwischengeschoben. Stattdessen muß ein Korrektiv oder eine Ausdrucksdifferenzierung von der Spielsituation ausgehen. Und diese Situation muß man natürlich erzählerisch präzisieren. Der Bewegungsausdruck wird aus der Spielsituation und ihrer Atmosphäre heraus begründet. Wenn die Frauen zum Grab Jesu gehen, werden ihre Schritte schwer, weil sie die schlimme Erinnerung wie eine schwere Last niederdrückt. Den hellen Morgen mit seinen leuchtenden Farben bemerken sie nicht, sie haben keinen Blick für die Welt um sich herum, weil sie vor ihrem inneren Auge noch den sterbenden Jesus sehen.

Entscheidend für das Rollenspiel im Bewegten Religionsunterricht ist nicht, wie »bühnenwirksam« das Spiel für Zuschauer wird, sondern wie die Rolle vom spielenden Kind erlebt wird. K.S. Stanislawski sagt dazu: »Wie angenehm, auf der Bühne die Wahrheit nicht nur mit der Seele, sondern auch mit dem Körper zu fühlen.« [12] Deshalb sollte es häufig die Möglichkeit geben, daß jedes Kind einmal in die jeweilige Rolle schlüpfen kann. So kann man durchaus ab und zu das Klassenzimmer in mehrere Kleinbühnen unterteilen, wo synchron zur Erzählung oder einem Klangbild eine definierte Rolle pantomimisch von vielen Kindern gleichzeitig gestaltet wird.

5.3. Das gestisch-pantomimische Spiel

Pantomime findet zunehmend Eingang in die Religionspädagogik. Der Reiz des »Theaterspielens ohne Worte« liegt darin, daß in dieser Spielform menschliche Situationen ohne ablenkendes Beiwerk plastisch werden können. Stimmungen, Formen des Umgangs miteinander oder charakteristische Verhaltensweisen lassen sich pantomimisch darstellen.

Die Pantomime entwickelte sich gemeinsam mit dem Pariser Jahrmarkt- und Boulevardtheater sowie auf den Londoner Jahrmärkten im 17. und 18. Jahrhundert. Jahrmarkttheater war das Theater des Volkes. Es war unabhängig von den Normen der Herrscherhäuser. Jahrmarkttheater, das waren Wanderbühnen mit Seiltänzern, Akrobaten, Gauklern und Zirkuskünstlern. Die Helden des Jahrmarkttheaters und der Jahrmarktpantomime kamen aus dem Volk. Sie griffen die Sorgen und Gepflogenheiten der einfachen Leute auf. Soziale Spannungen wurden so auf komödiantische Weise verarbeitet. Das Pantomimetheater hatte teilweise Blitzableiterfunktion, es spielte Rache für Erniedrigung, Demütigung und erlittenes Unrecht.

Die Theater der Herrscherhäuser hatten mit dem Volk nichts zu tun. Deren Helden waren Könige, Fürsten, Götter in prunkvollen, hochstilisierten Aufführungen. Unmittelbarer Körperausdruck war da kaum gefordert. Ganz anders jedoch das Pantomimetheater der Jahrmärkte. Kostüme waren spärlich, man brauchte nur wenig Requisiten. Es kam auf die Körpersprache an. Man hatte eine Technik entwickelt, nur mit der Bewegung, der Körperhaltung und der Muskelspannung Gefühle sichtbar zu machen. Man kam sogar ohne das Wort aus, verzichtete auf Kulisse und Gegenstände. Man machte Unsichtbares sichtbar, je nach dem, wie sich der Körper am unsichtbaren Gegenstand veränderte. Man schob imaginäre Kisten, hob schwere unsichtbare Wassereimer, man spielte mit nicht sichtbaren Bällen oder stieg nicht vorhandene Treppen hinauf. Ein guter Pantomime hatte die seelische Verfassung seines Publikums in der Hand, wenn er die Ausdruckstechnik des Körpers so beherrschte, daß die Zuschauer mitatmen, mitseufzen und mitlachen konnten.

Dieser Zauber, der von der Bewegung ausgeht und die Zuschauer seelisch mitschwingen läßt, blieb schließlich nicht auf das Bühnengeschehen beschränkt. In unserem Jahrhundert wurde die Ausdruckskraft der Pantomime für therapeutische und pädagogische Bereiche entdeckt. Auch im Bewegten Religionsunterricht wird pantomimisch-gestisch gespielt: Ohne Worte, ohne Requisiten oder Bühnenbild.

Das gestisch-pantomimische Spiel im Bewegten Religionsunterricht unterscheidet sich vom in 5.2. beschriebenen Rollenspiel vor allem darin, daß darstellende Bewegungen stilisiert und auf wesentliche Elemente reduziert werden. Ist das Rollenspiel von der Individualität des jeweils spielenden Kindes geprägt, so kann im gestisch-pantomimischen Spiel eine gemeinsame Körpersprache entstehen, in die die Kinder einsteigen können, um sich zu einer gemeinsamen Aussage zusammenzufinden. Manchmal kann das gestisch-pantomimische Spiel allerdings auch wie ein Rollenspiel konzipiert sein. Da im gestisch-pantomimischen Spiel jedoch bewußt darauf geachtet wird, daß die spielenden Kinder nicht sprechen,

wird der Körperausdruck in der Regel plastischer und bekommt damit Sprachfunktion. Die Sprache wird zum Bewegungsausdruck und der Bewegungsausdruck führt wieder zur Sprache. Die Reduzierung auf das Wesentliche im Körperausdruck hilft dem Kind, das Wesentliche im unterrichtlichen Inhalt leichter für sich zu bestimmen. Interessanterweise können Kinder häufig im pantomimischen Spiel leichter den Schwerpunkt einer inhaltlichen Situation herausheben als in einem Gespräch, das nicht durch Bewegung vorbereitet wurde. Gerade da, wo Kinder zunächst Probleme haben, eine Sache sprachlich auf den Punkt zu bringen, sind sie in ihrer intuitiven Bewegungsplanung ihren verbalen Fähigkeiten voraus. Somit kann ihnen das pantomimische Spiel den Anstoß geben, später das Wesentliche des Inhalts sprachlich zu fassen und auszudrücken.

Körperausdruck als Sprache weist über die rein kinetische Ebene hinaus. Das wird schon allein darin deutlich, daß im alltäglichen Sprachgebrauch körperliche Bedingungen psychosoziale Bedeutung haben:

Ich ziehe meinen Nacken ein

Er klopft sich auf die Schulter

Er steht mit dem Rücken zur Wand

Rutsch mir den Buckel runter

Du bietest mir die Stirn?

Sie steht mit beiden Beinen auf der Erde

Gramgebeugt

Mit stolz geschwellter Brust

Sie ballen die Fäuste

Da sträuben sich ja einem die Haare

Die sichtbare und fühlbare Sprache der Pantomime kann also auch von sprachschwachen Kindern mitvollzogen werden. Pantomimisches Spiel ist damit Aufmerksamkeitshilfe und erleichtert das Ordnen der Gedanken.

Gestisch-pantomimisches Spiel wird im Bewegten Religionsunterricht vor allem in folgenden Spielformen eingesetzt:

– L. erzählt eine Geschichte, die er durch gestische Ausdrucksbewegungen begleitet, die Kinder gebärden diese Bewegungen synchron mit.

– Pantomimische Bewegungen werden rhythmisiert und in wiederholten Reihungen zu Musik im Kreis getanzt.

– Einzelne Kinder spielen eine thematisch gebundene gestische Pantomime. Andere Kinder begleiten mit Orff-Instrumenten (Rhythmen, Klangakzente, Ostinati...) oder sprechen Wortbilder dazu, die vorher erarbeitet wurden.

– Einzelne Kinder spielen pantomimisch eine bestimmte Situation vor, die die übrigen Kinder erraten und/oder einordnen sollen.

Im Bewegten Religionsunterricht bedient man sich allerdings nicht der technischen Kunstbewegungen aus der klassischen Pantomime, wie z.B. die spezielle Technik des Gehens auf der Stelle, die eine Fortbewegung suggeriert. Stattdessen werden allgemeingebräuchliche Kommunikationsgesten verwendet sowie Körperhaltungen und Bewegungen, wie sie aus der eigenen körperlichen Gefühlssprache bereits vertraut sind. Auch Arbeitsbewegungen oder das Nachzeichnen von Gegenständen und Räumen mit dem Körper lassen sich ohne spezielle pantomimische Schulung kraft eigener Bewegungsphantasie ausführen.

Beispiele:

Kommunikative Gesten
Bitten, locken, winken, abwehren, zeigen, einladen, drohen, Ehrerbietung erweisen, sich verneigen, grüßen, liebkosen, umarmen...

Emotionaler Ausdruck
Angst: Sich einigeln, die Körpermitte einziehen, sich hinter Armen und vorgeschobenen Schultern schützen, geduckt, sich verstecken...
Selbstbewußtsein und Stolz: Aufrechte Haltung, sich nach allen Seiten zeigen, majestätischer und gewichtiger Schritt, offene Körpermitte, offenes Visier...
Wut: Aggressive und zielgerichtete Bewegung, jemandem die Stirn bieten, Fäuste ballen, drohend mit gedehnter Bewegung vorwärts-schreiten, die Füße bohren sich in den Boden...
Freude: Weite Öffnung des Brustkorbes, Arme weit und locker, sich fast schwerelos über dem Boden ausbreitend, hüpfende Fortbewegung...
Trauer: Sich hängen lassen, schleppender Schritt, verlangsamte Bewegung, eingezogene Brust...

Arbeitsbewegungen
Hacken, graben, schleppen, schieben, ziehen, sägen, rühren, stampfen, rudern, einschenken...

Räume und Gegenstände zeichnen: Sich im Schilf verstecken (geduckte Haltung, gespreizte Finger vor dem Gesicht), im Wasser (mit weit ausholenden verlangsamten Schwimm- oder Ruderbewegungen), auf dem Acker (Ackergrenzen mit Schritten abmessen, dann die Tätigkeit auf dem abgesteckten Feld beginnen). Raumgrenzen und Raumhöhen werden mit dem Blick abgemessen mit deutlicher Nacken- und Kopfbewegung. Bei unsichtbaren Gegenständen werden die Umrisse umstrichen. Dann kann man sie »aufnehmen«, also hochheben, schieben, tragen, auf dem Kopf balancieren, unter den Arm klemmen, in die Tasche stecken...

Wie für das Rollenspiel gilt auch hier: L. gibt keine bewegungstechnischen Anweisungen. Die obengenannten Beispiele zeigen nur Möglichkeiten auf, deren Kenntnisse für L. im Umgang mit pantomimischer Bewegung mehr Sicherheit bedeuten können. Der Ausdruck der Kinder muß sich am Spielinhalt orientieren. L. malt sprachlich die Situation vorher aus. Die Kinder finden ihre eigenen pantomimischen Bewegungsformen. Dabei kann L. durchaus immer wieder einmal selbst pantomimisch spielen oder eigene Erzählungen mit stilisierten pantomimischen Gesten veranschaulichen.

5.4. Spiellieder, Tanzspiel und der Umgang mit Musik

Im Spiel von zufällig zusammengewürfelten Kindergruppen entstanden jahrhundertelang auf der Gasse, auf Plätzen und in Hinterhöfen verschiedenste Spiellieder. Sie wurden oft über Generationen hinweg von den größeren zu den kleineren Kindern weitertradiert.

Beispiele:

> »Em bam bi, Kolonie, kolonasti,
> em bam bi, Kolonie,
> Akadémie, Safarie,
> Akadémie, piff paff!«

Dies ist ein Klatschspiel, das man heute noch auf den Pausenhöfen der Schulen hören kann.

Im Kreis gehend wird gesungen:

> »Ist die schwarze Köchin da?
> Nein, nein, nein!
> Dreimal muß sie rum marschiern,
> das vierte Mal den Topf verliern,
> das fünfte Mal komm mit.«

In diesen Spielliedern werden oft Erwachsenenwörter aufgeschnappt und spielerisch in Besitz genommen. Zuweilen ist es eine recht vulgäre Sprache, die sich im erziehungsfreien Raum entfalten konnte. Mit diesen Liedern versuchen die Kinder die Welt, die ihnen oft bedrohlich und unverständlich erscheint, auf eine freche Art zu domestizieren und sich verfügbar zu machen.

Sprache, Geste, Gesang und räumliche Gestaltung bilden dabei eine natürliche Einheit. Die Tanzbewegung wird also nicht etwa dazukonstruiert. Vielmehr drängen archaische rhythmische Bewegungsformen zum Sprechvers oder zum Singsang selbsttätig nach außen, wie z.B. federnde Schritte, Stampfen, Klatschen oder Armschwünge. Das ist bereits deutlich bei Kleinkindern zu beobachten, die unabhängig vom kulturellen und sozialen Umfeld zu Musik in den Knien wippen oder alltägliche Sätze rhythmisch im Singsang wiederholen und dabei die Arme drehend hin- und herschwingen:

Wann kommt der Pa - pa heim, wann kommt der Pa - pa heim?

In nicht-industriellen Kulturen werden Musik, Bewegung, rhythmische Sprache und Gesang als eine Einheit gestaltet und erlebt. Das griechische Wort musiké wurde ebenfalls als die Bezeichnung der Ganzheit von Musik, Sprache und Tanz verstanden. Noch heute ist in vielen Kulturen diese Einheit in religiösen Riten, bei Festen oder im Spiel der Kinder lebendig.

Im Bewegten Religionsunterricht wird diese ursprüngliche Einheit von Musik, Sprache und Bewegung ausdrücklich berücksichtigt. Dies geschieht in verschiedenen Ausdrucksformen:

- Es werden Bewegungslieder angeboten, die textlich und musikalisch gezielt auf Bewegung ausgerichtet sind.
- »Verleiblichung« religiösen, teilweise traditionellen Liedgutes: Begleitung mit körpereigenen Instrumenten wie Klatschen, Stampfen, Schnipsen, Patschen. Begleitung mit Gesten. Musikalische Ausgestaltung durch instrumentale Begleitung, die aus der elementaren Bewegung ableitbar ist (vgl. Orff-Schulwerk).
- Tanz
- Musik als atmosphärisches Gestaltungsmittel
- Musikhören als Hilfe für die Introspektion (die innere Bewegung und deren innere Betrachtung)

(1) Bewegungslieder

Für den Bewegten Religionsunterricht habe ich beispielhaft einzelne Bewegungslieder zu einigen Unterrichtsinhalten geschaffen. Aspekte des Unterrichtsinhalts wurden sprachlich zentriert in einer Form, die das körperliche Erleben anspricht. (Vgl. im Teil II »Praxis des Bewegten Religionsunterrichts«: »Florian, komm herein«, »Levi, Levi, bist so allein... Levi, komm aus deinem Haus...«, »Ich lausche und staune«, »So viele Füße, so viele Hände werden wie Türen, wie schützende Wände«.) Rhythmus, Tempo und Melodieaufbau orientieren sich am kindlichen Bewegungsstil. Die Lieder sind so gestaltet, daß sie zum Einschwingen einladen in Schritten, Schwung- oder Wiegebewegungen und Gestik.

(2) Verleiblichung religiösen Liedguts

Traditionelle oder zeitgenössische religiöse Lieder aus dem Evangelischen Gesangbuch haben ebenfalls ihren Platz im Bewegten Religionsunterricht. Auch hier wird der »Körperkontakt« zu den Liedern angestrebt. In der Absicht, den Kindern den Zugang zu ihnen zu erleichtern, werden rhythmisch betonte Lieder mit körpereigenen Instrumenten, wie Schnipsen, Klatschen, Stampfen usw., begleitet. Auch das kleine Schlagwerk des Orffschen Instrumentariums kommt zum Einsatz. »Nun freut euch lieben Christen g´mein« kann man beispielsweise gut mit Handtrommeln und Rasseln begleiten. Ruhigere Lieder werden mit Gesten, Klangzeichen, Bordun oder Orgelpunkt unterlegt, oder, wenn es möglich ist, mit einem Ostinato (siehe unten).

Im Bewegten Religionsunterricht wird dafür plädiert, die Kinder selbst für die musikalische Begleitung von Liedern zu aktivieren. Gitarre, Klavier oder Keyboard sollten, wenn sie schon unbedingt eingesetzt werden müssen, den Gesang der Kinder unterstützen, statt ihn zu übertönen oder gar, bei nur geringen Kenntnissen auf dem Instrument, zu stören. Man sollte aber bedenken, daß man als L. hinter den Tasten eines Keyboards örtlich fixiert ist und sich nicht mit den Kindern mitbewegen kann. Im Bewegten Religionsunterricht begleiten die Kinder ihre Lieder selbst mit Orffschen Instrumenten, und zwar in elementaren Begleitformen, die im folgenden beschrieben werden.

Die Basisausrüstung des Orff-Instrumentariums einer Grundschule reicht in der Regel aus, um Lieder musikalisch ausgestalten zu können: Als kleines Schlagwerk sollten Schlaghölzchen, Rasseln, Handtrommeln (mit der Hand zu spielen und nicht mit einem Klöppel), Triangel und Hängebecken vorhanden sein. An Stabspielen werden ein Altxylophon, ein Altmetallophon und ein Sopranglockenspiel benötigt.

Als *Begleitformen* werden den Kindern folgende musikalische Bausteine angeboten:

– Bordun (auch »Dudelsackquinte« genannt): Ein Bordun bildet sich aus dem Grundton eines Liedes (für Laien: das ist in der Regel der Schlußton der Melodie) und aus der darüberliegenden Quinte (das ist der fünfte Ton in der Tonleiter aufwärts, wobei der Grundton als 1 gezählt wird). Ein Bordun harmoniert, auf einem Altxylophon oder auf einem Altmetallophon im Metrum gespielt, mit jedem Lied. Allerdings ist dann keine Gitarrenbegleitung oder ähnliches mit wechselnden Harmonien mehr dazu spielbar.

– Orgelpunkt: Das ist der Grundton eines Liedes, der z.B. mit verschiedenen Rhythmen auf einem Altmetallophon durchgehend gespielt wird.

– Personanzen: So könnte man die Verschmelzung von Tonika und Dominante in einem Akkord bezeichnen. Je nach Harmonietendenz der einzelnen Melodiewendungen filtert sich das Ohr mehr die Tonika oder die Dominante aus dem Akkord schwerpunktmäßig heraus. Sie wird gebildet aus dem Grundton, dem zweiten, dem dritten und dem fünften Ton.

– Ostinato: Das ist ein kurzes Melodiestück, das immerwährend wiederholt wird. Es muß zu jeder Melodiewendung des Liedes passen. Bei einem Kanon kann man einen Kanonabschnitt als Ostinato spielen.

– Klangzeichen: Nicht-tongebundene Klänge werden von den Kindern je nach Klangfarbe passend zu bestimmten Liedabschnitten oder Wörtern ausgesucht und dazu gespielt. Beispiele: Glissandi (Auf- und Abstreichen mit einem Klöppel) auf dem Glockenspiel als Wasserglitzern; Erbsen oder Reis rollen in einer umgedrehten Handtrommel als Rauschen; Triangelschläge gelten als Sterne; das Hängebecken symbolisiert die Sonne...).

Auch selbstgebastelte Instrumente oder Alltagsgegenstände können zum Einsatz kommen: Flaschen zum Darüberblasen, Kartons als Trommeln, Pappröhren zum Hineinsummen, Steine zum aneinander Klicken, tönende Chromarganschüsseln und vieles mehr.

Das elementare Instrumentalspiel kann auf Bewegungserfahrungen aufbauen. Wenn man nicht auf die Erfahrungen aus dem Musik- und Bewegungsunterricht zurückgreifen kann (weil dieser vielfach nicht stattfindet), kann es unter Umständen nötig sein, im Religionsunterricht selbst die notwendigen Bewegungserfahrungen zu ermöglichen. Darum folgen nun einige *Hinweise zur Interdependenz von Bewegung und elementarem Instrumentalspiel:*

Kraftdosierung und Muskelspannung:

Probleme beim Instrumentalspiel mit Kindern ergeben sich häufig, wenn zu heftig oder zu zaghaft gespielt wird. Bei zu viel Krafteinsatz springen Xylophonstäbe heraus, krachen Handtrommeln, scheppern Hängebecken, bei zu zaghaftem Spiel kann das Instrument nicht zum Klingen gebracht werden. Für das Instrumentalspiel braucht man elastische, federnde Muskelspannung. Man kann durch Bewegungserfahrungen lernen, wie man exakt auf den Punkt kommt und sofort lösen kann, um den Ton heraus zu lassen und zum Klingen zu bringen:

Wir spielen
– über heißen Teer laufen
– wie mit weichen Samtpfötchen schleichen
– Schlittschuhlaufen
– Mäuse trippeln mit den Händen
– Fingerkuppen in der Phantasie in Tischtennisbälle verwandeln und auf Tisch, Pauke, Handtrommel springen lassen
– auf heiße Herdplatte tippen
– Kastanien fallen und wieder hochspringen lassen (Mit dem ganzen Körper, mit den Händen, Fingern...).

Die Bewegungserfahrungen sollten dann direkt auf das Instrumentalspiel übertragen werden. (»Spiele die Handtrommel, wie wenn deine Fingerkuppen leichte Tischtennisbälle wären...«)

Bei Kindern mit Entwicklungsstörungen – sie sind auch an der Grundschule anzutreffen – ergeben sich hier größere Schwierigkeiten,

denn bei ihnen findet sich häufig eine mangelhaft ausgebildete Selbstwahrnehmung, was Kraftdosierung und Muskelspannung betrifft. Verhindern sollte man, daß solche Kinder ihre Schwierigkeiten durch Provokationen zu verdecken suchen.

Koordination:

Mit zwei Klöppeln wie z.B. am Xylophon zu spielen, erfordert Koordinationsfähigkeit der Hände:
links rechts links rechts links rechts

Diese Koordination kann mit Fußschritten und mit Klöppelspiel auf dem Boden vorbereitet werden.

Was erst links und rechts vor den Körperseiten beginnt, kann dann immer weiter nach vorne geführt werden, bis die Klöppel parallel gespielt werden können.

Rhythmen erfassen und wiedergeben:

Rhythmen, die instrumental wiedergegeben werden sollen, lassen sich abrufsicher aufbauen, wenn sie vorher durch Bewegungserfahrung erarbeitet werden (Fortbewegungsarten zu Rhythmen, Arbeitsbewegungen oder Symbol-Bewegungen, Gesten zu Rhythmen, Klatschspiele...).

(3) Tanz

Als besondere körperliche Erlebnis- und Ausdrucksformen werden im Bewegten Religionsunterricht verschiedene Möglichkeiten des Tanzens angeboten. Raumwege, wechselnde Perspektiven und Standpunkte haben symbolische Bedeutung. Als lange Kette können die Kinder Wege beschreiben wie: Labyrinth, weite und enge Kreise, Raumdiagonalen oder außen an der Wand entlang. Die Kinder können Gassen und Tore bilden, sie können vorwärts oder rückwärts schreiten usw.

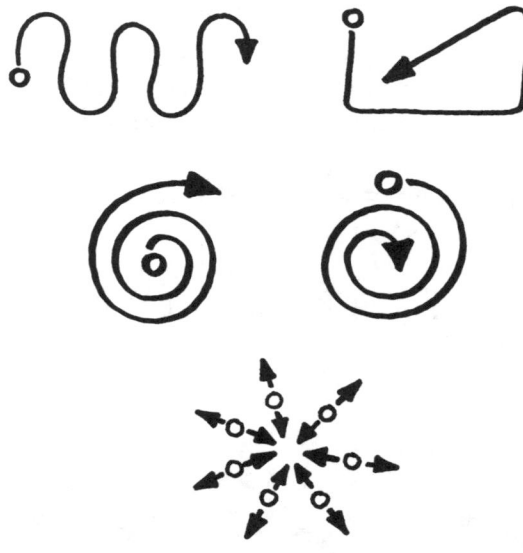

Verschiedene Handfassungen haben unterschiedliche Wirkung und Aussagekraft: In der V-Fassung fassen sich die Kinder mit herabhängenden Armen. Die rechte Handfläche zeigt nach oben, die linke nach unten. Dies symbolisiert das wechselseitige Geben und Nehmen in einer Gemeinschaft. In der W-Fassung werden die Unterarme ab den Ellbogen nach oben gehalten, in der A-Haltung werden die gefaßten Hände mit nach oben gestreckten Armen hoch gereckt. Jede Änderung in der Fassung ändert den Ausdruck des Tanzes.

Ob der Blick in die Kreismitte geht oder nach außen, ob der Rücken zur Mitte zeigt, ob es im Uhrzeigersinn im Kreis vorwärts geht oder entgegen (dem Orient entgegen im Sinne von »sich orientieren«), all das läßt sich symbolisch deuten, ebenso wie die Bewegung im Kreis aufeinander zu zur Mitte hin oder auseinander, auf den eigenen Platz zurück. Der eigene Platz läßt sich betonen mit einer Drehung um sich selbst, der Umgang mit dem anderen mit einer gemeinsamen Drehung umeinander. Die Aufteilung der Kinder zu Paaren ist jedoch methodisch schwierig und

führt leicht zu Verwirrung. Müheloser gelingt das Tanzen mit Kindern im Kreis oder in der Kette.

Im elementaren Tanz mit Grundschulkindern sollte man sich auf übersichtliches Schrittmaterial beschränken:

– Gehschritte
– Laufschritte (nicht zu schnell!)
– Seit-Anstellschritte (nach rechts: Rechter Fuß wird zur Seite gestellt, der linke wird parallel neben den rechten Fuß gesetzt. Das geht immer so fort. Nach links geht es umgekehrt.)
– Hüpf-Schritte (Ein Schritt und mit demselben Fuß noch ein Hüpfer. Es folgt das Gleiche mit dem anderen Bein)
– Stampfschritte
– Auf dem Platz mit am Boden fixierten Füßen pendeln, wiegen oder schwingen
– Kleine Sprünge mit geschlossenen Beinen
– Hüpfer mit einem Bein
– Schleif- oder Schlurfschritte

Kreuzschritte sind für viele Grundschulkinder noch zu schwierig und sollten nicht verwendet werden.

Die Tanzbewegung orientiert sich am Liedverlauf oder an den deutlich erkennbaren Musikphrasierungen. L. ahmt vor, die Kinder ahmen nach. Man kann auch gemeinsam mit den Kindern eine elementare Choreographie entwerfen. Ein Tanz sollte nie über das Schritte-Zählen eingeübt werden! Damit stört man die natürliche Einheit von Singen und Bewegen oder von Hören und Bewegen. Zählen reißt das Kind aus dem mitschwingenden organischen Bewegungsfluß.

Die Bewegungsgestaltung richtet sich nach dem schwächsten Kind und nicht nach den sportlich koordinierten Kindern. Tanzschritte im Bewegten Religionsunterricht dürfen nicht dem Selbstzweck »tänzerisch-anmutiger« Ambitionen dienen. Sie müssen so selbstverständlich »aus den Füßen laufen« können wie das beim beschwingten Gehen über einen Rummelplatz bei Blasmusik möglich ist.

Widerstände vieler L.'s gegen »das Tanzen« rührt von negativen Erfahrungen mit Foxtrott- oder Walzerschindereien aus der traditionellen Tanzschule. Mit dieser Art Tanz hat das Tanzen mit den Kindern im Bewegten Religionsunterricht absolut nichts gemeinsam.

Möchte man nicht zum Gesang tanzen, sondern zu mitgebrachter fertiger Musik, sollte man die Musik auf ihre Eignung für den elementaren Tanz hin auswählen. Empfehlenswert sind beispielsweise

– klar strukturierte Tanzsätze aus der Renaissance (Gleichlange Phrasen wie Teil A : 2 x 8 Takte, Teil B 2 x 8 Takte, Teil A...)
– ethnische Folkloremusik mit gleichbleibendem, deutlich hörbarem Grundmetrum
– kurze Sätze aus symphonischer Musik ohne Tempoveränderung (Charakter beachten!)

Tücher, Bänder, Kerzen etc. können zur Tanzgestaltung hinzukommen.

(4) Musik als atmosphärisches Gestaltungsmittel

Zusätzlich zu Gesang und Tanz wird Musik im Bewegten Religionsunterricht auch als atmosphärisches Gestaltungsmittel eingesetzt, beispielsweise als akustischer Hintergrund für Rollenspiel und Symbolspiel oder als Untermalung von freier tänzerisch-pantomimischer Gestaltung. Für diesen Zweck eignet sich symphonische Programmusik, wie z.B. Teile der »Peer-Gynt-Suite« von Edvard Grieg oder von »Bilder in einer Ausstellung« von Modest Mussorgskij.

(5) Musikhören im Bewegten Religionsunterricht

Für Phasen der Introspektion wird ausgewählte Musik auch als Konzentrations- oder Entspannungshilfe eingesetzt. »Über lange Zeit gehörte die Musik zum religiösen Leben und diente dort der Kontemplation.«[13] Geeignete Musik kann den Kindern helfen, sich aus der visuellen Umgebung zurückzuziehen, um in Tagträumen, im Zurückgehen in Erinnerungen oder im Nachspüren von emotionalen Empfindungen zu verweilen.

Eine solche Phase bietet sich beispielsweise an, wenn in der 4. Jahrgangsstufe im Themenbereich »4. Gebot« Kinder über Problemsituationen ihrer eigenen Familien nachdenken. Jedes Kind sucht sich einen ungestörten Platz oder legt seinen Kopf auf den Tisch, schließt die Augen und beleuchtet innerlich, daß es in der eigenen Familie auch dunkle Stunden gibt. Dazu kann eine ruhige Musik verhelfen, daß sich das Kind nach außen abgrenzen kann, um nun einmal ganz für sich zu sein. Später können Bereiche dieses Erlebnisses in gemeinsam formulierten Gebeten aufgenommen werden.

Als Hilfe für die Introspektion eignet sich Musik, die nicht stark stimmungsgeladen ist. Sie sollte ein ruhiges Metrum haben und keine Überraschungselemente enthalten. Romantische Musik ist meist nicht geeignet, sie zwingt oft zu bestimmten Assoziationen und behindert freies Nachdenken. Instrumentalmusik ist vokaler Musik vorzuziehen. Barockmusik oder leichte Klassik in langsamen Sätzen eignen sich in der Regel gut. Jazzmusik ist nur passend, wenn es um ruhige, langsam dahinschwingende Stücke geht.

Um die Auswahl zu erleichtern, folgen als Beispiele einige Musikstücke, die sich für Phasen der Introspektion eignen:

Johann Sebastian Bach – Air D-Dur aus Orchestersuite 3 BWV 1068

Johann Pachelbel – Kanon

Henry Purcell – Chaconne

Antonio Vivaldi – Largo aus Concerto für Gitarre und Orchester D-Dur

Wolfgang Amadeus Mozart – Andante aus Sinfonia concertante Es-Dur KV 364, Adagio aus Klarinettenkonzert A-Dur KV 622

Miles Davis – »All blues« auf »Kind of Blue«

Haindling – »Stilles Potpourri« auf »Stilles Potpourri«

Man sollte die Musik nicht zu laut, aber dennoch gut hörbar abspielen. Ausgewählte Ausschnitte werden langsam ein- und am Ende wieder langsam ausgeblendet. Man darf die

Musikausschnitte also nicht abrupt beginnen lassen oder abrupt abbrechen.

Beim Aussuchen der Musik sollte man deren Stimmung länger auf sich wirken lassen. Musik kann beunruhigen, ängstigen, sie kann fröhlich stimmen oder zärtlich, sie kann auch Geborgenheit empfinden lassen. Bei jeder Art von Musik sind physische und psychische Wirkungen auf den Menschen nachweisbar. Der Stimmungsgehalt und die Wirkung der Musik auf den Körper lösen Assoziationen aus, die mit ähnlicher Stimmung gekoppelt abgespeichert wurden. Wählt man eine Musik aus, die Geborgenheit vermitteln kann, können sich die Hörer auch in problembeladene Gedankenregionen angstloser vorwagen. Deshalb sollte man bei der Auswahl genau abspüren, ob einem die Musik letztendlich auf die Nerven geht, ob sie depressiv stimmen kann, ob sie zu quirliger, nicht mehr zu bremsender, nervöser Unruhe anstiftet, oder ob sie einen an der Hand nehmen kann, damit man sich niederlassen und Zeit nehmen kann.

5.5. Sprache in Erzählung und Unterrichtsgespräch

(1) Die Erzählsprache

Zur Erzählsprache für den Religionsunterricht gibt es mittlerweilen viele gute methodische Veröffentlichungen, die auch im Bewegten Religionsunterricht zu beherzigen sind.[14] Darüber hinaus achtet man beim Erzählen im Bewegten Religionsunterricht auf eine körperbezogene Sprache. Das heißt: sinnliche Wahrnehmungen, Gesten, mimische Vorgänge und Körperbewegungen werden in der Schilderung der Erzählung verlebendigt. Handlungen, Gefühle, Reaktionen oder Überzeugungen, wie sie in der Geschichte vorkommen, werden durch erzählende Darstellung von Körperbewegung oder sinnlichen Empfindungen der Personen in der Geschichte entfaltet.

Berühmte Kinderbuchautoren haben immer auf diese Weise erzählt.

Otfried Preußler drückt Geborgenheit z.B. so aus: »Und doch! Was er hier erlebte, in dieser Stunde, war schöner als alles andere je zuvor: mitten im Wald unter einem Hut zu sitzen, wenn draußen der Regen rauschte – Rücken an Rücken mit einem guten Freund.«[15] Im »Fliegenden Klassenzimmer« von Erich Kästner will ein Kind ernst genommen werden. Es fühlt sich minderwertig, weil es nicht so mutig erscheint wie seine Freunde. Kästner erzählt: »Aber da kam Uli schon. Er ging wortlos an ihnen vorüber und schritt auf die eisernen Kletterstangen zu, die am Rande des Platzes standen. ›Wozu hat er eigentlich einen Schirm mit?‹ fragte jemand. Aber die anderen machten ›Pst!‹ ...Uli trat an die Leiter heran und kletterte die eiskalten Sprossen hinauf. Auf der vorletzten Sprosse machte er halt, drehte sich um und blickte zu der großen Jungensmenge hinunter. Er schwankte ein bißchen, als ob ihm schwindle. Dann riß er sich zusammen und sagte laut: ›Die Sache ist die. Ich werde jetzt den Schirm aufspannen und einen Fallschirmabsprung machen. Tretet weit zurück, damit ich niemandem auf den Kopf fliege.‹«[16]

Und *Astrid Lindgren* erzählt in »Die Kinder von Bullerbü«, was passierte, als die Lehrerin den Kindern ans Herz legte, daß man so viel Menschen wie möglich glücklich machen sollte: »›Wir versuchen es mit Großvater‹, sagte Inga. Und wir gingen zu Großvater. ›Ah, das sind doch sicher meine kleinen Freunde, die da kommen!‹ sagte Großvater. ›Nun bin ich aber glücklich!‹ Das war doch auch ärgerlich! Wir waren kaum zur Tür herein – schon war Großvater glücklich! Da gab es für uns ja nichts mehr zu tun. ›Großvater‹, sagte Inga, ›erzähl uns nur nicht, daß du glücklich bist. Wir wollen etwas tun, damit du glücklich wirst. Du mußt uns helfen und dir etwas ausdenken. Die Lehrerin hat gesagt, wir sollen andere Menschen glücklich machen.‹ ›Ihr könntet mir vielleicht aus der Zeitung vorlesen‹, schlug Großvater vor. Ja, natürlich konnten wir das. Aber das taten wir doch so oft, es war also nichts Besonderes. Plötzlich rief Inga: ›Du armer, armer Großvater, dauernd hockst du hier oben in deinem Zimmer! Es wird dich sicher sehr glücklich machen, wenn wir einmal mit dir spazieren gehen.‹ Großvater sah aus, als sei er nicht sonderlich begeistert von diesem Vorschlag, aber er versprach uns mitzukommen. Wir gingen also. Inga und ich gingen jeder auf einer Seite von Großvater und führten ihn, denn er kann ja selber nicht sehen, wo er geht. Durch ganz Bullerbü zogen wir mit ihm und erzählten und berichteten ihm die ganze Zeit, was wir sahen. Es hatte angefangen, ein wenig zu wehen und zu regnen, aber das kümmerte uns nicht. Wir hatten uns in den Kopf gesetzt Großvater glücklich zu machen. Plötzlich sagte Großvater: ›Glaubt ihr nicht, es reicht jetzt? Ich würde gern nach Hause gehen und mich hinlegen.‹ Da führten wir Großvater wieder auf sein Zimmer zurück, und er zog sich sofort aus und legte sich ins Bett – dabei war es noch nicht einmal Abend. Inga stopfte die Decken fest um ihn. Großvater sah etwas müde aus. Bevor wir gingen, fragte Inga: ›Großvater, wann bist du heute am glücklichsten gewesen?‹ Wir hofften beide, er würde sagen, er sei auf dem Spaziergang am glücklichsten gewesen. Aber Großvater sagte: ›Am glücklichsten, Kinder, war ich heute, als ich... ja, als ich in mein molliges, weiches Bett kriechen konnte. Denn ich bin sehr müde.‹«[17]

Indem Personen aufstehen, mit dem Fuß aufstampfen, jemandem die Hand reichen, den Kopf schütteln, tief durchatmen, frieren, sich aneinanderlehnen, drücken sie aus, wie sie empfinden, wie sie ihre Überzeugungen vertreten, wie sie Entscheidungen treffen.

Im Neuen Testament finden wir diesen Erzählstil an vielen Stellen: Der Begriff »Nächstenliebe« wird aufgelöst in eine Bewegung: Der Samariter biegt vom üblichen Weg ab. Er geht auf den zusammengeschlagenen Mann zu. Er beugt sich herab, er hebt ihn auf (Lk 10, 25ff). Von der Hartnäckigkeit des Gebetes wird erzählt, indem ein Mann um Mitternacht an die Tür seines Freundes geht und Lärm macht, weil er Brot für seine Gäste braucht (Lk 11, 5ff). Die Liebe Gottes, des Vaters wird dadurch erzählt, wie ein Vater seinem verlorengegangenen Sohn entgegenläuft, ihn umarmt und küßt (Lk 15, 11ff).

Die Erzählung im Bewegten Religionsunterricht bedient sich körperlicher und sinnlicher Sprache. Sie will Lebens- und Glaubenswirklichkeiten durch die Verbalisierung leiblichen Erlebens und Gestaltens faßbar machen.

Als eine wichtige Erzählregel gilt weithin das Bemühen um Anschaulichkeit. Die Geschichte soll Bildvorstellungen bei den Hörern wecken. Allerdings läuft eine aufs rein Visuelle ausgerichtete Erzählweise Gefahr, beim Hörer

Distanz zum Geschehen zu schaffen (vgl. Kap. I.6). Im Bewegten Religionsunterricht wird darüberhinaus angestrebt, daß das Erzählte fühlbar, riechbar, hörbar, schmeckbar wird. L. stellt sich und seine Zuhörer leiblich ins Erzählgeschehen hinein, statt für Beobachter Erzählbilder zu malen.

Dabei schlüpft L. während des Erzählens mittels seiner Vorstellungskraft in jene Person der Erzählung hinein, die den Kindern als Identifikationsfigur angeboten werden soll. Wie ein Schauspieler in seine Rolle versetzt sich L. körperlich in die räumliche, zeitliche und leibliche Situation der Identifikationsfigur hinein. Wer die Situation im Rollenspiel authentisch spielen kann, kann sie auch überzeugend erzählen.

Ein Beispiel (Lk 14, 15-24):

Sehnsüchtig hebt der Bettler den Kopf und sieht zu den erleuchteten Fenstern hinauf. Musik klingt heraus. »Einmal nur einen Blick in dieses Herrenhaus werfen können...«, murmelt er. Er zieht seinen Mantel fest um seine Schultern. Er sinkt wieder in sich zusammen und schlurft weiter. So braucht er sich kaum zu bücken, wenn er am Boden ein paar Abfälle findet. Manchmal ist etwas dabei, was er essen kann.

»He, du!« Jemand spricht ihn an. Der Bettler zuckt zusammen. Er wendet den Kopf. Da steht ein Diener vor ihm. »Der ist doch aus dem Herrenhaus!« Der Bettler duckt sich. Er wartet auf Schläge. Das ist er so gewohnt. Fast jeden Tag wird er verjagt. Meistens von den Dienern reicher Herren. Aber was ist das? Der Diener reicht ihm die Hand, fast bittend! »Komm!«, sagt er und lächelt. »Mein Herr lädt dich ein. Er gibt ein großes Festessen!« Und schon hat der Diener ihm den Arm um die Schultern gelegt und führt ihn zum Tor. Heller Kerzenschein empfängt sie. Der Bettler kneift die Augen zusammen. Da eilt ihm der Hausherr entgegen. Er nimmt die Hände des Bettlers in seine Hände: »Herzlich willkommen! Tritt ein, komm, setz dich. Hier ist dein Platz.« Ein Sessel wird dem Bettler hingeschoben. Langsam setzt er sich. Auf der äußersten Kante bleibt er sitzen. Er schämt sich seiner Lumpen. »Du brauchst dich nicht zu schämen! Hier, iß und trink!« Der Hausherr selbst gießt ihm den Becher voll Wein.

Stunden später sitzt der Bettler zurückgelehnt im Sessel, als wäre er schon immer hier zu Hause gewesen. Er plaudert angeregt mit dem Hausherrn und einem Tischnachbarn. Seine Backen sind gerötet vom Lachen und vom Wein. Immer wieder nimmt er sich vom gebratenen Lamm, von den Weintrauben und den Feigen, er wippt mit den Fußspitzen im Takt der Musik. Doch ab und zu hält er inne und fährt sich mit der Hand über die Augen: »Träume ich? Ist dieses Fest hier wirklich für mich, für mich, den Bettler? Diese herrlichen Braten, die Kerzen, die Musik, das Lachen des Hausherrn?« Verstohlen wischt er sich die Freudentränen von den Backen.

Im Grunde genommen ist diese Art der Erzählung im Bewegten Religionsunterricht verbalisiertes Rollenspiel. Die psychische Leistung des Miterlebens und Mitatmens beim Zuhören ist derjenigen im aktiven Rollenspiel sehr ähnlich: Man geht einen Weg und verändert Standpunkte und Haltungen, statt von einem gleichbleibenden Blickwinkel aus relativ distanziert zu beobachten.

(2) Die Sprache im Unterrichtsgespräch

Unverzichtbarer Bestandteil des Bewegten Religionsunterrichts ist das Gespräch. Die Kinder erzählen einander von ihren Erlebnissen, die sie im Unterricht gehabt haben. Sie geraten in einen Erfahrungsaustausch. Sie versuchen gemeinsam, sprachliche Ausdrucksformen für ihre sensomotorischen Erlebnisse zu finden. Im Gespräch untereinander und mit L. finden sie eigene Deutungen und Bewertungen für das, was sie in der bewegten Kommunikation mit dem Unterrichtsinhalt aufgenommen haben. Dafür können verschiedenste Formen des Unterrichtsgesprächs ausprobiert werden, die sich auch in anderen Unterrichtskonzeptionen bewährt haben.[18] Im Bewegten Religionsunterricht wurden bisher keine alternativen Gesprächsformen entwickelt. Aber für die Sprache im Unterrichtsgespräch gibt es im Bewegten Religionsunterricht eigene Regeln, die beachtet werden sollten:

Zwischen den einzelnen Kindern einer Grundschulklasse klaffen die sprachlichen Fähigkeiten in der Regel weit auseinander. Manche Kinder verfügen über einen großen Wortschatz und sie können komplizierte Sachverhalte sprachlich logisch darstellen. Ihr Sprachstil ist teilweise schon von ihrem regen Umgang mit der Schriftsprache beeinflußt. Auf der anderen Seite gibt es Kinder mit sehr geringem Wortschatz. Man entdeckt als L. immer wieder Wörter, deren Bedeutung diese Kinder nicht kennen wie »Vorgarten«, »rauh« oder »Rinnsal«. Diese Kinder teilen sich meist durch situative Sprache mit. »Eine situative Rede bildet kein zusammenhängendes Bedeutungsganzes, keinen Kontext, auf dessen Grundlage die Rede vollauf verstanden werden könnte. Für ihr Verständnis ist es notwendig, die konkrete Situation zu berücksichtigen. Der Bedeutungsgehalt wird nur verständlich, wenn er zur Situation in Beziehung gesetzt wird.«[19] Beispiel: Kind mit situativer Sprache: »Der geht da. Weil, der da liegt da nämlich. Damit er zum Wirtshaus kommt.« Kind mit Kontextsprache: »Der Samaritermann geht zu dem Mann hin, der am Boden liegt. Er denkt sich, dem muß ich helfen. Am besten bring ich ihn mit meinem Esel zu einem Wirtshaus.«

Im Bewegten Religionsunterricht wird durch die miteinander erlebten Symbol- und Rollenspiele, durch Tanz und Musikerleben eine gemeinsame Situation geschaffen, auf die sich die situative Sprache der sprachschwächeren Kinder beziehen kann. Auf diese Weise entsteht eine gemeinsame Basis, auf der sich Kinder mit unterschiedlichsten Sprachfähigkeiten verständigen können.

Werden die Erlebnisse von L. und von einzelnen Kindern in Sprachmuster übertragen, kann sich so für die Gruppe ein Sprachcode entwickeln, mit dessen Hilfe sie Gedanken weiterentwickeln kann. Nach und nach wächst auf diese Weise ein immer größerer Wortschatz, der sich auf gemeinsame Erfahrungen gründet.

Motorik prägt somit die Sprache. Diese entwickelt sich aus der Motorik heraus.

Nach einem Bewegungsspiel kann also ein Gespräch ganz anders gelingen als dies ohne ein solches gemeinsames Erlebnis der Fall wäre. Im Bewegten Religionsunterricht wird folglich das Unterrichtsgespräch vom Bewegungserlebnis her mit Leben erfüllt. Das Gespräch bekommt so seine konkrete, durch authentisches Erleben geprägte Ausrichtung.

5.6. Die sinnenorientierte Heftgestaltung

Im Bewegten Religionsunterricht werden vielfältige Wahrnehmungskanäle des Kindes angesprochen. Darum sind auch taktile Erlebnisse durch Tasten und Fühlen mit den Händen wichtige Bestandteile. Die Kinder können fühlen, wie weich eine Flaumfeder ist. Sie finden es spannend, mit ihren Fingerkuppen an rauhem Sandpapier hängenzubleiben, sie streichen gern über glattes Silberpapier.

Deshalb werden im Bewegten Religionsunterricht Unterrichtshefte geführt, die solche Tasterlebnisse ermöglichen. Wenige Kernsätze oder Stichworte zu einem Unterrichtsthema werden in den Heften der Kinder durch teils bewegliche oder taktil ansprechende Materialien ergänzt oder interpretiert. Watte, Furnierholz, Ahornsamen, Filz, Goldfolie, Federn und vieles mehr laden ein, zwischen zwei Heftseiten zu verweilen, mit den Händen wieder in die biblische Geschichte »einzutauchen« oder im jeweiligen Unterrichtsinhalt spazierenzugehen. Was da geschieht, ist Bewegung im Mikrobereich.

Kinder stehen längeren Texten, fertigen Grafiken oder fotokopierten Arbeitsblättern oft innerlich distanziert gegenüber. Das sensorische Heft dagegen vermittelt Kontakt zur gestalteten Aussage im Heft.

Einige Beispiele: Eine *Pappscheibe mit Sichtfenster* läßt sich drehen und gibt Einblicke in selbstgemalte jahreszeitliche Rhythmen.

Die *Feder im Nest* symbolisiert Geborgenheit und Zärtlichkeit. Man kann sie streicheln.

Zwei Menschen können sich *die Hände rei-chen,* die sich im Heft aufeinanderzuschieben lassen.

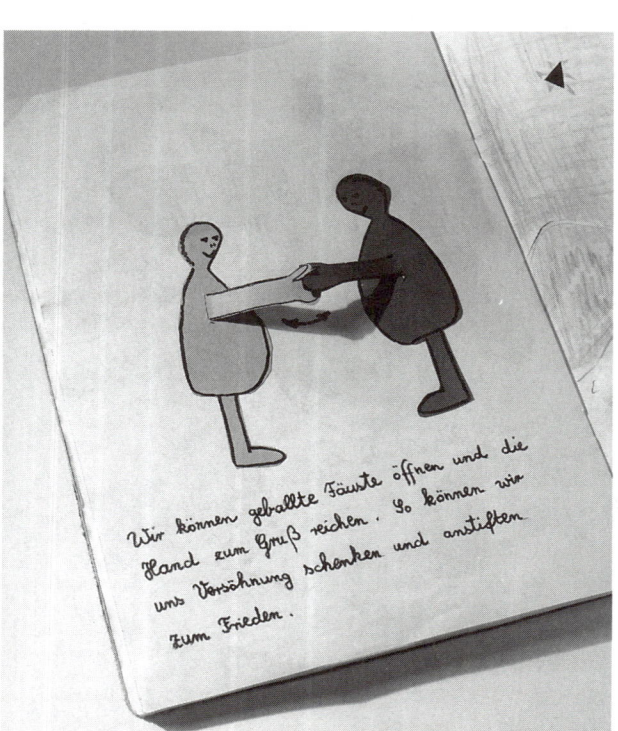

Das *Loch in der Seite* gewährt einen Durchblick auf eine neue Erscheinung. Man kann wie die Weisen im Morgenland durch das Fernrohr sehen.

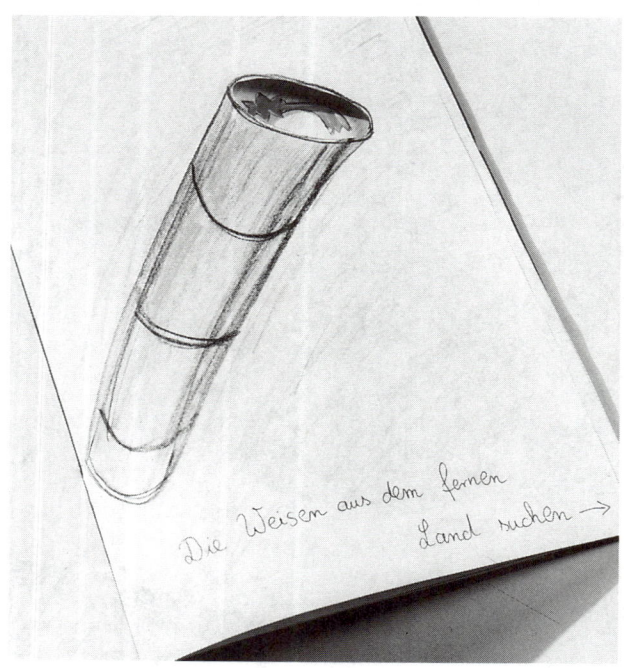

Das *Kirchenhaus,* gebaut aus »lebenden Steinen«, kommt einem plastisch entgegen, wenn man die Heftseite aufschlägt.

Die »Heftwerkstatt«, also die Phase der Heftgestaltung im Unterrichtsprozeß, vertieft die bewußte Verarbeitung eines Unterrichtsinhalts. Teilweise ist diese Phase sogar das Symbolspiel selbst. Wenn z.B. jedes Kind einen kleinen Filzmantel von St. Martin bekommt und ihn dann in zwei Teile schneidet, um die beiden Hälften ins Heft zu kleben, wird ein Aspekt des Unterrichtsinhalts symbolhaft nachvollzogen. Das gleiche geschieht auch, wenn im Mosezyklus ein großes Kalb aus Goldpapier von den Kindern reihum in kleine Fetzchen zerrissen wird und Teile davon in jedes Heft geklebt werden oder wenn aus einer schwarzen Wachsschicht im Heft das Wort Hoffnung herausgekratzt wird und die leuchtenden bunten Wachsfarben darunter zum Vorschein kommen.

Zur Standardausrüstung einer solchen Heftwerkstatt gehören Scheren, Klebestifte, Klebstreifen, farbiges Tonpapier und Buntstifte. Andere Materialien sind in den nachfolgenden Unterrichtsentwürfen jeweils angegeben. Der Phantasie von Kindern und L. sind jedoch keine Grenzen gesetzt, Alltagsmaterialien aufzuspüren und zu testen, ob sie für eine Heftgestaltung verwendbar sind. Aus praktischen Gründen empfiehlt es sich, die Standardausrüstung entweder im Klassenzimmer für alle Kinder aufzubewahren oder jeweils mitzubringen. Der Zeit- und Geldaufwand lohnt sich. Aller Erfahrung nach wird dieses Religionsheft zum Lieblingsheft der meisten Kinder, das sie auch ohne Hausaufgaben zu Hause hervorholen, es immer wieder anschauen und den Eltern zeigen. Dieses Heft wird in der Regel von den Kindern jahrelang aufgehoben. Man kann es nicht hoch genug einschätzen, daß eine Art selbst gemachtes bewegliches Bilderbuch religiösen Inhaltes zum Begleiter vieler Kinder werden kann.

6. Der Umgang mit visuellen Medien im Bewegten Religionsunterricht

Im Rollenspiel, bei Pantomime, Tanz, Symbolspiel oder bei Wahrnehmungserlebnissen sind die Kinder unmittelbar präsent. In dieser Präsenz sind die Kinder mit »Haut und Haaren« gefordert. Sie können sich wesentliche Inhalte des Religionsunterrichts im wahrsten Sinne des Wortes einverleiben. Sollen die Kinder dagegen nur zuschauen, beobachten, ansehen, dann sind sie leicht verführt, innerlich vom Inhalt abzurücken.

Kleine Kinder »sehen« meist mit den Händen. Sie wollen anfassen, was in ihr Blickfeld gerät. Nach und nach wird heute in der Entwicklung des Kindes das Sehen von den anderen Sinnen isoliert. Das war nicht immer so. Nach Thomas Kleinspehn ist dieser Vorgang erst etwa ab dem 15. und 16. Jahrhundert nachzuweisen. Vorher wurde die Welt gleichmäßig mit allen Sinnen erfahren, und zwar von Kindern und Erwachsenen. Der Wandel im visuellen Erleben hing zum großen Teil mit der Erfindung des Buchdrucks zusammen, wodurch eine taktil-orale Kultur (Weitergabe von Geschichten, Bräuchen und Kulturwissen durch Erzählung und Handlungserfahrung) zu einer visuellen Kultur wurde. Diese Entwicklung hat sich fortgesetzt und findet ihren momentanen Höhepunkt in computersimulierten virtuellen Welten. »Das isolierte Sehen, der Verzicht auf den Tastsinn, die Distanz und die Bedeutungszunahme des Imaginären sind wesentliche Merkmale dieser Struktur.«[20] Visuelle Medien, die seit der Erfindung der Fotokamera wesentliche Bereiche unseres Lebens dominieren, liefern inszenierte Bilder, die eine Entscheidung über Schein und Sein im Unsicheren lassen.

Das besondere Merkmal des Bewegten Religionsunterrichts ist aber das unmittelbare Erlebnis durch Bewegungs- und Wahrnehmungsempfindung. Aus diesem Grund, und weil in der Umwelt der Kinder heute visuelle Anreize über die Sättigungsgrenze hinaus vorhanden sind, wird im Bewegten Religionsunterricht weitgehend auf visuelle Medien verzichtet.

»Fertige« Bilder werden nur dann eingesetzt, wenn sie so »verschlüsselt« sind, daß sich die Kinder den Zugang zu den Bildaussagen erst erarbeiten müssen. Die vier apokalyptischen Reiter von Albrecht Dürer im Lutherzyklus der 4. Jahrgangsstufe oder die Bilder von Thomas Zacharias zum Stundenbild »Glücklich sind, die Leid tragen, denn sie sollen getröstet werden« (ebenfalls 4. Jahrgangsstufe) sind solche anspruchsvollen Kunstwerke, mit denen man sich erst intensiv auseinandersetzen muß, um sie zu verstehen.[21] Sie bieten reichhaltigen Stoff für Bewegungsspiele und für das Gespräch.

Bloße Illustrationen stören eher, als daß sie die aktive Arbeit mit dem Inhalt fördern. Auch Ausmalbildchen kommen im Bewegten Religionsunterricht nicht vor.

Und Filme oder Videos? Kommt man angesichts mittlerweilen ausgefeilter medienpädagogischer Konzepte nicht mehr drum herum, den Fernseher im Klassenzimmer aufzustellen? Ich bin der Überzeugung, daß selbst die besten Bemühungen um einen interaktiven Umgang mit einem Film nicht verhindern können, daß die Kinder, während sie einen Film anschauen, anderen Menschen beim Leben zusehen, statt selbst zu leben. Kinder sind heute unstrittig mit Filmen übersättigt. Müssen wir da auch noch im Religionsunterricht elektronische Bilderhappen anbieten? Der Lebensalltag von Nomaden beeindruckt Kinder jedenfalls im unmittelbaren Erlebnisspiel mehr als ein Kulturfilm über das gleiche Thema.

Verfilmungen von biblischen Geschichten, die Realität vortäuschen wollen, werden grundsätzlich abgelehnt. Archaische oder mythische Texte sollten von der Medienwelt ferngehalten werden.

Der Umgang mit visuellen Medien im Bewegten Religionsunterricht ist also von Verzicht geprägt oder von intensiver Einbindung in Bewegungsspiel und Gespräch.

7. Auswirkungen des Bewegten Religionsunterrichts auf die Klassengemeinschaft und die Schülersozialisation

Da im Bewegten Religionsunterricht die Bewegung als Lernmittel und Erlebnisweg betrachtet wird, sind die sprachlich schwächeren Kinder den sprachlich geübten nicht mehr so unterlegen wie im rein sprachlichen und schriftsprachlichen Unterricht. Auch für die intellektuell leistungsstarken Kinder kann der Unterricht auf diese Weise interessanter werden. Denn sie leiden oft darunter, wenn im sprachzentrierten Unterricht für die lernschwächeren Kinder Inhalte häufig wiederholt werden müssen. Das Bewegungs- und Wahrnehmungserlebnis ist auch für hochintelligente Kinder spannend. Sie fühlen sich mit ihren kreativen Gestaltungskräften gefordert, so daß sie sich intensiver am Unterricht beteiligen.

In den Wahrnehmungs- und Bewegungserlebnissen können sich deshalb die Kinder einer Klasse neu begegnen. Die Wertigkeit der unterschiedlichen Leistungsfähigkeiten der Kinder spielt im Bewegten Religionsunterricht keine dominante Rolle mehr. Im traditionellen Schulunterricht sind sprachungewandte Kinder häufig »blaß und unauffällig«, und man bemerkt kaum, wenn sie krank sind. Sprachgewandte Kinder dagegen dominieren oft im Klassenverband und sie werden auch von den L. bevorzugt zur Äußerung aufgefordert. Im Bewegten Religionsunterricht gleicht sich diese unterschiedliche Dominanz aus, denn im Wahrnehmungs- und Bewegungserlebnis gibt es keinen Leistungsmaßstab. Deshalb eignet sich der Bewegte Religionsunterricht auch besonders für Formen des integrativen Unterrichts wie

– jahrgangsübergreifender Unterricht in der Diaspora,

– integrativer Unterricht von behinderten und nichtbehinderten Kindern,

– Unterricht mit Klassen, in denen es Kinder mit geringen Deutschkenntnissen gibt,

– ökumenischer Unterricht, in dem man sich von den unterschiedlichen Traditionen herkommend neu begegnen möchte.

Es soll allerdings nicht verschwiegen werden, daß diese Auswirkungen des Bewegten Religionsunterrichts auf Klassengemeinschaft und Schülersituation große Probleme für die Zensurengebung mit sich bringen. Wie sollen Erlebnisse und kreative Prozesse benotet werden?

Darüberhinaus hat der Bewegte Religionsunterricht auch Auswirkungen auf das Verhältnis zwischen L. und Klasse. Da sich L. immer wieder mit den Kindern auf die Spielebene begibt, kommt er der Lebenswirklichkeit der Kinder häufig näher als dies durch rein sprachliche Kommunikation möglich wäre. Es entsteht gegenseitiges Vertrauen, wenn L. die Kinder in ihrer Art zu spielen ernst nimmt und sie miterleben läßt, wie er gerne spielt.

8. Organisatorische Bedingungen

Unverzichtbare Bedingung, um Bewegten Religionsunterricht durchführen zu können, ist ein ausreichend großer Unterrichtsraum. Wenn es möglich ist, sollte man die Schulbänke nahe den Außenwänden in Hufeisenform stellen, damit in der Mitte des Klassenzimmers genug Bewegungsraum zur Verfügung steht. Auch mit anderen Formationen kann man Platz schaffen für Tanz oder Rollenspiel.

Beispiele:

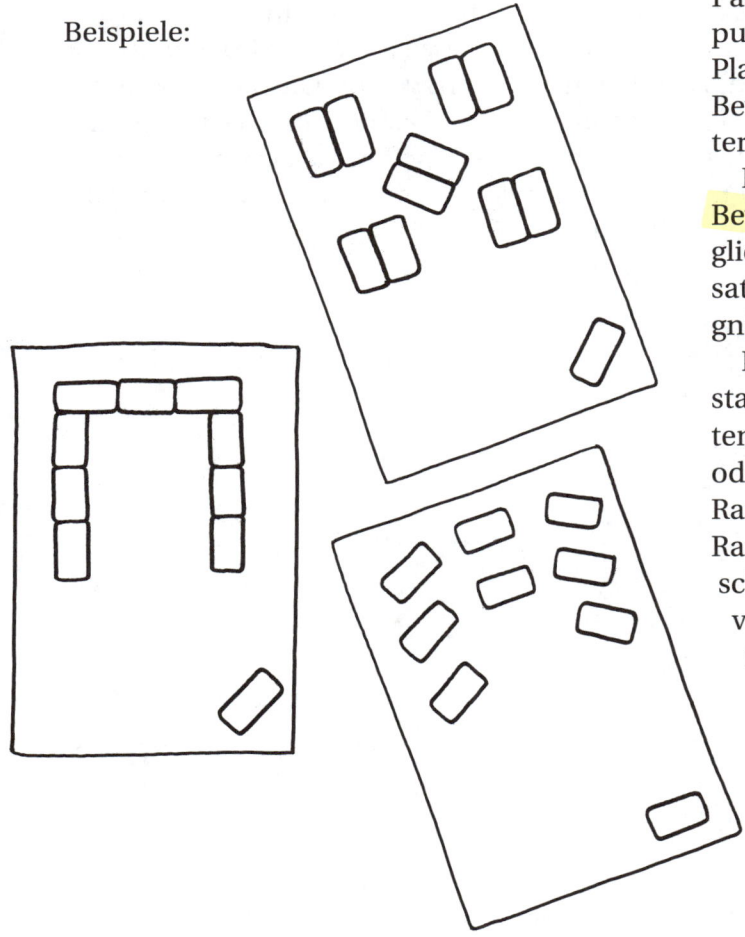

Bei zu großer Kinderzahl in zu kleinen Räumen ist Bewegter Religionsunterricht nicht möglich. Man kann dann höchstens einzelne Elemente gebrauchen, die auch mit wenig Platz möglich sind, wie z.B. die sinnenorientierte Heftgestaltung, das Begleiten von Liedern mit körpereigenen Instrumenten oder Musikhören zur Introspektion. Beengte Platzsituation stellt aber jede Art von kindgerechter Pädagogik in Frage, weil ein Kind kein Computer ist, der mit einem halben Quadratmeter Platz auskommt und in seiner stoischen Bewegungslosigkeit beliebig mit Daten gefüttert werden kann.

Ist es jedoch möglich, den Raum in einen Bewegungsbereich und einen Tischbereich zu gliedern, dann werden die einzelnen Organisationsformen des Unterrichts mit klaren Signalen gekennzeichnet:

Die »Heftwerkstatt« findet an den Tischen statt, ebenso wie andere Tätigkeiten mit Stiften oder Scheren. Für Erzählung, Gespräch oder Lieder wird ein Stuhlkreis im tischfreien Raum gebildet. Ohne Stühle ist der tischfreie Raum Theaterbühne, Tanzfläche oder liturgischer Raum. Um auf verbale Anweisungen verzichten zu können, kann man Gesten festlegen, die die jeweils neue Organisationsform anzeigen. Man kann aber auch Schilder anfertigen, die den Kindern anzeigen, ob sie mit ihrem Stuhl einen Kreis bilden oder sich als Kreis aufstellen sollen, ob sie an ihre Bänke zurückkehren oder aufräumen sollen.

Beispiele für Schilder:

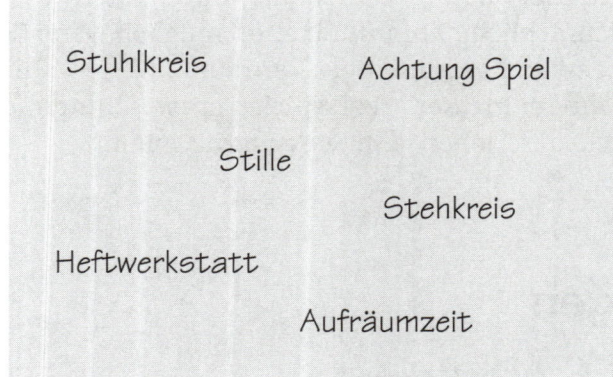

Folgendes Material wird für den Bewegten Religionsunterricht gebraucht:

- Orff-Instrumente (siehe Kapitel I.5.4.).
- Für jedes Kind ein Blanko-Heft DIN A 4.
- Scheren, Kleber, farbiges Tonpapier usw. (siehe Kapitel I.5.6.).
- Tonträger wie Kasettenrecorder oder CD-Player.
- Bettlaken und andere große Tücher in einigen Farben (auch schwarz).
- Unterschiedlichste Spielmaterialien je nach Unterrichtsentwurf vom Pappkarton bis zum Dornenzweig.

9. Verantwortung der unterrichtenden Erwachsenen im Bewegten Religionsunterricht

Im Bewegungs- und im Wahrnehmungsspiel können sich Kinder öffnen für Emotionen und Atmosphäre. Damit werden sie aber auch verwundbarer. Für L. ergibt sich deshalb ein besonders hohes Maß an Verantwortung, die Persönlichkeit der Kinder zu respektieren. L. muß darauf achten, sich nicht dem Vorwurf der emotionalen Beeinflussung auszusetzen. Dies gilt aber für jede Art von Gruppenprozessen, also auch für jeden Unterricht.

Die Grenzen des Bewegten Religionsunterrichts werden in dem Moment überschritten, wenn den Kindern nicht mehr die eigene Entscheidung zugestanden wird, ob sie ein Erlebnis zulassen wollen, wie sie es bewerten möchten, ob sie Glaubensinhalte aufnehmen oder ablehnen möchten, ob sie sich körperlich mit einbringen, ob sie in Bezug auf Mitschüler und L. lieber Nähe oder Distanz halten möchten.

Praxis des Bewegten Religionsunterrichts

Stundenbilder für den evangelischen Religionsunterricht der Klassen eins bis vier der Grundschule.

Unterrichten ist eine sehr persönliche, individuelle Art, Schülerinnen und Schüler auf ihrem Lernweg helfend zu begleiten. Jeder Unterricht trägt die typische Persönlichkeitshandschrift von L. So wird auch Bewegter Religionsunterricht von L. zu L. ganz unterschiedlich angeboten werden. Die vorliegenden Stundenbeispiele sollen Anregungen geben und die eigene Phantasie der Unterrichtenden beflügeln. Alle Beispiele sind in jahrgangsübergreifenden Unterrichtssituationen erprobt worden in Schulklassen von überschaubarer Größe. Für Mammutklassen von über dreißig Kindern müßten etliche der Spielvorschläge modifiziert werden.

Die Inhalte der vorliegenden Stundenbeispiele orientieren sich an den Lehrplänen mehrerer Bundesländer in Deutschland für den evangelischen Religionsunterricht (siehe Anhang).

1. Unterrichtsentwürfe für die erste Jahrgangsstufe

1.1. Miteinander Umgehen – ich, du, wir: Von Gott geliebt

a) Wir kommen zum Religionsunterricht zusammen

Material: Tonträger, lustige Dixielandmusik, Wäscheleine oder Paketschnur, Wäscheklammern, pro Kind ein DIN A 4 Papierbogen, Malstifte.

Verschiedene Kennenlernspiele und Begrüßungslieder leiten den Anfang des gemeinsamen Weges ein, den Kinder und Lehrer im Religionsunterricht miteinander gehen werden. Hierfür sollten genügend Zeit und Raum zur Verfügung stehen.

Sich begrüßen und miteinander singen. Dieses Lied bietet sich als regelmäßiges Anfangslied aller Religionsstunden der ersten Jahrgangsstufe an.

Text/Melodie: Elisabeth Buck

Die Kinder patschen im Metrum abwechselnd auf die Beine und in die Hände und nennen dazu jedes anwesende Kind beim Namen: »Grüß Gott, lieber Andreas, guten Tag, liebe Eva, guten Morgen, lieber Maximilian!« Usw. (In den nördlichen Bundesländern kann man das »Grüß Gott« im Lied durch »Guten Morgen« ersetzen). Die beiden Viertel von »Grüß Gott« werden in diesem Falle in jeweils zwei Achtel verwandelt.) Guten Morgen = ♪♪♪♪♪

Sind alle Kinder namentlich begrüßt, wird das Lied nochmals gesungen, nun aber mit dem untenstehenden Text:

Kennenlernspiele

Die Kinder sitzen im Kreis. L. nennt unterschiedliche Merkmale der Kinder und gibt einen Bewegegungsauftrag dazu.

- »Alle Kinder, die Geschwister haben, springen einmal in die Luft.
- Alle Kinder, die schon Milchzähne verloren haben, tippen die Nase auf den Boden.
- Alle Kinder, die ein Tier zu Hause haben, drehen sich dreimal im Kreis.
- Alle Kinder mit blonden Haaren laufen zur Tür und verbeugen sich dort.
- Alle Kinder mit Pferdeschwanz kriechen unter der Bank durch.« Usw.

- Alle Kinder sehen einander genau an. Dann schließen sie die Augen. Ein Kind wird versteckt oder kurz hinausgeschickt. Die übrigen Kinder beschreiben nun, was dieses Kind als Kleidung trägt, welche Haar- und Augenfarbe oder welche Frisur es hat.

- Zu einer lustigen Dixielandmusik tanzen die Kinder durch den Raum. Sie suchen Begegnungen miteinander, wobei sie mit verschiedenen Körperteilen Kontakt suchen und so umeinander herum tanzen. (Ellenbogen aneinander, Ohren aneinander, Knie aneinander, einhenkeln usw.)

- Die neue Religionslehrerin oder der neue Religionslehrer stellt sich vor: »Kommt, ich nehme euch im Spiel mit auf meinen Urlaubstag. Ihr dürft alles mitspielen, was ich gerne mache.« Nun folgen pantomimische Darstellungen von den Hobbys der Lehrkraft, die von den Kindern gleichzeitig mitgespielt werden. (Beispiel: Lesen, Schlafen, Schwimmen, Klavier spielen usw.)

- Jedes Kind malt auf ein Blatt Papier seinen Berufswunsch. Die Bilder werden auf eine Leine gehängt. Dann spielt jedes Kind seinen Berufswunsch pantomimisch vor, die anderen Kinder raten den Beruf und ordnen das entsprechende Bild zu.

Kennenlern- und Begrüßungslieder

- »Und wer im Januar geboren ist, tritt ein, tritt ein, tritt ein. Der macht im Kreis einen tiefen Knicks, recht tief, recht tief, recht tief...«[22]
- »Thomas, Thomas, ruf uns doch... über sieben Hügel...«[23]
- »Zum Tanze da geht ein Mädel mit güldenem Band... Das schlingt sie der Natalie ganz fest um die Hand...«[24]
- »Hallo, hallo, ich bin da«[25]
- »Ich kann dich sehen«[26]
- »Kommt ein Vogel geflogen« in seiner Spielvariante von Buck[27]

Gespräch. Strubblmutz (Tütenpuppe, siehe S. 32) stellt sich vor und fragt die Kinder, ob sie ihn auch mit in ihren Kreis hineinlassen. Er möchte beim Religionsunterricht auch dabei sein. Er fragt Kinder und Lehrer, was das Wort »Religionsunterricht« bedeutet. Je nach religiösen Vorerfahrungen der Kinder wird nun im Gespräch zusammengetragen, was alles im Religionsunterricht Platz haben wird. (Singen, von uns erzählen, Geschichten von Gott kennenlernen, mit Gott reden, über uns und unsere Familie nachdenken usw. usf.)

b) Jeder von uns ist anders und hat besondere Fähigkeiten. Wir wollen gut miteinander auskommen

Material. Alte Zeitungen, dicke Bücher, Klebestifte, Kopiervorlage »Wolke« (siehe unten), Scheren. Evtl. Wandmalfarben, dicke Malpinsel, Malkittel.

Sammelaktion. Alle gehen gemeinsam auf den Pausenhof oder in eine nahegelegene Parkanlage. Jedes Kind sammelt von Büschen und Bäumen verschiedene Blätter. Die Blätter werden anschließend in den Unterrichtsraum mitgenommen.

Wahrnehmungsspiel. Die Kinder stehen im Kreis und halten ihre Blätter hoch. Sie beschreiben, wie die Blätter aussehen, worin sie sich ähnlich sind oder sich unterscheiden.

Gespräch. Die Blätter werden zu einem Kreis auf den Boden gelegt, die Kinder sitzen im Stuhlkreis um den Blätterkreis herum.

Nun erzählt L. von langweiligen Monokulturen (ohne den Fachausdruck zu verwenden) und von schönen bunten Mischwäldern. Im Gespräch wird der Vergleich gezogen zur Kindergruppe, wie sie zum Religionsunterricht zusammenkommt. (Besonders wichtig ist dies für Gruppen, die in der Diaspora aus verschiedenen Klassen zusammengewürfelt werden.) Die Kinder erzählen, was sie am liebsten spielen, was ihre Lieblingsspeise ist oder ihre Lieblingsfarbe. Die verschiedenen Vorlieben können

so zur Sprache kommen und die Verschiedenartigkeit dieser Kinder wird die Buntheit des Religionsunterrichts bestimmen.

Tanzen und Singen. Die Kinder lernen das Lied »Wenn du singst, sing nicht allein ... zieh den Kreis nicht zu klein...«[28]

Sie gestalten es als Singtanz:

Kreisaufstellung. Blick zur Mitte. Tanzbeginn nach dem Auftakt zum Wort »tanzt«. Zum Tanz wird die eingefügte Textvariante gesungen.

Tanzbeschreibung:
1. »*Wenn du tanzt, tanz nicht allein.*«
   Zunächst die Arme verschränkt halten. Drei Schritte nach rechts zur Seite, jeweils linken Fuß abschließend neben den rechten Fuß stellen.

2. »*Faß andre an!*«
   Stehenbleiben, Hände mit den Nachbarn fassen.

3. »*Tanzen kann Kreise ziehn.*«
   Fassungen lösen, jedes Kind dreht sich mit einigen Schritten um die eigene Achse, bis es wieder am Ausgangspunkt steht.

4. *»Wenn du tanzt, tanz nicht für dich.«*
Mit gefaßten Händen wie bei 1. drei Schritte nach rechts zur Seite, jeweils den linken Fuß abschließend neben den rechten Fuß stellen.

5. *»Tanz mit mir mit.«*
Weiterhin wie bei 4., allerdings dabei jetzt mit den gefaßten Händen schwingen.

6. *»Zieh den Kreis nicht zu klein!«*
Mit kleinen Schritten zur Kreismitte gehen, dabei Arme langsam heben.

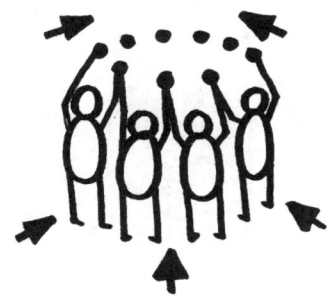

7. *»Zieh den Kreis nicht zu klein!«*
Mit den erhobenen Armen im engen Kreis kleine Schritte entgegen Tanzrichtung (nach links).

8. *»Zieh den Kreis nicht zu klein!«*
Jedes Kind geht mit dem Blick zur Mitte rückwärts nach außen, somit weitet sich der Kreis.

9. *»Zieh den Kreis nicht zu klein!«*
Mit den weit gefaßten Armen bewegt sich der Kreis nach links. (Gehschritte).

Malaktion. Wenn es Zeit und Raum möglich machen, können sich die Kinder selbst an die Wände malen. Entweder nur ihre Hände durch Handabdrücke (✋), nur die Gesichter oder den ganzen Körper. (Dafür stellt sich jeweils ein Kind an die Wand und ein anderes Kind ummalt dessen Körper mit Bleistift).

Seine so entstandenen Umrisse kann jedes Kind dann selbst ausmalen und gestalten. An die Decke oder hoch an die Wand könnte L. eine große Wolke malen und mit einem Gebet ausfüllen: »Gott, wir sind alle ganz verschieden. Hilf uns, dass wir einander achten.« Das Wort »achten« wird im Gespräch geklärt. (Einander beachten, aufeinander achten ...)

Heftwerkstatt. Die gesammelten Blätter werden zwischen Zeitungen unter dicken Büchern gepreßt. In der folgenden Woche klebt jedes Kind einige Blätter im Kreis auf eine Heftseite.

Von L. vorbereitete fotokopierte kleine Wolken werden ausgeschnitten und dazugeklebt. L. liest den Text der Wolke vor. Die Kinder prägen ihn sich ein, indem sie ihn einmal nachflüstern, dann nachrufen, nachsingen, piepsen oder grummeln.

Kopiervorlage M 1

c) Ich freue mich und ich bin traurig – beides gehört zu mir

Material. Evtl. ein Altmetallophon und ein Altxylophon, Kasperpuppen (Kasper, Gretel, Seppel, Großmutter), großer schwarzer Plakatkarton, blaues Tonpapier, weißer Plakatkarton, dicke Wachsmalkreiden in möglichst vielen verschiedenen Farben, pro Kind je ein Blatt Tonpapier DIN A 5 weiß und je eines in schwarz. Klebestreifen. Fotokopierte Aufschriften mit dem Text »Ich kann mich freuen« und »Ich kann traurig sein«. Scheren, Kleber.

Singen und sich bewegen.
Die Kinder lernen das Bewegungslied und gestalten gleichzeitig den Text mimisch und gestisch.

Text/Melodie: Elisabeth Buck

Manch - mal bin ich trau - rig und fühl´ mich so al - lein.

Dann ge - fällt mir gar nichts mehr, und mir fällt nichts mehr ein.

Und manch- mal bin ich fröh - lich. Dann macht mir vie - les Spaß.

Ich möcht´ am liebs - ten tan - zen und sprin - gen wie ein Has´.

Ich klat - sche in die Hän - de und win - ke al - len zu. Ich lach´

dich fröh - lich an und sa - ge "Hal - lo du!".

Begleitformen:

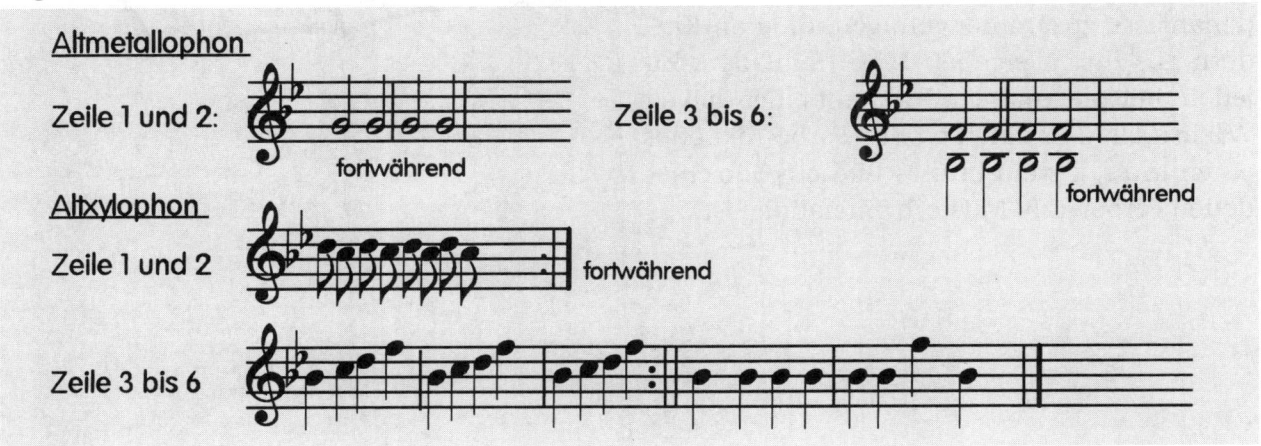

Altmetallophon
Zeile 1 und 2: — fortwährend — Zeile 3 bis 6: — fortwährend

Altxylophon
Zeile 1 und 2: — fortwährend

Zeile 3 bis 6

Gespielte Erzählung (Puppenspiel). L. spielt mit vier Kasperpuppen folgende Szene vor:

1. Akt: Gretel weint. Sie hat Gäste eingeladen und ihr Kuchen ist im Ofen verbrannt. Kasper hört sich ihren Kummer an und wird darüber selbst ganz traurig.

2. Akt: Seppel singt und pfeift, er hüpft und freut sich hörbar. Großmutter kommt dazu und fragt: »Was ist denn passiert, daß du so fröhlich bist?« Seppel erzählt ihr, er habe heimlich einen Kuchen gebacken, der ganz wunderbar gelungen sei. Er wolle ihn gleich der Gretel bringen und ihr schenken. Er freue sich schon riesig auf ihr Gesicht, das sie angesichts dieser Überraschung machen werde. Großmutter läßt sich von der Freude anstecken und tanzt mit Seppel lachend durchs Zimmer.

Gespräch mit bildlicher Gestaltung. (Strubblmutz beteiligt sich am Gespräch mit.)

In die Mitte des Sitzkreises wird ein schwarzer Plakatkarton gelegt. Die Kinder schneiden aus blauem Tonpapier Tränen aus (ungefähr in Pflaumengröße). Im anschließenden Gespräch erzählen sie von Situationen, in denen sie auch einmal traurig gewesen sind. Für jedes persönliche Beispiel wird eine blaue Papierträne auf den schwarzen Plakatkarton gelegt.

Später wird ein weißer Plakatkarton in die Mitte gelegt. Im Gespräch werden die Freudenanlässe zusammengetragen, die den Kindern aus ihrem eigenen Leben einfallen. Zu jedem Beispiel malt ein Kind mit einer dicken Wachsmalkreide einen großen Farbpunkt oder einen Kreis, bis ein buntes Bild aus verschiedenen Farben und Mustern entstanden ist.

Heftwerkstatt. Jedes Kind klebt ein weißes und ein schwarzes Tonpapier (DIN A5) aufeinander, so daß ein auf zwei Seiten verschiedenfarbiges Blatt entsteht. In der Mitte der DIN A4-Heftseite wird eine Längskante des zweifarbigen Blattes mit einem Band Klebestreifen quer aufgeklebt. Nun kann man das zweifarbige Blatt hoch- und herunterklappen. Auf die helle Seite malen die Kinder ein lachendes Gesicht und auf die dunkle Seite ein trauriges. Das freibleibende Stück der DIN A4-Seite wird mit einer Sonne bzw. mit dunklen Wolken bemalt. Beschriftet werden beide Ansichten mit den beiden ausgeschnittenen Sätzen:

Kopiervorlage M 2

Ich kann mich freuen.

Ich kann traurig sein.

d) Jesus nimmt Kinder ernst und zeigt ihnen seine Zuneigung (Mk 10, 13-16)

Material. Scheren, Kleber, pro Kind ein Bild von einem Zaun (siehe Kopiervorlage).

Symbolspiel. Die Kinder kommen mit ihren Stühlen zu einem Stuhlkreis zusammen. Auf Bitten von L. stellt sich nun jedes Kind außerhalb des Kreises hinter seine Stuhllehne. L. setzt sich in den Sitzkreis hinein und ruft jedes Kind einzeln in den Kreis mit einer persönlichen Einladung. Beispiel: »Sonja, ich möchte dich gerne in unserem Kreis haben, du hast so leuchtend blaue Augen.« »Bernd, ich möchte dich gerne in unserem Kreis haben, du kannst so schön singen.« »Isabel, ich möchte dich gerne in unserem Kreis haben, du kannst so schnell rennen.«

Gespräch. Strubblmutz erzählt vom letzten Fußballspiel, als die beiden größten Kinder ihre Mannschaft zusammenstellen wollten. Er selbst blieb beim Auswählen als letztes Kind übrig und ist immer noch traurig darüber. Die Kinder sprechen von eigenen Erfahrungen aus Situationen, in denen jemand sagt »geh weg, wir wollen dich nicht dabei haben« oder »komm her zu uns, wir wollen, daß du mitmachst!«

Erzählung. Der Bibeltext Mk 10, 13–16 wird aus der Sicht eines kleinen Mädchens erzählt, das es gewöhnt ist, weggestoßen zu werden, dennoch aber von neuem bitter enttäuscht ist über die Behandlung der Erwachsenen um Jesus. (»Sie sieht sowieso nur Beine und Rücken. Als sie sich reckt und streckt und dann zwischen den Hosenbeinen hindurchzwängen will, wird sie am Kragen gepackt und fortgeschubst...«) Ihre Überraschung und ihr Glück, daß Jesus sie und die anderen Kinder ruft, werden deutlich gemacht durch Bewußtmachung der körperlichen Empfindungen. (Plötzlich ganz nah sein und mittendrin, auf dem Schoß sitzen und beachtet werden, spüren, daß die Aufmerksamkeit Jesu wirklich einem selbst gilt, die freundliche Hand Jesu auf der Schulter spüren, sich näher an ihn herandrücken...)

Singen und Musizieren.
Liedvorschläge:
– »Wie ein Vogel im Nest«[29]
– »Kindermutmachlied«[30]
– »Schwarze, Weiße, Rote, Gelbe, Gott hat sie alle lieb« (...Gott macht keine Unterschiede... Eltern, Kinder, Lehrer, Schüler...)[31]
– »Es ist niemand zu groß, es ist niemand zu klein«[32]
– »Meinem Gott gehört die Welt« EG Nr. 408, Str. 1, 2 und 5 (5. Strophe: »Lieber Gott, ich bin so groß, und ich lieg in deinem Schoß wie im Mutterschoß ein Kind, Liebe deckt und birgt mich lind.«)

Begleitform:
Mit der Handtrommel werden halbe Notenwerte gespielt als Erwachsenenschritte, mit Schlaghölzchen werden dazu Viertelnotenwerte als Kinderschritte gespielt und mit dem Altmetallophon ein Bordun (siehe S. 38) in ganzen Notenwerten als Symbol für Gottes umfassende Liebe. Die Kinder wechseln sich mit der Begleitung ab.

Erwachsenenschritte: ♩

Kinderschritte: ♩

Gottes Liebe: 𝅝

Vertiefendes Symbolspiel. Die Kinder stehen im Kreis und fassen sich bei den Händen. Vier bis fünf Kinder sind außerhalb und gehen um den Kreis herum. Die Kinder im Kreis stampfen im Takt mit den Füßen und sprechen:

♩ ♩ ♩ ♩   ♪ ♪ ♩ ♩   ♩   ♩ ♩ ♪ ♪ ♪ ♪ ♩ ♩   𝅗𝅥

»Immer wieder schickt man uns fort. Man schickt uns fort mit einem häßlichen Wort«.

Nun blinzelt L. zwei benachbarte Kinder im Kreis an. Sie öffnen ein Tor und die ausgesperrten Kinder können nun in den Kreis hineintreten. Alle Kinder hören auf zu stampfen, klatschen im Takt und rufen:

♩ ♩ ♪ ♪ ♪ ♪ ♪ ♩ ♩ ♩

»Kommt herein, ihr sollt willkommen sein.

♩ ♩ ♪ ♪ ♪ ♪ ♩ ♩ ♩

Niemand ist für unsern Kreis zu klein.

♩ ♩ ♩ ♪ ♪ ♪ ♪ ♪ ♩ ♩

Ich und du, wir gehören dazu, (auf ›mich‹ und ›dich‹ zeigen)

♪ ♪ ♪ ♪ ♪ ♪ ♪ ♪ ♩ ♩ ♩

ihr gehört dazu und darum kommt herein.«
(»ihr«: mit einer einladenden Handbewegung alle Kinder einbeziehen)

Heftwerkstatt. Jedes Kind erhält eine Fotokopie von einem Zaun. Der Zaun wird ausgeschnitten. An beiden angekreuzten Enden werden die Seitenkanten am unteren Ende der Heftseite festgeklebt. Dann wird in der Mitte des Zaunes der Streifen durchgeschnitten, der Zaun kann also im Heft geöffnet und geschlossen werden. Unter und über den geöffneten Zaun malen die Kinder sich und Jesus. Sie können auch noch eine fotokopierte Überschrift auf den Kopf der Heftseite kleben mit dem Text »Jesus ruft uns zu sich. Er hat uns gern in seiner Nähe.«

Kopiervorlage M 3

✕ = Klebeflächen

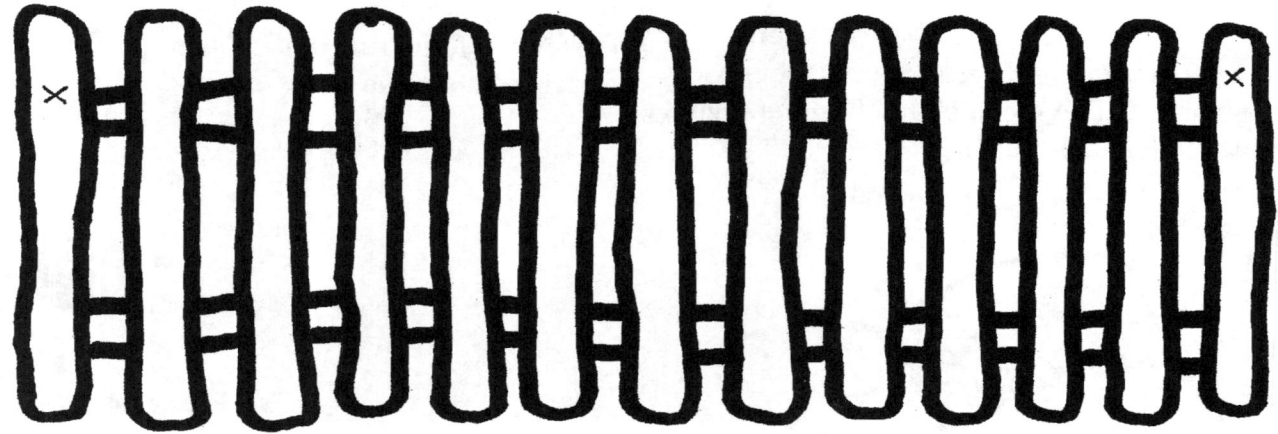

Jesus ruft uns zu sich.
Er hat uns gern in seiner Nähe

e) Martin zeigt, wie Teilen unser Leben reicher machen kann

Material. Zwei Kochlöffel, ein alter Lappen, zwei Gummiringe, eine farbige Papierserviette, pro Kind ein Stück Bastelfilz oder eine Papierserviette, Scheren, Klebestifte, eine Tüte Gummibärchen, zwei gleiche Tuchschals (oder zwei kleine Tischdecken). Für das zweite Symbolspiel Legematerialien in der Anzahl der Kinder. (Legeplättchen aus dem Mathematikunterricht oder Steine, Muscheln, Blätter oder etwas ähnliches.) Für jedes Kind eine Fotokopie eines Martinsliedes.

Symbolspiel. L. öffnet vor den Kindern eine Tüte Gummibärchen und beginnt zu essen und sagt: »Die eß' ich jetzt ganz alleine auf und laß euch zugucken. ... Was, ihr hättet auch gerne was davon? Ja sowas... (Nach einer kleinen Weile) Ich glaube, wenn ich sie ganz alleine aufesse und euch zugucken lasse, dann schmecken sie mir gar nicht so gut. Vielleicht ist es für mich schöner, meine Gummibärchen mit euch zu teilen.« Nun bekommen alle Kinder etwas von den Süßigkeiten ab.

Erzählung. L. erzählt die Martinslegende vom Teilen des Mantels mit einem Bettler. Dabei wird die Erzählung durch das Spiel mit zwei Kochlöffelpuppen unterstützt. Ein Löffel stellt den Bettler dar. Um diese Puppe wurde ein alter zerfetzter Lappen mit Hilfe eines Gummiringes gewickelt. Die andere Kochlöffelpuppe symbolisiert den Soldaten Martin und trägt als Mantel die farbige Papierserviette. Zur Erzählung wird dieser »Serviettenmantel« in zwei Teile zerschnitten und eine Hälfte der Bettlerpuppe angezogen.

Miteinander singen. Die Kinder lernen eines der traditionellen Martinslieder. In der Regel kennen sie bereits einige aus der Kindergartenzeit. Beispiel: »St.Martin ritt durch Schnee und Wind«.[33]

Zum Gesang wird das Lied mit verteilten Rollen pantomimisch gespielt. Vielleicht kann man einen Umhang aus zwei Tuchschals oder zwei kleinen Tischdecken legen und das Mantelteilen wie eine liturgische Handlung darstellen lassen.

Gespräch. L: »Ist es euch auch schon mal so gegangen, daß ihr etwas geteilt habt, und das war viel schöner, als es allein zu behalten?« Strubblmutz erzählt sofort, daß er von seiner Tante zur Kirchweih vier Chips für das Karussell bekommen hat. Er hat sie mit seinem Freund geteilt und so war es viel lustiger, als alleine zu fahren. Die Kinder sprechen nun von ihren Erfahrungen mit Situationen des Teilens.

Symbolspiel. L: »Wenn wir teilen, kann etwas Schönes daraus werden.« Die Kinder knien im Kreis. Jedes zweite Kind erhält zwei Legematerialien in die geöffneten Hände. Wird es von L. angeblinzelt, ist es an der Reihe und teilt seine Materialien mit dem Nachbarkind. Beide stehen auf und legen ihre Materialien in die Mitte. Auf diese Weise entsteht nach und nach ein Ornament: Jedes Kinderpaar legt also seine Zutaten entsprechend, bis eine Sonne, ein Stern oder eine Blume entsteht.

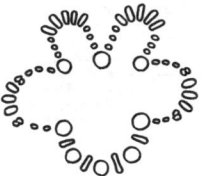

Heftwerkstatt. Jedes Kind bekommt einen vorgeschnittenen Mantel aus Bastelfilz oder aus einer bunten Papierserviette. Es malt den Bettler und Martin in sein Heft, zerschneidet den Mantel und klebt die beiden Hälften auf die gemalten Personen.

Auf die andere Heftseite wird das fotokopierte Martinslied geklebt, damit es auch zu Hause mit der Familie gesungen werden kann.

1.2. Miteinander zur Krippe gehen

a) Die Adventszeit als stille Zeit erleben

Didaktischer Hinweis. Stille nur um des »Stillseins« willen ist für Kinder in der Regel qualvoll. Oft empfinden Kinder die von Erwachsenen erzwungenen »Stillephasen« als lähmend – als Totenstille. Man kann dann nur durch Albernheit daraus entkommen. Es gibt für Kinder keine Pause im Streben, die Welt zu entdecken und sich in ihr zu erproben. Dabei geht es laut und leise zu, bewegt und ruhig. Leiser geht es zu, wenn sich Kinder in stille Wahrnehmungserlebnisse vertiefen. Die Stille ist dann Ausdruck ihrer Hinwendung zur Sinnesempfindung. Wenn man also die Adventszeit Kindern als stille Zeit erlebbar machen möchte, dann muß man sich um Inhalte bemühen, die in dieser Art wahrnehmbar sein können.

Material. Orffsches kleines Schlagwerk, Adventskerze, Streichhölzer, schwarzes Tonpapier, Stopf- oder Stricknadeln, Haushaltsgummies, Taschenlampen (Man kann die Kinder am Tag vorher bitten, von zu Hause Taschenlampen mitzubringen), Metallophon (weiche Klöppel), Papiertaschentücher (gespalten), Scheren, Kleber, Fotokopie von »Leise rieselt der Schnee«.

Wahrnehmungsspiel. Zu einigen Klängen des Orffschen kleinen Schlagwerkes erfinden die Kinder gestische Symbole. (Beispiele: Fingercymbeln – Zeige- und Mittelfinger zusammengelegt, Handtrommel – Hände flach ausgestreckt, Schlaghölzchen – ausgestreckte Zeigefinger o.ä.)

Dann schließen die Kinder die Augen. L. bringt leise die einzelnen Instrumente zum Klingen und die Kinder formen jeweils die zugeordnete Handgeste dazu.

Gespräch. L: »Stille und leise Klänge tun mir manchmal gut. Welche leisen Klänge hören wir gerne?« (Springbrunnenplätschern, Katzenschnurren, Summen von Hummeln, Seidenpapierknistern etc.)

Miteinander singen   Text/Melodie Elisabeth Buck

Hörst du die Wolken vorüberziehn, leis, so leis. Hörst du die Vögel nach Süden fliehn, hm, so leis. Hörst du, wie Nebel zur Erde sinken, hörst du, wie Sterne am Himmel blinken. Wenn du meinst, da ist gar nichts zu hören, dann lausch noch einmal und laß dich nicht stören.

Das Lied wird gestisch und mit Klängen vom Alt-Metallophon begleitet. (Begleitform s. nächste Seite)

Gestaltungsaktion als Wahrnehmungsspiel. In schwarzes Tonpapier stechen die Kinder kleine Löcher. (Mit Stopf- oder Stricknadeln). Das gelöcherte Tonpapier wird mit Haushaltsgummis über Taschenlampen gespannt. Die so entstandenen Sternbilder kann man nun im verdunkelten Klassenzimmer langsam über Decken und Wände gleiten lassen. Andere Kinder spielen dazu leise Klänge vom Metallophon (Weiche Klöppel):

Aus dem Metallophon werden alle Tonstäbe herausgenommen, die nicht der pentatonischen Reihe auf f entsprechen. Alle f-, g-, a-, c-, d-Stäbe bleiben im Instrument liegen.

Die Bausteine A, B oder C sind gleichzeitig von drei Spielern spielbar.

Wahrnehmungsspiel. Die erste Kerze am Adventskranz wird angezündet. Alle lauschen, ob sie das Knistern der Kerzenflamme hören können.

Erzählung. Strubblmutz erzählt, wie er einmal abends abspülen mußte und dabei versehentlich Mutters Lieblingsteller – den mit den blauen Veilchen –, fallenließ. Die Mutter sei sehr böse geworden und hätte ihn laut ausgeschimpft. Er habe die Türe zugeknallt und sei in sein Zimmer, um sich auszuheulen. Nach etwa einer halben Stunde habe es leise an seine Tür geklopft. Erst habe er, Strubblmutz, nicht reagiert. Aber dann sei er doch aus seinem Zimmer herausgekommen. Da sei die Mutter bei einer brennenden Adventskerze gesessen mit einer Schüssel Plätzchen und warmem Kakao. »Komm, Strubblmutz!«, habe sie freundlich gesagt, »Es tut mir leid, daß ich so wütend geworden bin. Du hast den Teller ja nicht absichtlich hinuntergeworfen. Wollen wir uns wieder vertragen und in aller Stille gemütlich unseren Frieden genießen, – hier bei unserer Adventskerze?« Und wie sie dann eine Weile so zusammengesessen seien, habe es draußen in der Dunkelheit zu schneien angefangen, ganz leise. »Kannst du die Schneeflocken hören?«, habe die Mutter gefragt.

Heftwerkstatt. Die Kinder schneiden aus gespaltenen Papiertaschentüchern Schneeflockensterne (ca. 7 cm Durchmesser). Sie kolorieren die Heftseite in Blautönen. Dann lassen sie lautlos die Schneeflocken von oben auf die Heftseite herabschweben. Nach einer Weile kleben sie sie vorsichtig auf die blaue Seite auf. Sie kleben eine Fotokopie des Liedes »Leise rieselt der Schnee« dazu. Abschließend oder auch während der Heftgestaltung singen die Kinder dieses Lied.

Kopiervorlage M 4

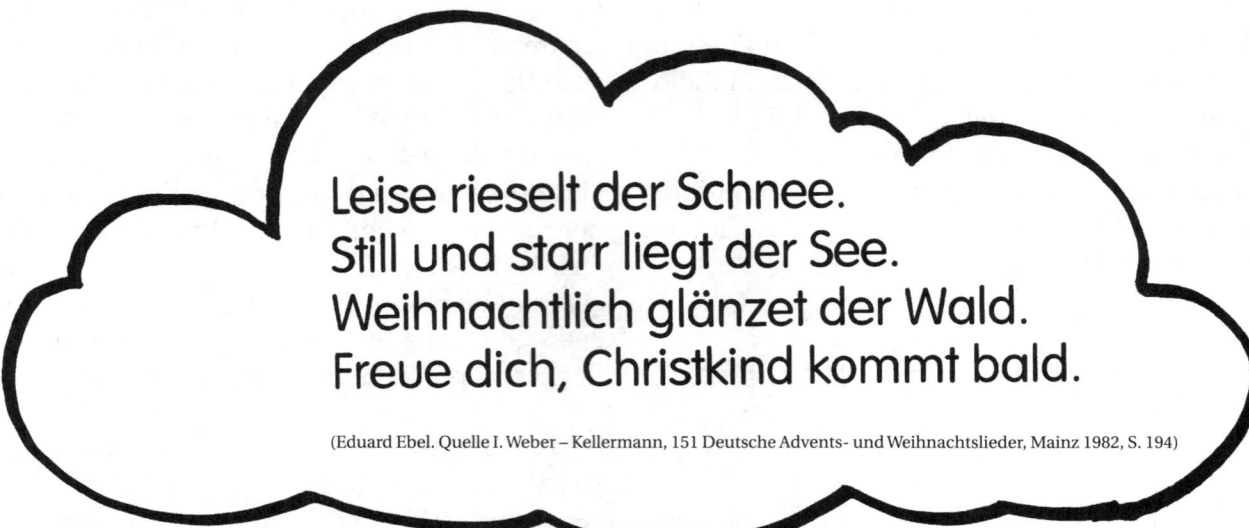

Leise rieselt der Schnee.
Still und starr liegt der See.
Weihnachtlich glänzet der Wald.
Freue dich, Christkind kommt bald.

(Eduard Ebel. Quelle I. Weber – Kellermann, 151 Deutsche Advents- und Weihnachtslieder, Mainz 1982, S. 194)

b) Die Weihnachtsbotschaft trifft die Hirten auf dem Feld.
Sie laufen zum Kind in der Krippe (Lk 2, 1-20)

Material. Seidenpapier (gelb und orange), Taschenlampe, Blockflöte, Xylophon mit vier Schlägeln, Glockenspiel mit Holzschlägel, Triangel, Schellenband, Fingercymbeln, Hängebecken, pro Kind ein Tonpapier (beliebige Farbe) DIN A 5, Scheren, Kleber, Buntstifte.

Didaktischer Hinweis. Die Hirten in der Weihnachtsgeschichte repräsentieren die Randgestalten der Gesellschaft, sie sind die Verachteten und Einfachen. Die Botschaft der Engel trifft sie in ihrem persönlichen Arbeits- und Lebenskreis, was sich im vorliegenden Unterrichtsmodell auch in der Verwendung des regionalen Dialekts ausdrückt.

Inszenierendes Rollenspiel. Die Kinder sitzen im Kreis. L. legt in die Kreismitte zusammengeknülltes Seidenpapier (gelb und orange) und darunter eine eingeschaltete Taschenlampe. (Lagerfeuer) L.: »So, jetzt wird es uns wärmer. Und die wilden Tiere werden sich nicht mehr an unsere Schafherde trauen, wenn unser Lagerfeuer so hell brennt.« Pantomimisch legen sich alle eine Decke um die Schultern. Dann zieht L. eine Blockflöte hervor: »Ich werde uns ein schönes Hirtenlied spielen.«
Anregungen zur Hirtenimprovisation:

L.: »Hey, Hirtenbruder, wie geht es dem Schaf, das sich am Fuß verletzt hat? Schaust du mal nach und streichst frische Salbe auf die Wunde?« Das angesprochene Kind spielt pantomimisch die Versorgung dieses Schafes. Die Kinder bekommen nun weitere Aufträge: »Hirtenschwester, ruf bitte unseren Hirtenhund und gib ihm zu fressen... Und du holst bitte ein paar Holzstücke für unser Feuer... Hat jemand noch Brot übrig, das wir teilen können? ...Psst, hört ihr das Heulen der Wölfe? Psst! Der Hund bellt! Du, zähle bitte nach, ob noch alle Schafe da sind, ob sich der Wolf keines geholt hat... Ach, ist das eine dunkle Nacht! Seht hinunter nach Bethlehem, in die Davidsstadt! Seht ihr die vielen Lichter? Da sitzen sie, die reichen Leute und haben ein Dach über dem Kopf. Die denken immer, daß sie etwas Besseres sind! Und wenn sie uns sehen, dann rümpfen sie die Nase. ›Schafhirten! Lumpenträger!‹, so haben sie uns neulich nachgerufen, wißt ihr noch? ...Kommt, rückt näher zum Feuer, wir machen wieder unsre Hirtenmusik, damit die Nacht schneller vergeht.«
Einige Kinder begleiten jetzt die Hirtenflöte mit Bordunklängen vom Xylophon:

Erzählung mit Lied. L. als der älteste Hirte erzählt möglichst im hiesigen Dialekt, was er damals in dieser besonderen Nacht erlebte. (Nochmals kurze Verlebendigung des Hirtenalltags, die bei den letzten Spielphasen des vorhergehenden Inszenierenden Rollenspiels endet.) »Plötzlich war da ein heller Schein. ›Nanu!‹, hab ich gerufen, ›wird es schon Tag? Jetzt kann es doch gerade erst Mitternacht sein?‹ Da ist auf einmal eine leuchtende Gestalt. Sie kommt auf uns zu. Ich sag euch, mir fährt der Schreck durch die Glieder, mein altes Herz klopft wild. Und da fängt die Gestalt zu reden an. ›Ihr braucht euch nicht fürchten!‹, so sagt er zu uns, der Engel! Ja, denn es ist ein Engel! ›Ich hab euch was zu sagen, darüber werdet ihr euch riesig freuen!‹, so redet er weiter zu uns: ›Alle Menschen können sich freuen. Für euch ist heut der Retter geboren worden in der Davidsstadt. Und daran merkt ihr, daß es stimmt. Ihr werdet ein Kind finden, das liegt in Windeln gewickelt in einer Futterkrippe.‹ Ja, das alles hat der Engel zu uns Hirten gesagt. Und auf einmal war da neben dem Engel ein Riesenhaufen mit himmlischen Wesen. Die ganze Luft war voll Gesang.

Ungefähr so haben sie gesungen:«

Text: Hartmut Preß / Melodie und Satz: Elisabeth Buck

Für andere Regionen:

Südhessisch[34] – »Ehr sei Gott drowwe im Himmel un Friede uff de Erd bei de Mensche, die wo er liewt.« (Gerhard Evers)

Sächsisch[35] – »Ehre sei Gott in dr Hehe un Friede off Erdn undr dn Menschn, die Gott lieb had.« (Dieter Kleeberg)

Ripuarisch[36] – »Herrlich eß Gott en der Hühde, un op der Äd eß Fridde bei alle Minsche, die sing Gnod finge!« (Gabi Amm)

Nordfriesisch[37] – »Laar wiis Got ön Hemel en Freer üp Öört en di Mensken en Welgifaalen.« (Nils Arhammar)

Vogtländisch[38] – »Ehre sie Gott drubbn in Himmel, und af dr Erd sell Fried sei und for de Menschen e Wohlgefalln.« (Getraude Adler)

Holsteinisch[39] – »Ehr wees Gott in de Hööchde un Freeden op de Eerd bi de Minschen, de goden Willen hebbt!« (Rudolf Muuß)

Kärntnerisch[40] – »Alle Eah gheat Goot in da Heh. Sei Friadn kömmt af de Ead za alle Möntschn, de was a liebt!« (Alexander Krischnig)

Schwäbisch[41] – »Verherrlicht isch Gott in dr Höh, und auf dr Erd isch a Friede bei deanna Leit, dia vo seinr Gnod sind.« (Anton Wintergerst)

Der Rhythmus der Melodie ist dem Textrhythmus anzupassen. Sinnvoll ist es auch, den Lobgesang der Engel eigenhändig in den heimischen Dialekt der Kinder zu übersetzen.

Die Erzählung wird hier durch die gemeinsame Liedgestaltung geteilt. Viele Instrumente des kleinen Schlagwerks können zum Einsatz kommen. (Glockenspiel, Triangel, Schellenband, Fingercymbeln, Hängebecken).

»Und dann waren sie alle wieder weg, die Engel. Erst war es still, dann haben wir alle auf einmal durcheinander geredet. ›Hopp, jetzt machen wir uns auf den Weg. Das wollen wir doch mit eigenen Augen sehen...‹« (Dialektbeispiel: »Und mia hom unnara Baa über die Achsl genumma, sän kumma und hom sie gfunna: die Maria und än Josef und es Bübla, des wu in der Futterkrippn gelegn wor...« nach Hartmut Preß)[42]

Gespräch mit Handlung. L.: »Stellt euch vor, das Jesusbaby wäre hier bei uns geboren worden. Also, wenn ich mich so umschau', dann wüßte ich nicht, wo es sein Bettchen haben könnte. Eine Wiege haben wir nicht, natürlich auch keine Futterkrippe. Ein Klassenzimmer ist ja kein Schafstall. Wo könnten wir das Jesuskind hineinlegen?« Gemeinsam suchen die Kinder nach einer Möglichkeit. Vielleicht entschließen sie sich, eine Schrankschublade herauszuziehen und leerzuräumen. Vielleicht

steht irgendwo eine Schachtel oder eine Kiste. Sie polstern das »Bett« ihrer Wahl mit ihren Schals oder Jacken aus und stellen es in die Mitte. Strubblmutz: »Hm, meint ihr, daß das so richtig ist? Irgendwie wäre es doch besser, man würde das Jesusbaby zum Bürgermeister bringen. Oder besser noch, – es bräuchte ein Haus wie der Bundespräsident. Vielleicht war es bei Gott ein Versehen, daß die Engel zu den Hirten gekommen sind und das Kind in einen Futtertrog gelegt worden ist. Meint ihr, der Jesus wär zufrieden, wenn er hier bei uns im Klassenzimmer wär?«

Symbolspiel. Die Kinder legen einen Weg im Klassenzimmer fest, den sie mittels ihrer Phantasie in eine Berg- und Wiesenlandschaft verwandeln. Jeweils drei bis vier Kinder laufen zu Trommel- und Flötenmusik (z.B. Melodie von »Kommet ihr Hirten« EG 48) diesen Weg als eilende Hirten, bis sie bei ihrer selbstgebauten »Krippe« angekommen sind. Sie bleiben davor stehen und sagen: »Wie zu den Hirten kommst du zu uns als Kind, lieber Gott.« Sie setzen sich um die Krippe auf den Boden, bis alle Kinder in kleinen Gruppen über den Hirtenweg herbeigeeilt sind, den ritualisierten Satz gesprochen haben und dann im großen Kreis um die »Krippe« sitzen.

Miteinander singen. Das obenstehende Lied der Engel wird gesummt zu instrumentaler Begleitung. Das Staunen der Hirten, unser Staunen und der Wunsch, dieses Menschenbaby nicht zu erschrecken, prägt die musikalische Gestaltung.

Heftwerkstatt. Aus Tonpapier gestalten die Kinder ein Haus, dessen eingeschnittene Torflügel man weit öffnen kann. Sie kleben das Haus ins Heft und malen in das aufgeklappte Tor die Krippe mit dem Jesuskind hinein. Jedes Kind gestaltet das Haus, wie es möchte. (Als Stall, als Schule, als Elternhaus usw.)

c) Miteinander Weihnachten feiern

Als gemeinsame Feier der Schulkinder mit ihren Eltern, als Schulgottesdienst oder als Schulweihnachtsfeier der Grundschulklassen.

Vorbereitung. Das Weihnachtsspiel wird sprachlich an die Region angepaßt und mit sieben Kindern und einer Chorgruppe eingeübt. Eltern oder Kinder mit Hilfe des Lehrers gestalten den Raum. Eine Musikgruppe erarbeitet die musikalische Gestaltung.

Material. Sechs bis acht blaue Plakatkartons, Scheren, Paketband, Scheinwerfer, Kerzen, Material für das Weihnachtsspiel (gesondert aufgeführt), Xylophone, Metallophone, Handtrommeln, Blockflöten, evtl. Liedtexte, Plätzchenteller, Saft, Krüge, Becher.

Raumgestaltung. Gebaut aus mehreren großen blauen Plakatkartons wird in der Front des Feierraumes das Himmelsrund dargestellt. In die Plakatkartons werden mehrere kleine Löcher als Sterne hineingeschnitten, die von hinten mit Scheinwerfern beleuchtet werden. Davor werden die Krippe und hinter der Krippe einige Kerzen aufgestellt. Die Stuhlreihen stehen halbkreisförmig.

Ablauf:

Miteinander singen. »Kommet, ihr Hirten« EG Nr. 48. Begleitet wird das Lied mit einem Bordun (f – c) von Xylophonen und Metallophonen. Rhythmische Unterstützung kann durch Handtrommeln gegeben werden.

Begrüßung durch eines der Kinder.

Weihnachtsspiel. »Wie der Heiland auf die Welt kumma is« (Preß/Buck, siehe Anhang). Die oberfränkische Vorlage sollte in den jeweiligen einheimischen Dialekt übertragen werden. Die vorgeschlagenen Lieder können selbstverständlich ausgewechselt werden.

Gebet. (Kind oder Vater/Mutter) »Lieber Herr Jesus, du bist zu uns auf die Erde gekommen als ganz kleines Kind. Du bist unser bester Freund geworden. Wenn wir Sorgen haben, willst du uns helfen und wenn wir fröhlich sind, freust du dich mit uns. Danke, lieber Jesus.«

Musikalisches Nachspiel mit Flöten und Xylophonen. (Z.B. »Im Himml werd Ehr gebn dem Herrgott« oder »Was soll das bedeuten, es taget ja schon« etc.)

Gemeinsames Essen. Aus allen Stühlen werden Kreise gebildet für ca. 5 bis 6 Kinder und Erwachsene. Jeder Kreis bekommt eine Schale mit Plätzchen und einen Krug mit Saft sowie einen Stapel Becher.

Anhang: Weihnachtsspiel

»Wie der Heiland auf die Welt kumma is« Die Weihnachtsgeschichte nach dem Evangelisten Lukas

in der Übersetzung in den Bamberger Dialekt von Hartmut Preß, mit Dialogeinschüben und in Szene gesetzt von Elisabeth Buck

Personen: Sprecher
Josef
Maria
Verkündigungsengel
Hirte 1
Hirte 2
Hirte 3
Engelschor

Spielfläche mit zwei Türen und einer Ecke, in der mit wenigen Requisiten und einer Futterkrippe der Stall angedeutet wird. Puppe, Windeln, Umschlagtuch für Maria, Xylophon, Glockenspiel, Triangel, Fingercymbeln, Blockflöte, mehrere Bettlaken, Stöcke, Scheinwerfer.

Der Sprecher steht seitlich vor dem Spielgeschehen, etwas erhöht.

Musik: Vom Posaunenchor, der Flötengruppe oder als gemeinsamer Gesang: EG Nr. 1 »Macht hoch die Tür«, Strophen 1–3

Sprecher: »Und in sella Toch is passiert, daß vom Kaiser Augustus a Verordnung nausganga is, alla Leut im römischen Reich sölletn sich nei Steuerlistn einschreibn lossn. A Einschreibung in dera Art hot's zävor nuch nie gebn ghobt, und gschehng is sie, wie in Syrien grod der Quirinius on der Regierung wor, – so a klaaner Stellvertreter vom Kaiser is er gwesn. Und alla hom sich auf die Baa gemacht, dämit sie sich eintrogn lossätn. A jeds is nei dera Stadt geloffn, wu's geborn wor.

Do is aa der Josef vo däham fortganga. Vo Galiläa aus der Stadt Nazareth is er nach Judäa naufgezogn nein David seiner Stadt, – Bethlehem hot sie ghaaßn. Der Josef wor nämlich aus'n Königshaus raus, wos bis auf'n David zurückgeht.

Er hot sich mit der Maria einschreibn gelosst. Mit dera wor er verlobt, und sie wor schwanger.«

(Von hinten vor durchs Publikum kommen Josef und Maria Arm in Arm)

Maria: »Horch, Josef, wos sölln mer etz machn! Mir könna ja heut nacht nimmer hamwärts ziehng. A Bett bräuchertn mir!«

Josef: »Also, Marie, des krieg mer scho! Wart ner!« (Josef klopft an die erste Tür, steckt seinen Kopf hinein, kommt wieder zum Vorschein und ruft:)
»Au weh, do is dä vielleicht a Gewerch, do dinna! Do passn mir nimmer nei!«

Maria: »Aber Josef, mir bräung etz unner Bett, iech glaab, des Wackerla will heut no auf die Welt kumma.!«

Josef: »Schau, do könna mer'sch aa no versung.« (Klopft an die zweite Tür, steckt wieder seinen Kopf hinein, kommt wieder zum Vorschein, zuckt enttäuscht mit den Achseln.)
»Marie, Marie, do paßt aa ka Maus mehr nei. Die Gäst lieng wie die Hering.«

Maria: »Wu söll i bloß mei Bobberla auf'd Welt bringa?«

Josef: (Schaut sich ratlos um, sieht den Stall, streckt den Arm aus und ruft:) »Waßt wos, mir beziehng unner Nachtquartier einfach in dem Schuppn do. Besser su, wie gor ka Dach iebern Kupf.«

(Angedeutete Stallecke mit Futterkrippe wird bezogen, Maria holt aus ihrem Umhang eine Puppe heraus, die sie in weiße Windeln einwickelt und in die Futterkrippe legt. Sie setzt sich neben die Futterkrippe.)

Sprecher: »Wie sie dort worn, is geschehng, daß ihr Zeit kumma is, sie wor so weit zän Endbindn. Und sie hot ihrn erstn Sohn auf die Welt gebrocht und hot na nei aner Futterkrippn gelegt, weil mä ka anders Fleckla für ihna ghobt hot in dera Herberg.«

Musik: EG 35, Str. 1, mit Vorspiel und Nachspiel

»Und es worn Schofhirtn in der nämling Gegnd, die worn draußn auf n Feld und hom in der Nacht auf ihr Herdn aufgepaßt. (Scheinwerfer auf die Hirtenszene. Die drei Hirten stehen beieinander auf ihre Stöcke gestützt. Einer spielt Hirtenweisen auf der Flöte. Der Sprecher wartet in Ruhe ab.) Auf aa Mol is a Engl vom Herrgot auf ihna zuganga, und än Herrgott sei Glanz hot ringsrüm aufgeleucht, und sie hom sich arg gförcht. Und der Engl hot zu ihna gsocht:«

(Verkündigungsengel kommt aus dem Publikum, stellt sich auf die Mitte der Spielfläche und ruft mit lauter Stimme zu den Hirten gewandt. Die Hirten fallen auf die Knie. Bei jeder Zäsur – | – ertönt ein Glockenspielglissando. (Während der gesamten Engelsrede könnte auch ein langezogener tiefer leiser Posaunenton erklingen.)

Engel: »Tut euch net förchtn! |
            Paßt amol genau auf! |
            Ich bring euch a guta Nachricht,
            a riesiga Freud,
            es ganza Volk werd sie erlebn: |
            Heit is für euch der Heiland geborn,
            der Messias is er,

            der höchst vo alla Herrscher, |
            in der Stadt vom David
            is er auf die Welt kumma! |
            Und do dron merkt ihr, daß es stimmt:
            Ihr werd a Kindla findn,
            des is in Windeln gewickelt
            und liegt in aner Futterkrippn.« | | |

Sprecher: »Und auf aa Mol wor bei dem Engl a Riesnhaufn vo lauter himmlischa Wesn, die hom andauernd än Herrgott gelobt und gsocht hom sie:«

Engelschor: (Eine größere Anzahl von Kindern legt sich weiße Bettlaken um die Schultern. Die Kinder kommen überall aus dem Publikum gelaufen und stellen sich zusammen im Hintergrund der Spielfläche auf. Der Verkündigungsengel gesellt sich zu ihnen. Einige Kinder haben Triangel und Fingercymbeln dabei, mit denen sie sich begleiten. Sie singen nachfolgendes Lied zwei- bis dreimal. Anschließend laufen sie wieder zurück wie sie gekommen sind.)

(Siehe Lied [Notenbeispiel] Seite 68)

Sprecher:« Und es is gschehng, wie die Engl vo ihna fortganga sän nein Himml, do hom die Hirtn untereinander gsocht:«

(Hirten rappeln sich langsam wieder hoch, Hirte 1 reibt sich die Augen)

Hirte 1: » Allmächt, wos is na des etz gwest?«

Hirte 2: »Su wos hom mir fei nu nie derlebt!«

Hirte 3: »Hopp, mir springa gleich auf Bethlehem!«

Hirte 1: »Nochäd werdn mir ja mit eigna Aang sehng, wos vo dera Red eingetroffn is, die wu der Herrgott uns hot ausrichten lossn.«

Sprecher: »Und sie sän gsprunga, sän gerennt und gerennt bis sie´s gfundn hom: die Maria und än Josef und äs Bübla, des wor in der Futterkrippn gelegn. Und wie sie des alles gesehng hom, do hom sie gleich die Red ausgeplaudert, die wu ihna über des Bübla do gsocht wor.«

(Hirten rennen zur Stallszene)

Hirte 1: »Leut, des worn so vüll hella Gstaltn, so Stücker hunnert oder tausend oder wos waas iech!«

Hirte 3: »Und die hom fei mit uns geredt! Fei werkli mit uns!«

Hirte 2: »Außer uns is ja kans do gwest!«

Hirte 1: »An Friedn sölls do bo uns gebn, hot der Engl gemaant. No, an Friedn hamer fei nötig!«

Hirte 2: »Des Bobberla do, des söll der Messias sei, hot der Engl gemaant.«

Hirte 3: »Auf den wartn mir doch scho so lang. Des werd Zeit, daß der do is und es Durchernanner auf unnerer Erdn wieder richt!«

Sprecher: »Und alla, die des ghört hom, hom sich gewunnert über die Sachn, die wu ihna vo die Schofhirtn gsocht worn sän. Die Maria obä hot alla Gschichtn in sich drinna gut aufgehobn und hot sie in ihrn Herzn oft betracht. Die Hirtn obä hom kehrt gemacht, zurück zu die Schof, und debei hom sie än Herrgott gelobt und »Dankschön« hom sie na gsocht für alles, wos sie ghört und gsehng hom, und wos fei genauso wor, wie`s ihna vom Engl versprochn wor.«

Musik: EG 36

1.3. Die Schöpfung – Wir entdecken: Menschen, Tiere und Pflanzen sind Gottes Ideen

a) Um uns finden wir Wunder der Schöpfung

Didaktischer Hinweis. Es gehört zur schulischen Ausbildung, Oberbegriffe zu kennen und zu verwenden. Darüber geht oft der Blick ins Detail und die Differenzierungsfähigkeit verloren. »Pflanzen« werden erst interessant, wenn sie sich als Pfennigkraut, als dorniger Hauhechel oder als Wiesen-Rispengras entpuppen. Wörter wie Bäume, Blumen oder Gras können keine Assoziationen wecken, die mit körperlichen Erlebnissen verbunden sind. Nur durch die Begegnung mit dem Detail und der Differenziertheit einer »Gattung« können persönlicher Kontakt zur Schöpfung und Staunen über deren »Erfinder« entstehen. Das soll in vorliegender Unterrichtseinheit berücksichtigt werden.

Material. Mehrere Zeitungen, dicke Bücher als Beschwerer (Schulbibliothek), »Wunderbare Welt« von Butterworth & Inkpen, (Kassel 1990. Oncken Verlag), eventuell Vogelstimmenkassette, weiße Papierbögen, selbstklebende Klarsichtfolie von L. vorbereitet in Stücke geschnitten).

Unterrichtsgang. Bei schönem Wetter während der Vegetationsperiode bietet sich ein Unterrichtsgang in einen nahegelegenen Park oder zu einer Wiese (nicht frisch gemäht!) der Umgebung an. Jedes Kind pflückt unterwegs zwei bis drei Wildpflanzen. (Gänseblümchen, Wiesenkerbel, Hirtentäschel...)

Wahrnehmungsaktion. Wieder im Klassenzimmer angekommen, schauen die Kinder ihre Pflanzen genau an, riechen daran und untersuchen Farben und Formen.

Werkstatt. Anschließend werden die Pflanzen gepreßt: Zwischen zwei Lagen Zeitungspapier kommen die Pflanzen eines Kindes mit dessen Namenszettelchen. Auf alle Lagen Zeitungspapier kommen dann als Beschwerer einige dicke Bücher. Das alles wird an einer sicheren Stelle bis zur nächsten Woche aufbewahrt.

Pantomimisches Darstellungsspiel. Einzelne Kinder verwandeln sich mit ihrer Körperhaltung in eine ganz bestimmte Pflanze. Die anderen Kinder versuchen, die Pflanze zu erraten. War auch der dritte Ratevorschlag falsch, verrät das spielende Kind den richtigen Pflanzennamen.

Vor dieser Spielphase sollte man kurz darüber reden, wie unterschiedlich und vielfältig die Pflanzen stehen, hängen oder kriechend wachsen und wie unterschiedlich dann auch die pantomimische Darstellung sein muß. (Flach am Boden ausgestreckt wie Moos, verschlungen wie Efeuranken, kopfhängend wie Glockenblumen, strahlend aufrecht wie Sonnenblumen, spitz nach oben zeigend wie Schilf...)

Erzählung oder Vorlesen. Nun wird das Bilderbuch »Wunderbare Welt« zum Leben erweckt. Allerdings ohne den Schluß, der auf die Zerstörung der Umwelt hinweist, denn hier soll es ausschließlich um die Freude an der Schöpfung gehen. Dieses Bilderbuch hat bewegliche Teile, die als Akzente in der Erzählung für die Kinder in Bewegung gebracht werden. (Z.B. das Buch schließen, als die Schöpfung der Tiere beginnt und mit der Löwenseite dicht vor den Gesichtern einzelner Kinder öffnen. Ein dreidimensionaler Löwenkopf taucht aus dem Buch auf und löst Überraschung und Lachen aus.) Die lautmalerische Beschreibung von Pflanzen- und Tierformen in diesem Buch sollte genauso farbig und lebendig im Vortrag erscheinen und sollte das Sprechen zu einer musikalischen Ausdrucksform werden lassen.

Singen und gestisch gestalten

Text / Melodie: Elisabeth Buck

Ich schau - e und stau - ne, ich lau - sche und stau - ne, ich rie - che und stau - ne, ich füh -

le und bin froh. Gott, ü- ber dei- ne Schöp-fung freu-e ich mich so! Gott, ü- ber dei-ne Schöp- fung

freu-e ich mich so! Du hast ....* ge- macht, das war ei - ne herr- li - che I - dee,

hast auch an ....* ge- dacht, und an das Reh, den Klee, den See und an den Schnee!

(Von vorne bis ⌒)

Bewegungsbegleitung:

»Ich schaue«: Hand über
die Augen als Ausschau
»Ich lausche«: Hand als
Ohrmuschelvergrößerung
hinter die Ohren
»Ich rieche«: Finger an
die Nase und Schnupper-
bewegungen
»Ich fühle«: Mit den
Händen über Wangen
und Unterarme streichen

»Und staune«:
Hände geöffnet
fallen lassen

»Gott über deine Schöpfung...«: Pro Takt 1x auf
die Beine patschen, 2x in die Hände klatschen

Bei * fügen die Kinder Pflanzennamen ein, die sie
selbst auswählen. Die Hände beschreiben die
Pflanzenform. Beispiel:
»Du hast den Löwenzahn gemacht

...hast auch an die Veilchen gedacht...«

»Das war eine herrliche Idee«: Hände reiben
»Und an das Reh«: Hände als Ohren auf den Kopf
»den Klee«: Fingerzeig auf den Boden
»den See«: Flache Hand mit Handflächen nach
unten beschreibt kreisend einen großen See
»und auch den Schnee«: Mit den Fingern von
oben nach unten Rieselbewegungen beschreiben.

Gespräch. Strubblmutz begeistert sich.«Phan-
tastisch! Gott hat ja unendlich viel Ideen! Was
der sich alles hat einfallen lassen! Ich bin echt
froh, daß er nicht gedacht hat, *eine* Sorte Blumen reicht.« Die Kinder überlegen, wie die
Welt aussehen würde, wenn Gott ohne Phantasie gehandelt hätte. Und sie beschreiben
gemeinsam, wie bunt und abwechslungsreich
ein Feldrand oder eine Wiese im Laufe eines
Jahres ist, weil Gott Spaß an seiner Schöpfung
gehabt hat. Vielleicht kann man im Gespräch
die Kinder auch darauf aufmerksam machen,
daß Gott bei seiner Schöpfung gespielt hat

ähnlich wie sie, wenn sie Spaß an Farben
bekommen im Umgang mit dem Farbkasten.
(Vergleiche Psalm 104, besonders Vers 26).

Weitere Spiele zur Auswahl:

Wahrnehmungsspiel. Von einer Vogelstimmenkassette hören sich die Kinder verschieden-
artige Vogelstimmen an. (Zum Beispiel: Zilp-
zalp, Kuckuck, Feldschwirl, Klappergrasmücke
oder Amsel). Auf Papierbögen malen die Kinder eine Art Klangschrift, die die spezielle
Klangstruktur der jeweiligen Vogelstimme un-
verwechselbar ausdrückt.

Beispiel zum Wahrnehmungsspiel:

Pantomimisch – gestisches Spiel. Mit den Händen und den Armen werden am Platz verschiedene Flugstile der Vögel ausprobiert und nachgeahmt: Wie flattert der Spatz, wie segelt die Schwalbe, wie schwingt sich die Amsel in Hängeschwüngen durch die Luft, wie senkt und hebt der Adler seine Schwingen...?

Singen und sich bewegen. In das Lied »Ich schaue und staune« fügen die Kinder nun Vogelnamen ein. Wie im vorhergehenden Spiel imitieren sie die jeweiligen Flugstile der Vögel.

Pantomimisch – gestisches Spiel als Rätsel. Jeweils ein Kind denkt sich ein Tier aus, das auf der Erde lebt. In der entsprechenden Fortbewegungsart dieses Tieres bewegt sich das Kind im Stuhlkreis. (Traben, kriechen, springen, galoppieren, schleichen, stolzieren usw.) Die anderen Kinder erraten das Tier. Nach dem dritten Falschraten verrät der Spieler sein Tier.

Singen und sich bewegen. In das Lied »Ich schaue und staune« fügen die Kinder nun Namen von Tieren ein, die auf der Erde leben. Sie imitieren dazu die entsprechenden Gangarten der genannten Tiere.

Heftwerkstatt. Nach einer Woche Trocknungszeit werden die gepreßten Pflanzen eines jeden Kindes vorsichtig auf die aufgeschlagenen Heftseiten gelegt. L. löst die vorgeschnittenen selbstklebenden Klarsichtfolien von ihrer Abziehfolie ab und legt auf jedes Blumenarrangement der Kinder eine Folie mit der Klebseite nach unten. Die Kinder drücken sie vorsichtig an. Als Überschrift schreiben die Kinder dazu: »Gott hat alles gut gemacht.« Sind die Kinder im Schreiblernprozeß noch nicht weit genug, kann man für sie die Überschrift fotokopieren. Sie wird dann ausgeschnitten und ins Heft geklebt. (Man kann die vorgeschnittenen Klebefolien auch so präparieren, daß sie die Kinder selbst abziehen können: Man löst eine Ecke ab und biegt sie nach innen. Diese Ecke wird durch ein Kreuz mit dem Kugelschreiber markiert, damit die Kinder sie finden können.)

Kopiervorlage M 5

Gott hat alles gut gemacht

b) Auch ich bin ein Teil der Schöpfung Gottes

Material. Ein Tuch zum Augenverbinden, fröhliche Musik vom Kassettenrecorder, Buntpapier, Scheren, Kleber.

Wahrnehmungsspiele.
- Die Kinder schließen die Augen. Sie tasten ihr Gesicht ab. »Wie groß ist meine Nase, welche Form hat sie? Spüre ich die Augenbrauen, kann ich sie gegen den Strich streichen? Hat mein Kinn ein Grübchen oder nicht? Spüre ich den Haaransatz?«
- Jedes Kind betrachtet genau seine Nachbarin oder seinen Nachbarn. »Welche Augenfarbe, welche Haarfarbe, welche Kinnform sehe ich bei meiner Nachbarin, bei meinem Nachbarn?«
- Einzelne Kinder dürfen nun durch Tasten die Gesichter anderer Kinder identifizieren. So bekommt jeweils ein Kind mit einem Tuch die Augen verbunden. Es wird zu anderen Kindern hingeführt, die sich still verhalten müssen, damit sie nicht an der Stimme erkannt werden können. Und nun ertastet das »blinde« Kind die Gesichter und versucht, sie mit seinen eigenen Händen zu erkennen.

Wahrnehmungs- und Sprachspiel. In einer Sprechkette sagt das erste Kind zu seinem Nachbarn gewendet: »Bei dir, Sonja (entsprechenden Namen einfügen), hat sich Gott grüne Augen ausgedacht.« Das angesprochene Kind wendet sich zum nächsten Nachbarn: »Bei dir, ... hat sich Gott rote Haare ausgedacht...«

Miteinander singen. Nun singen die Kinder das Lied »Ich schaue und staune« (S. 75). Bei den Einfügestellen nennt jedes Kind gleichzeitig mit allen anderen seinen eigenen Namen und an der zweiten Einfügestelle den Namen eines Freundes oder einer Freundin.

Symbolspiel. Wie in der Natur Tiere und Pflanzen aufeinander angewiesen und miteinander verflochten sind, und wie wir Menschen als Teil der Schöpfung in diese Vernetzung eingebunden sind, wird mit folgendem Spiel nachempfunden:

»Öko-Polonaise«: Die Hälfte der Kinder stellt sich hintereinander als eine Schlange aus Tieren auf. Neben sie mit etwa 1 Meter Abstand stellt sich die andere Hälfte der Kinder hintereinander als Schlange aus Pflanzen auf. Nun läuft jeweils ein Kind durch die so entstandene Gasse und gibt links und rechts den Enten, Kaninchen, Gänseblümchen oder Farnen abwechselnd die Hand. Es hangelt sich also wie im Kraulstil mal linke Hand links, dann rechte Hand rechts, durch die Gasse. Dazu fröhliche Musik vom Kasettenrecorder. Alle Kinder, die in der Gasse stehen, begleiten mit körpereigenen Instrumenten. (Klatsch, Patsch, Stampf, Stampf...)

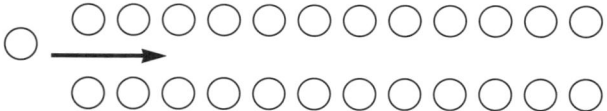

Gespräch. »Ich rieche an Rosen, weil ich den Duft so mag. Ich bestaune den Sonnenuntergang, weil mir die Farben so gefallen... Wie wäre unser Leben arm, wenn keine Vögel da wären, wie wäre unser Leben trostlos, wenn es keine Blumen gäbe.« Die Kinder erzählen persönliche Erlebnisse mit Tieren, die sie beobachten, über die sie sich freuen, ... über Blumen, die sie gerne mögen.

Strubblmutz erzählt, daß er Radieschen gesät hat und sich freut, wenn die Blättchen herauskommen. Er holt sich von den Kindern Rat, was er tun muß, damit die Radieschen gedeihen. Auf diese Weise kann man das Gespräch dahin lenken, daß man Tiere und Pflanzen, die man kennt und liebt, auch achtsam behandelt und pflegt, bis dahin, daß wir Menschen selbst als Teil der Schöpfung achtsam behandelt werden wollen.

Heftwerkstatt. Auf jede Schulbank werden ein Paar Blätter Buntpapier gelegt. Die Kinder schneiden Blumen, Tiere und Kinder mit ihren

Scheren aus. Dann wird die bunte Vielfalt der ausgeschnittenen Teile ins Heft geklebt. Das Bild kann mit der Überschrift versehen wer- den: »Ich lebe gern in unsrer Welt voller Blumen und Tiere. Ich gebe auf sie acht, weil ich sie brauche.«

Kopiervorlage M 6

> # Ich lebe gern in unsrer Welt voller Blumen und Tiere. Ich gebe auf sie Acht, weil ich sie brauche.

c) Wir freuen uns und danken Gott für seine Schöpfung

Material. Weintrauben, Altmetallophon, Bildkarten von Blütenstilisierungen, festliche Musik, zum Beispiel: Johann Sebastian Bach, Brandenburgisches Konzert Nr. 6, B-Dur BWV 1051, 1. Satz, Instrumente des kleinen Schlagwerks aus dem Orff-Instrumentarium

Wahrnehmungsspiel. L. hat Weintrauben mitgebracht. Die Kinder schließen die Augen und halten die Hände geöffnet vor sich hin. Jedes Kind bekommt eine Weintraube in die Hand und ißt sie, ohne sie anzuschauen. Nur die Zunge soll erraten, um welche Frucht es sich gehandelt hat.

Anschließend essen die Kinder noch mehr Weintrauben und erzählen, welches Obst sie am liebsten essen, und wie verschieden Früchte aussehen und schmecken.

Gespräch. Strubblmutz erzählt: »Ich habe gestern Abend ein ganz tolles, kunterbuntes Bild gemalt. Das habe ich meinem Teddybär geschenkt. Aber denkt ihr, der hätte sich bedankt? Der hat überhaupt nicht hingeschaut! Da bin ich fei jetzt noch enttäuscht drüber. Vielleicht hätte ich euch das Bild schenken sollen. Würdet ihr euch freuen und euch bedanken? ... Habt ihr schon mal erlebt, daß ihr was Schönes gemacht habt und jemand hat sich richtig arg drüber gefreut?«

Nachdem die Kinder ihre Erlebnisse erzählt haben, kommt Strubbblmutz auf Gott zu sprechen. »Ich kann mir vorstellen, daß der Gott auch drauf wartet, daß wir uns über seine Erfindungen freuen und uns bei ihm bedanken, was meint ihr?«

Dankgebet. Eine feste Gebetsformel wird durchgehalten, jedes Kind fügt aber eigene Nennungen von Menschen, Tieren, Pflanzen und Naturphänomenen ein: z.B.:
»Lieber Gott im Himmel, du hast __ gemacht. Danke, daß du dir so schöne Dinge ausgedacht hast.«

Man kann jedes Gebet mit einem Klangsymbol einrahmen, zum Beispiel mit einem Dreiklang vom Altmetallophon.

Tanzspiel. L: »Wir können Gott zum Dank doch auch was schenken. Wir können ihm einen Tanz schenken, der zeigt, wie Blüten wachsen und sich öffnen.« L. zeigt Bildkarten von Blütenstilisierungen, die die Kinder in zeitlupenartige Bewegungen übersetzen. Sie stehen im Kreis und bilden gemeinsam eine große Blüte mit Armbewegungen, Körperhaltungen und den Beinen. Sie vollziehen langsam und möglichst synchron Veränderungen in den Arm- und Körperhaltungen. Z.B. können sie sich mit erhobenen Armen langsam hinknien, dann zum Liegen kommen und die Arme wegstrecken usw.. Ist der Ablauf den Kindern klar geworden, wird der Blütentanz zu einer festlichen Musik ausgeführt. (Musikbeispiel: Johann Sebastian Bach, Brandenburgisches Konzert Nr. 6, B-Dur BWV 1051, 1. Satz)

Beispiel zur Bewegungsgestaltung:

Der Bewegungsablauf kann sich mehrmals wiederholen bis zum Ende der Musik. Wichtig ist für die Kinder, aufeinander zu achten, die Bewegungen aufeinander abzustimmen und langsam und gleitend auszuführen.

Dieser Tanz kann auch im Schulgottesdienst vorgeführt werden oder bei einem Schulfest.

2. Unterrichtsentwürfe für die zweite Jahrgangsstufe

2.1. Josef und seine Brüder – Josef erfährt, daß sein Lebensweg durch schwere Zeiten hindurch von Gott begleitet wird. Er erlebt, wie sich dadurch die Dinge zum Guten wenden

a) Josef wird vom Vater bevorzugt; es wachsen Spannungen in der Familie (1 Mose 37, 1–11)

Material. Aus Tonpapier geschnittene kleine Kärtchen (Anzahl in der Größe der Kindergruppe, je ein Viertel davon rot, gelb, grün und blau), tänzerische Musik vom Tonträger, Metallophon, Glockenspiel, Rassel, Hängebecken, pro Kind ein Stück Tonpapier ca. DIN A6 (um ein Zelt daraus gestalten zu können), Fotokopie mit Josef und seinen Brüdern als Ausschneidefiguren, Scheren, Kleber, ein schönes großes Halstuch, gebrauchtes Geschenkpapier.

Tanzspiel. Jedes Kind bekommt ein kleines farbiges Kärtchen. Zur Musik tanzen alle Kinder frei im Raum. Bricht die Musik ab, finden sich alle Kinder einer Farbe zusammen. Sie bilden die Familie Rot, Familie Gelb, Familie Grün und Familie Blau.

Gestisch-pantomimisches Spiel mit Gesprächsphasen. Die Kinder stehen im Kreis. In der Kreismitte liegen eine Rassel, ein Hängebecken, ein pentatonisch gestimmtes Metallophon (z.B. Töne c, d, e, g, a auflegen, andere Töne herausnehmen. Die pentatonische Reihe des Metallophons kann beliebig in Zusammenklängen kombiniert werden.) und ein Glockenspiel (Töne e, f, fis auflegen, andere Töne herausnehmen. Von den Glockenspieltönen werden immer zwei gleichzeitig gespielt. So ertönen disharmonische Klänge).

Die Kinder fassen sich an den Händen. L.: »In der Familie halten wir zusammen. Wir erzählen uns am Mittagstisch, was wir erlebt haben. Wir feiern miteinander Geburtstag, wir machen Ausflüge, wir kümmern uns umeinander, wenn wir krank sind.« Nun lösen die Kinder die Handfassung, sie verschränken ihre Arme vor der Brust und stampfen mit dem Fuß auf. L.: »In der Familie gibt es aber auch Streit. Wir sind empört, wenn die Eltern ein Geschwister bevorzugen, wir streiten, wenn eines mehr Süßigkeiten bekommt als wir.«

Die Klänge der Instrumente werden vorgestellt und den Zuständen von Streit oder Zusammenhalt zugeordnet.

Nun werden abwechselnd die Harmonie- und Disharmoniephasen in Klang, Bewegung und Sprache ausgedrückt:

Harmonie: In einer kurzen Gesprächsphase erzählen die Kinder von Erlebnissen aus der Familie, die ihnen gefallen haben. Dann gehen die Kinder mit gefaßten Händen im Kreis, zwei Kinder spielen die Klänge, die den harmonischen Zeiten in der Familie zugeordnet wurden.

Disharmonie: Wieder in einer kurzen Gesprächsphase werden Anlässe gesammelt, die im Familienleben der Kinder zu Streit geführt haben. Die Kinder lösen nun die Handfassung, bleiben am Platz stehen, stampfen mit dem Fuß auf und halten die Arme vor der Brust verschränkt. Zwei Kinder spielen Klänge, die den disharmonischen Zeiten in den Familien zugeordnet wurden.

Gespräch. Die Kinder hören sich noch einmal die Klänge aus der vorherigen Spielphase an. Nun können sie von weiteren Beispielen aus dem Familienleben erzählen. Dabei kann zur Sprache kommen, wie sehr man einander in der Familie braucht, wie groß die Sorgen sind, wenn jemand ernsthaft krank ist. Es sollte aber auch Raum für Klagen sein, daß es in Familien oft sehr ungerecht zugehen kann.

Erzählung mit gestisch-pantomimischem Spiel. L. erzählt vom Lebensalltag der Familie des Josef, von den zwölf Geschwistern und ihrer Arbeit. Die Kinder können so mit den Gegebenheiten eines Nomadenlebens vertraut werden. Dabei werden dessen Hauptmerkmale mit teilweise klingenden Gesten unterstrichen, die die Kinder mitgestalten.

Wandern, weiterziehen:
Auf die Beine patschen.
Schafe, Ziegen:
Hände als Ohren am Kopf aufrichten.
Tiere eintreiben:

Mit trichterförmig an den Mund gelegten Händen rufen (Hoo, hey).
Pfosten der Zelte einschlagen:
Mit Knöcheln auf den Holzstuhl klopfen.
Mehl mahlen:
Handflächen aufeinander reiben. usw.

In der Erzählung sollte zum Ausdruck kommen, wie alle als Familie aufeinander angewiesen sind und sich gegenseitig helfen müssen.

Miteinander singen. Die Kinder lernen ein Lied, das sich durch den ganzen Themenzyklus hindurchziehen wird:

Text/Melodie: Elisabeth Buck

Gott geht mit, wo - hin wir auch gehn, wo - hin wir auch gehn, Schritt für Schritt.

Gott geht mit, läßt uns nicht al - lein stehn, läßt uns nicht al - lein stehn, Gott geht mit!

Heftwerkstatt. Über eine Doppelseite hinweg malen die Kinder eine hügelige Graslandschaft mit Schafen und Ziegen. Aus einem Stück Tonpapier schneiden sie ein Dreieck als Zelt aus. Durch einen Schnitt in die Unterkante entsteht eine Zeltöffnung, die sich als eine Art Zelttür seitlich aufschlagen läßt. Das Zelt wird in die Hügellandschaft hinein-

geklebt. Dann werden die Ausschneidefiguren an den gestrichelten Linien entlang ausgeschnitten. Ausschließlich auf die Rückseite des beschrifteten Fußes werden sie jeweils mit Kleber bestrichen und verteilt in der gemalten Hügellandschaft so aufgeklebt, daß sie dreidimensional stehen können, wenn man sie hochknickt.

Definiertes Rollenspiel.
L.: »Der Vater schenkt seinem Sohn Josef ein besonderes Kleidungsstück.« Jeweils ein Kind steht in der Mitte auf einem Stuhl, es bekommt ein schönes großes Tuch um die Schultern gelegt. Die anderen Kinder gehen im Kreis um es herum. Sie klatschen und singen:

Text/Melodie: Elisabeth Buck

Erzählung. 1 Mose 37, 1–11. Dazu haben die Kinder ihre Heftgestaltung mit der Hügellandschaft und den 12 Brüdern vor sich liegen. Wenn in der Erzählung der Vater Jakob seinem Sohn Josef den »bunten Rock« schenkt, kleben die Kinder ein passend zurechtgeschnittenes Stück Geschenkpapier auf die Figur des Josef im ihrem Heft.

Gespräch. Strubblmutz fragt: »Gestern hat meine Mutter uns eine Tafel Schokolade geschenkt. Weil sie weiß, daß wir uns dann oft streiten, hat sie gesagt: Soll ich die Briefwaage holen, damit ihr gerecht teilen könnt? Haltet ihr das für gerecht, daß der Vater Jakob einem seiner Söhne eine besondere Kleidung schenkt und den anderen Söhnen nicht?« ... »Kann der Josef was dafür? Warum sind die anderen auf ihn neidisch, warum reden sie nicht mit dem Vater darüber?«

Ist die Atmosphäre persönlich genug, werden die Kinder auch den Mut finden können, davon zu erzählen, wie sie selbst schon einmal gekränkt, zurückgesetzt oder auch bevorzugt wurden.

Kopiervorlage M 7

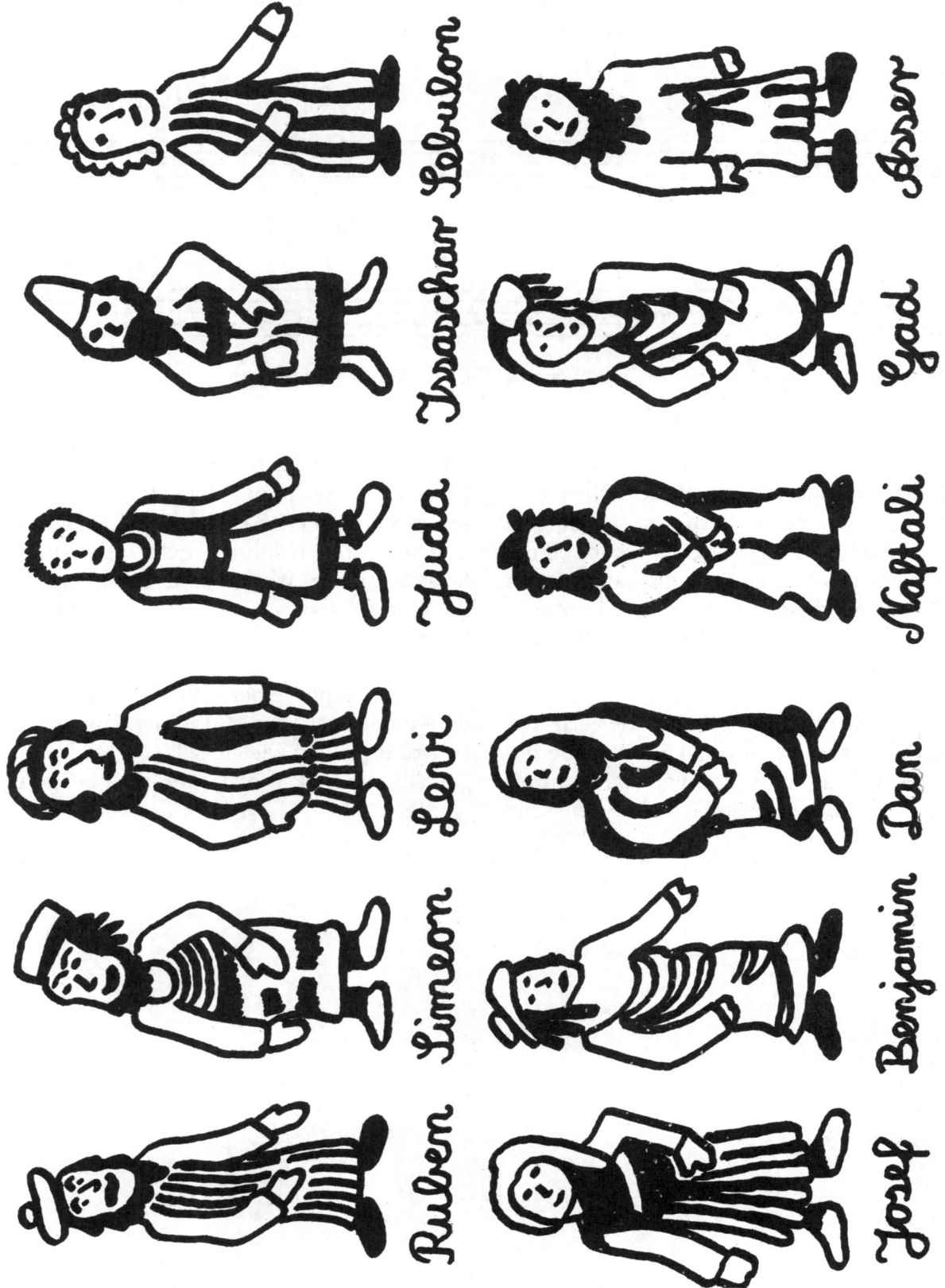

b) Die Brüder wollen Josef loswerden; Josef tritt einen Weg ins Ungewisse an (1 Mose 37, 12–36)

Material. Handtrommel, Fotokopien auf Tonpapier (rosa, beige oder grau), Fotokopien mit Bibeltext 1 Mose 37, 12–36 aus einer Kinderbibel, Scheren, Kleber.

Miteinander Singen und Tanzen. Das Lied »Gott geht mit« wird als Wanderlied gesungen. Die Kinder fassen sich dazu an den Händen und gehen als Schlange durch den Raum. Voraus geht ein Kind, das eine Handtrommel im Takt dazu schlägt. Man könnte so auch durch die Gänge des Schulhauses oder über den Pausenhof laufen.

Erzählung von 1 Mose 37, 12 – 36. Josef sollte die Identifikationsfigur bilden, indem man aus seinem Erleben heraus in der Ich-Form erzählt. Dabei könnte man die sich verändernden räumlichen Bewegungsmöglichkeiten des Josef als Charakteristikum des Grundkonflikts herausarbeiten: Freies fröhliches Wandern, kaum mit Pflicht belastet, während die Brüder Weideland suchen und Tiere hüten müssen. In der Konfrontation den Brüdern gegenüberstehen, in die Enge getrieben werden, in die tiefe Brunnengrube geworfen werden, gefangen sein, in der Sackgasse stecken, mit anhören müssen, wie über das eigene Leben verhandelt wird, ohne eingreifen zu können, als Gefangener einen Weg ins Ungewisse antreten müssen.

Singen und Tanzen mit gestisch-pantomimischer Gestaltung. Das Lied »Gott geht mit« begleitet nun das Nachspielen der einzelnen Stationen des Josef:

– Singen und Freies Wandern im Raum
– Auf einen lauten Trommelschlag hin starr und stumm stehen, hören wie L. leise sagt:

»Josef steht dem Neid seiner Brüder gegenüber.«
– Alle Kinder bilden dicht nebeneinander stehend eine Brunnengrube. Jeweils ein Kind setzt sich hinein. Die anderen Kinder sprechen: »Jetzt sitzt du fest. Durch den Neid deiner Brüder bist du abgestürzt.«

Sprechrhythmus: ♩♩♩♩　♪♪♪　♪♪　♪♪♪♪　♩♩♩

– Hufegetrappel durch Zungenschnalzen imitieren: Die Karawane kommt. Jedes Kind legt die Handgelenke gekreuzt übereinander, als wären sie gefesselt. Hintereinander wie im Gänsemarsch gehen sie einem trommelnden Anführer durch den Raum hinterher. Sie spielen die Sklavenkarawane und singen dazu wieder das Lied »Gott geht mit, wohin wir auch geh'n.«

Gespräch. Strubblmutz ist entsetzt: »Hey, das ist ja ein starkes Stück. Die können doch nicht so mit ihrem Bruder umgehen! Na ja, manchmal hab' ich mir schon gewünscht, meine Schwester soll hingehen, wo der Pfeffer wächst. Aber wenn ich jetzt selber in der Haut vom Josef stecke, sieht das schon wieder ganz anders aus. Was meint ihr dazu?«

Heftwerkstatt. Aus der Kopiervorlage schneiden die Kinder den Brunnen aus, ebenso den fotokopierten Bibeltext. Beim Brunnen wird die Öffnung des Brunnenloches ausgeschnitten. Die Rückseite des Brunnens wird nur an den *äußeren* Rändern ca. fingerbreit mit Kleber bestrichen und ins Heft geklebt. So ist es möglich, den gefalteten Bibeltext in das Brunnenloch hineinzustecken. Um den Brunnen herum malen die Kinder Fuß – und Hufspuren der Karawane, die dann zusammen mit den Spuren des Josef in eine Richtung davonziehen.

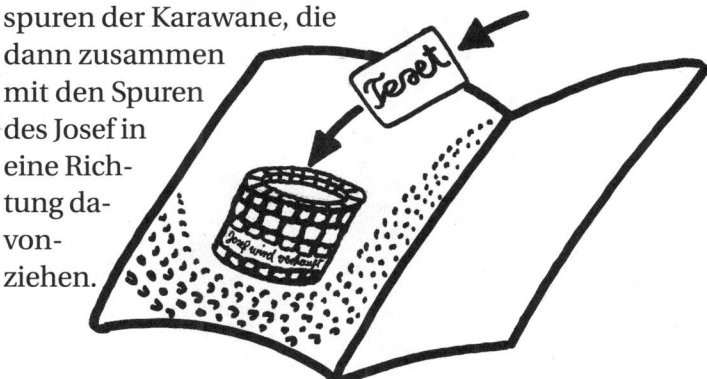

Kopiervorlage M 8

c) Josef erlebt Höhen und Tiefen in Ägypten; er sieht: Gott steht ihm zur Seite (1 Mose 39 – 41 in Auswahl)

Material. Ein buntes Stückchen zerrissener Stoff; ein weißes Stück Stoff ca. 1 qm, (von einem alten Bettlaken o.ä.); folkloristische Musik im ägyptischen Stil; rhythmische Trommelmusik; schwarze oder graue Wachsmalkreide; pro Kind: eine Overheadfolie, ein Folienstift, ein farbiges Tonpapier DIN A5; etwas Goldpapier, Kleber, Scheren, Fotokopie mit Bibeltext aus Kinderbibel.

Miteinander singen. »Gott geht mit, wohin wir auch geh'n.« Mit den Händen im Takt auf die Beine patschend wird das Geräusch des Gehens nachgeahmt.

Symbolspiel. Ein buntes Stückchen zerrissener Stoff wird im Sitzkreis reihum gegeben. L. wirft einige Sätze ein, wie sich Josef nun fühlt, da er von seiner Familie fortgerissen wurde. (Das bunte Kleid, das die liebende Fürsorge des Vaters symbolisierte, ist zerrissen. Alle Menschen um ihn sind ihm nun fremd. Er ist einsam, er hat Angst.)

Gestisch-pantomimisches Tanzspiel. L.: »Josef wird in ein Haus gebracht, das einem Mann namens Potifar gehört. Josef ist nun Potifars Sklave. Wir spielen, wie Josef als Sklave arbeiten muß:«
Folkloristische Musik im ägyptischen Stil wird eingespielt.

(a) Die Kinder stehen im Kreis. Geduckt und im Takt der Musik spielen die Kinder »Boden schrubben«, »Teig kneten« oder »Garten umgraben«. Nach einer Weile wird die Musik gestoppt. L. spricht: »Josef macht seine Arbeit gut. Mit der Zeit darf er wichtigere Aufgaben übernehmen.«

(b) Im Kreis spielen die Kinder, wie Josef auf dem Markt einkauft oder wie er eine neue Vorratskammer für Potifar baut. Die Bewegungen bleiben gestisch-pantomimisch und im Takt der Musik ritualisiert. Wieder nach einer Weile wird die Musik angehalten: L.: »Josef macht seine Arbeit so gut, daß er nun wichtigster Diener Potifars wird. Alles darf Josef bestimmen. Über alle anderen Diener ist Josef der Herr.«

(c) Zur Musik (leiser gestellt) spricht L. und die Kinder gestalten dazu die Gesten im Takt der Musik: »Josef überwacht die Vorräte in der Speisekammer.« – Mit dem Zeigefinger imaginäre Mehlsäcke, Weinkrüge oder geräucherte Hammelkeulen zählen; »Josef teilt die Diener morgens zu ihren Arbeiten ein.« – Befehlende, wegdeutende Handbewegungen; »Josef rechnet aus, wieviel Geld in Potifars Haus ausgegeben und eingenommen wird.« – Eine Hand bildet eine Tafel, die andere schreibt mit einem imaginären Griffel auf die andere Hand.

Heftwerkstatt. Aus buntem Fotokarton schneiden die Kinder ein Haus aus, sie schlitzen die Torflügel eines großen Haustores ein und kleben die Fotokopie des Bibeltextes in das geöffnete Tor hinein, so daß man die Torflügel wieder darüber schließen kann. Auf die Giebelseite des Tores schreiben die Kinder: »Josef in Potifars Haus«

Erzählung. L. legt ein weißes Stück Stoff um seine Schultern. Der Stoff symbolisiert als Sklavenkleid Josefs Stellung bei Potifar. »Lange hat Josef seine Familie nicht mehr gesehen. Oft hat er Heimweh, wenn er nachts in seinem Bett liegt und zu den Sternen hinaufstarrt.

Aber in der Früh kräht dann der Hahn, Josef springt aus seinem Bett und hat nun keine Zeit mehr, an zu Hause zu denken. Josef macht seine Arbeit gerne. Morgens stehen alle Diener bereit. Er gibt jedem die Hand und schickt ihn an sein Werk. Dann setzt er sich an den Frühstückstisch mit Potifar und bespricht mit ihm alles. Josef ist froh, daß es ihm so gut geht. Wenn da nur nicht die Frau des Potifar wäre. Immer wieder schleicht sie sich an ihn heran, wenn es Potifar nicht sieht. Und dann flüstert sie Josef ins Ohr (Mein Mann ist so langweilig. Ich möchte lieber deine Frau sein. usw.).«

An der Stelle der Erzählung, als die Frau Josef am Gewand packt, zieht L. ruckartig das Tuch von den Schultern und wirft es vor sich auf den Boden. Bei der Anklage gegen Josef hält L. das Tuch mit der ausgestreckten Hand von sich weg. Und als Josef ins Gefängnis geworfen wird, bemalt L., vom Leben im Gefängnis erzählend, die Vorderseite des Tuches mit grauen Streifen (Wachsmalkreide) und legt es sich als Gefängniskleidung wieder um die Schultern. Erzählung bis 1 Mose 39, 20.

Gestisch-pantomimisches Tanzspiel.
(a) Zu rhythmischer Trommelmusik gehen die Kinder mit übereinandergekreuzten Handgelenken wie gefesselt im Kreis. Nach einer Weile wird die Musik angehalten. L. spricht: »Gott geht mit, wohin Josef auch geht. Und der Gefängnisdirektor ist gut zu Josef. Bald werden Josef im Gefängnis die Fesseln abgenommen, er kann frei im Gefängnis herumgehen und hilft bei allen Arbeiten mit.«

(b) Zur Musik werden im Takt Arbeitsbewegungen wie Essenausteilen oder Wundenverbinden gestaltet.

Heftwerkstatt. Eine Overheadfolie wird an der Längskante entlang in den mittleren Heftfalz mittels eines Klebestreifens geklebt. Mit Folienstiften malen die Kinder darauf ein Gefängnisgitter. Auf die nebenstehende leere Heftseite malen sie Josef als Gefangenen, wie er sich helfend über andere Gefangene beugt. (Diese

Aktion ist bei Kindern ausgesprochen beliebt, auch wenn der Materialaufwand etwas kostspielig ist.)

Erzählung. 1 Mose 40 und 41 in Auszügen. L. begleitet die Erzählung mit pantomimischen Gesten (Beeren in einen Becher ausdrücken, Korb mit Gebäck auf dem Kopf tragen, dicke Kühe umfassen, dürre Kühe mit kralligen Fingern abtasten, mit einem aufgestellten Unterarm Ähren darstellen, die Finger der Hand bilden die Ähren etc.). An der Stelle der Erzählung, als der Pharao den Josef zu sich an den Hof holt, wird das weiße Tuch, das zur Gefängniskleidung wurde, umgedreht. Einzelne Kinder kleben nun kleine Goldpapierstückchen auf das Tuch. Es symbolisiert nun den Aufstieg Josefs in ein angesehenes Amt.

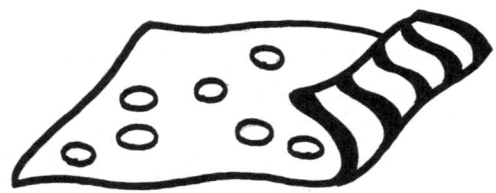

Singen und Spielen. Die wechselvolle Lebensgeschichte des Josef in Ägypten wird noch einmal durch das Tuch sichtbar gemacht. L.: »Josef ist weit weg von seiner Familie. Aber er ist in seinem Elend nicht allein. Gott ist mit ihm.« Während die Kinder das Lied »Gott geht mit« singen, legen sie sich nacheinander im Kreis das Tuch mit der gestreiften Seite nach oben über die Schultern. Ist die Runde zu Ende, spricht L.: »Josef ist weit weg von seiner Familie. Aber er ist in seiner neuen Situation nicht allein. Gott ist mit ihm.« In einer zweiten Runde legen sich die Kinder nun die geschmückte Seite des Tuches über die Schultern, während sie singen.

Gespräch. Strubblmutz denkt laut nach: »Also, wenn ich jetzt richtig aufgepaßt habe, dann war's doch jetzt ständig so: Immer wieder will jemand dem Josef was Böses tun. Wer war das doch gleich alles wieder, wißt ihrs noch? ... Ja richtig, erst die neidischen Brüder, dann die eifersüchtige Frau vom Potifar. Da kommt der Josef immer ganz schön arg in Schwierigkeiten. Aber Gott ist immer mitgegangen. Und dann wendet sich doch für Josef immer alles zum Guten! Also, manchmal gehts mir auch so, daß jemand neidisch ist auf mich. Bei meinem letzten Geburtstag war meine Schwester neidisch, weil ich neue Schlittschuhe bekommen habe. Dauernd hat sie Streit angefangen und mir fast den ganzen Geburtstag verdorben. Ist es euch auch schon passiert, daß jemand neidisch auf euch war? ... Wie geht es dann nach einer solchen Situation weiter? Meint ihr, der Gott geht auch mit uns mit, wenn wir in Schwierigkeiten kommen? ... Aber wie kann ich da was davon merken? ... Was meint ihr, hilft er uns auch, so wie dem Josef, damit wir uns dann wieder freuen können? ...«

Heftwerkstatt. Die Kinder bekommen den Text aus einer Kinderbibel über Josef als Traumdeuter und Josef als Minister. Sie kleben den Text ins Heft und malen Dach und Wände eines Vorratshauses darum herum. Die Heftseite bekommt einen Rahmen aus geklebten Goldpapierstückchen als Zeichen für den ruhmvollen Aufstieg Josefs.

Abschließend werden an der Unterkante aller Heftseiten, die sich auf die Josefsgeschichte beziehen, die Wörter des Liedes verteilt geschrieben: »Gott / geht mit, / wohin / wir / auch gehn.«

Wenn man alle diese Heftseiten nacheinander umblättert, kann man den vollständigen Satz lesen.

d) Die Brüder suchen in Ägypten nach Hilfe; sie finden die Hilfe bei Josef; Josef und seine Brüder versöhnen sich (1 Mose 42-46 in Auswahl).

Material. Ein mit Getreidekörnern gefüllter kleiner Stoffsack; ein leerer Stoffsack; pro Kind je eine Fotokopie mit Männchenschema (siehe Kopiervorlage M 9) sowie je eine Fotokopie mit dem zusammengefaßten Bibeltext aus einer Kinderbibel, Scheren, Kleber.

Miteinander singen. »Gott geht mit, wohin wir auch geh'n.« Begleitung mit körpereigenen Instrumenten wie Patschen, Klatschen, Schnipsen, Stampfen etc.

Wahrnehmungsspiel mit Gespräch. Ein mit Getreidekörnern gefüllter kleiner Stoffsack wird reihum gegeben. Die Kinder greifen mit den Händen hinein und lassen die Körner durch die Finger rieseln. Im Gespräch wird zusammengetragen, was man alles aus diesen Körnern machen kann (Brot, Kuchen, Brötchen, Griesbrei etc.), und wie gut es uns geht, wenn es genug davon gibt. Es wird daran erinnert, wie Ägypten vor der Hungersnot verschont wird, weil Josef Vorräte in Lagerhäusern sammeln ließ. Anschließend wird ein leerer Stoffsack herumgegeben. Die Kinder blicken hinein und fühlen mit den Händen die Leere. Sie denken gemeinsam darüber nach, wie sich eine Hungersnot auswirkt und wie es für eine Familie ist, wenn nicht genügend Brot für Kinder und Erwachsene da ist.

Erzählung. Der angegebene Bibeltext wird erzählt, wobei diesmal Ruben die Identifikationsfigur bildet. Die beiden Stoffsäcke werden in die gestischen Bewegungen des Erzählens mit einbezogen. (Angetrieben vom Hunger kommen die Brüder nach Ägypten und begegnen Josef.)

Miteinander singen und tanzen   Text/Melodie: Elisabeth Buck

Kommt, wir fan-gen mit- ein - an - der neu an. Gu - te   Wor - te wol-len wir uns   ge - ben.

Wir ver - zei - hen und wir   kla-gen nicht mehr an. Zu - sam-men wol-len wir neu   le - - ben.

Die Kinder stehen sich in zwei Reihen gegenüber.

1. Takt: Mit vier Schritten gehen beide Reihen aufeinander zu.

2. Takt: Dreimal in die eigenen Hände klatschen.

3. und 4. Takt: Jedes Kind reicht seinem Gegenüber die rechte Hand (zwei Zählzeiten). Mit der Handfassung gehen beide Kinder einmal ganz umeinander herum mit 6 Schritten.

5. Takt: (Handfassung gelöst) In die eigenen Hände klatschen, dann mit der rechten Hand in die rechte Hand des Gegenübers klatschen, wieder in die eigenen Hände und dann mit der Linken in die linke Hand des Tanzpartners klatschen.

6. Takt: Dreimal in die eigenen Hände klatschen.

7. Takt: Das letzte Paar geht mit 8 Schritten durch die Gasse und stellt sich als erstes Paar vorne wieder auf. Die übrigen Kinder stampfen am Platz mit jedem Fuß zweimal hintereinander auf (rechts, rechts, links, links. Wiederholen), dabei sollten sie seitlich etwas nach unten nachrücken, um dem neuen Paar Platz zu verschaffen.

Nun beginnt das Tanzlied von vorne, bis das diesmal letzte Paar durch die Gasse an die erste Stelle rutscht. Usw.

Gespräch. Strubblmutz wundert sich. »Also daß der Josef seinen Brüdern jetzt net gehörig die Meinung gesagt hat, also des versteh' ich net. Irgendwie müßten die doch jetzt erst mal bestraft werden. Warum ist der Josef denn bloß so gut zu ihnen? Versteht ihr des? ... Neulich hab' ich mit meiner Schwester einen Tag lang nix mehr gesprochen, weil sie meinen Lieblingsschal in die Schule mitgenommen und ihn dort verloren hat. Mann, war ich sauer! Und dann hat sie auch noch zu mir gesagt, des tät mir recht geschehn, weil so ein schöner Schal net zu mir paßt!... Wie soll ich denn da wieder mit ihr klar kommen? Habt ihr eine Idee? Habt ihr auch schon mal sowas erlebt?«

Heftwerkstatt. Die Kinder schneiden aus der Fotokopie beide Figuren aus. Sie legen sie zueinander und biegen die Arme übereinander bis eine Umarmung sichtbar ist. So wird das sich versöhnende Paar ins Heft geklebt und dazu ebenso eine fotokopierte Zusammenfassung der Geschichte.

Kopiervorlage M 9

e) Josef erkennt Gottes Spuren in seinem Lebensweg. Er versteht, daß durch Gott alles zum Guten gewendet wurde (1 Mose 50, 20)

Material. Das gestaltete weiße Stoffstück aus 2.1.c); ein Stift, mit dem sich auf Stoff gut sichtbar schreiben läßt; Hängebecken; Rassel; pro Kind ein graues Tonpapier ca. DIN A5; Scheren; Klebstreifen.

Symbolspiel. Das gestaltete weiße Stoffstück aus 2.1.c) wird in die Mitte des Stuhlkreises gelegt. An der Stoffkante der gestreiften Tuchseite entlang schreibt L.: »Ihr wolltet es böse mit mir machen.« Das Tuch wird umgedreht. An der Stoffkante der goldverzierten Seite entlang schreibt L. dann: »Aber Gott hat Gutes daraus gemacht.«

Vier bis fünf Kinder knien in der Mitte am Boden, sie halten ihre Hände zur Mitte gestreckt. Das Tuch wird mit der Aufschrift »Ihr wolltet es böse mit mir machen« nach oben auf die ausgestreckten Hände gelegt.

Die übrigen Kinder lesen die Aufschrift laut. Einzelne sprechen dann stichwortartig dazu, was dem Josef Böses angetan wurde. Begleitet wird diese Phase durch Rasselklänge. Nach einer Weile sind Töne des Hängebeckens zu hören. Die Kinder in der Mitte stehen auf, drehen das Tuch um und halten es hoch.

Nun lesen die übrigen Kinder die jetzt sichtbare Aufschrift: »Aber Gott hat Gutes daraus gemacht.« Einzelne sprechen stichwortartig aus, was dem Josef Gutes widerfuhr und wie durch Josef der Familie Gutes geschah. Dazu werden die Gongklänge gespielt.

Gespräch. Strubblmutz überlegt: »Wenn ich jetzt richtig aufgepaßt habe, – heißt das dann, daß Gott gut zu mir sein will, auch wenn andre böse zu mir sind? Es ist nämlich so: Bei uns gegenüber wohnt ein kleiner Junge mit seiner Mutter. Seine Eltern sind geschieden, aber sie sind immer noch nicht fertig mit Streiten. Der Junge wird ständig zwischen den beiden hin und her gezerrt. Wenn er mal mit schmutzigen Schuhen in die Wohnung kommt, schreit die Mutter gleich: Du bist wie dein Vater. Und wenn der Junge zu Besuch bei seinem Vater ist, dann kriegt er Prügel, wenn er von seiner Mutter erzählen will. Der Bub tut mir wahnsinnig leid. Hat Gott den Bub vielleicht vergessen? Was denkt ihr dazu?« Wenn es die Atmosphäre erlaubt, können Kinder sehr persönliche Unrechtserfahrungen erzählen. Das Tuch (mit der Aufschrift »Gott aber hat Gutes daraus gemacht« nach oben) liegt dabei sichtbar in der Mitte des Stuhlkreises und kann die Kinder dazu inspirieren, der Sehnsucht nach Frieden und Versöhnung Ausdruck zu verleihen.

Miteinander singen und tanzen. Die Kinder lernen einen zweite Strophe des Tanzliedes.

»Kommt, Gott fängt mit uns allen neu an, gute Worte will er uns geben.
Er macht gut, was andre Böses getan.
Mit ihm wollen wir neu leben.«

Ein Kind geht im Kreis und bleibt dann vor zwei bis drei anderen Kindern stehen, gibt ihnen die Hand und lädt sie ein, sich hinten mit anzuhängen und ebenfalls mitzulaufen. Ist der Vers zu Ende, werden andere Kinder mit Handschlag aufgefordert, in der Schlange mitzugehen, bis alle Kinder eingereiht sind.

Heftwerkstatt. Die Kinder schneiden in das graue Tonpapier eine Fensteröffnung. Mit einem Klebstreifen wird die obere Kante des Tonpapiers ins Heft geklebt, so daß sich der Bogen hochklappen läßt. Die graue Oberseite wird mit dem Satz beschriftet »Ihr wolltet es böse mit mir machen«, in die Fensteröffnung auf die Heftseite wird das Wort »aber« geschrieben. Nachdem das Tonpapier hochgeklappt wurde, wird der »Aber-Satz« vervollständigt: »Gott hat Gutes daraus gemacht«. Die Kinder können die beiden Ansichten noch mit passenden Bildelementen graphisch ausgestalten.

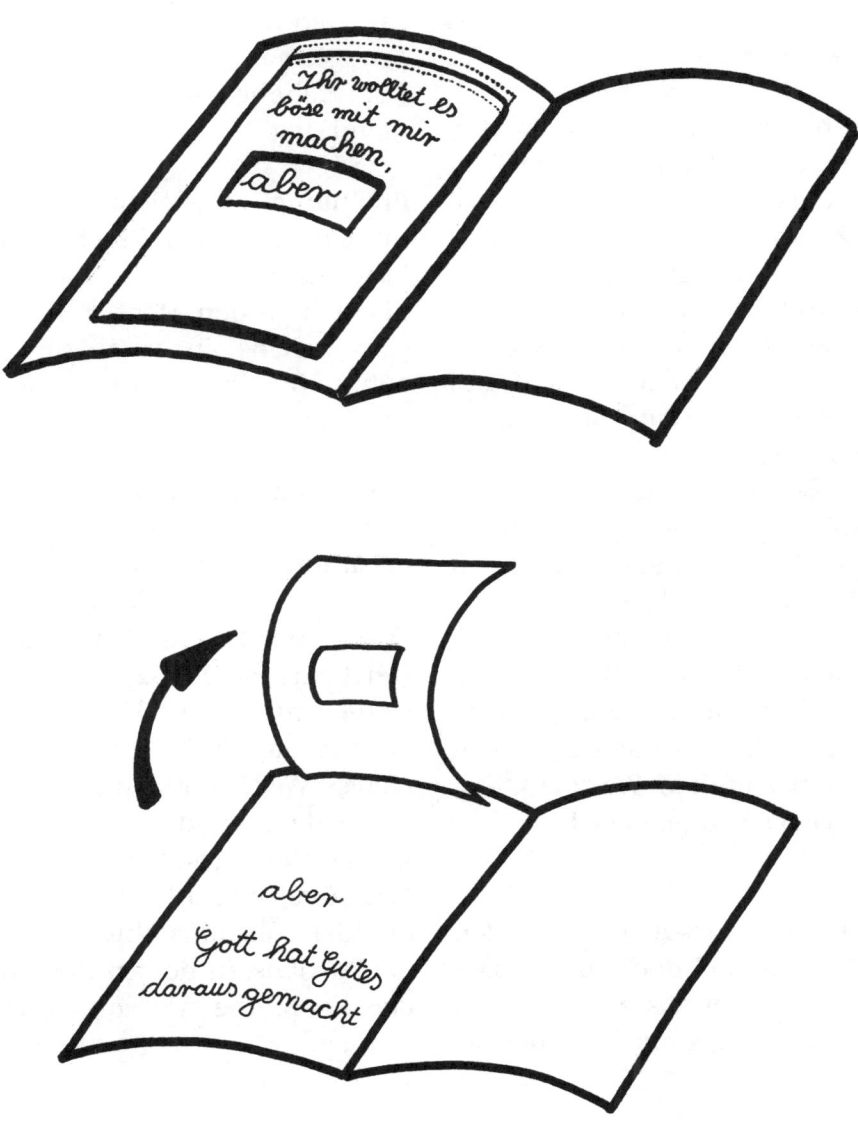

2.2. Jesus wendet sich Menschen zu

a) Jesus begegnet dem Zöllner Zachäus und verändert dessen Leben (Lk 19, 1-10)

Material. Ein Plakatkarton, auf den zuvor in Miniaturformat (jeweils nicht größer als 1cm Durchmesser) einzelne Menschen gemalt sind, und zwar Kinder, gebeugte alte Menschen am Stock, Gelähmte, die am Boden liegen, Bettler, die mit ausgestreckten Händen betteln usw.. Ein großer Zweig. Für jedes Kind ein Holzfurnierstreifen (zwei bis drei cm breit, zehn bis zwölf cm hoch), Klebestifte.

Gespräch. Strubblmutz erzählt, wie in den Weihnachtsferien, am 6. Januar, die Heiligen Drei Könige an seine Haustür kamen, wie sie an die Tür mit Kreide C.B.M. und die Jahreszahl geschrieben und ein langes Gedicht aufgesagt hätten. Strubblmutz: »Sie haben in ihrem Gedicht gesagt, sie suchen das Christuskind. Ja, das wäre der neue König. Dann hab ich mir vorgestellt, wie das dann war in dem Dorf, in dem der Joseph und die Maria gewohnt haben. Bestimmt haben die Leute ihre Häuser mit Girlanden und Fahnen geschmückt, wie das Jesusbaby mit seinen Eltern von Bethlehem zurückgekommen ist. Und bestimmt hat der Jesus doch dann auch nicht mehr in einer armen Hütte wohnen müssen mit den vielen armen Leuten drum herum. Als König muß man doch eigentlich sogar einen Palast bekommen. Was denkt ihr, hat der Jesus dann auch eine goldene Krone bekommen?«

Symbolspiel. L. legt den Plakatkarton mit den winzigkleinen Bildern auf den Boden. Der Reihe nach knien sich jeweils zwei bis drei Kinder um die Bilder, beugen sich tief über sie,

um zu untersuchen, was das für Bilder sind. L.: »Kinder, alte Leute, kranke oder arme Menschen sieht ein König nicht, der auf hohem Roß reitet. Wer in einem Palast wohnt mit Wachen davor, weiß nicht, wer Sorgen hat und wer Hilfe braucht. Darum ist Jesus zu den Menschen hingegangen. Er hat sich zu Kranken heruntergebeugt, er hat Kinder in den Arm genommen oder er hat auch mal seinen Kopf gehoben und gesehen, wer auf einem Baum sitzt.«

Erzählung. »Vielleicht versteht der Strubblmutz nach meiner Geschichte besser, warum Jesus nicht in einem Palast gewohnt hat. Er ist nämlich zu den Menschen hingegangen, um ganz nah bei ihnen zu sein. Also paßt mal auf...« (Erzählung des oben angegebenen Bibeltextes).

Miteinander singen zum Rollenspiel. Das Lied »Es ist kein Platz« wird gesungen und szenisch mit verteilten Rollen gespielt. Als Baum wird eine Schulbank eingesetzt, auf der ein Zweig steht. Das Kind, das den Zachäus spielt, steigt auf die Bank. An einem anderen Ort werden fünf bis sechs Stühle zu einem Kreis gestellt. Sie repräsentieren das Haus des Zachäus. Weitere Mitspieler übernehmen die Rollen der Freunde von Jesus, die als Gäste mit in das Haus geladen werden. Die Rolle des Jesus übernimmt L. Denn in diesem Fall liegt der Identifikationsschwerpunkt für die Kinder bei Zachäus, in dessen Rolle nacherlebt werden kann, wie wir von Jesus angenommen werden.

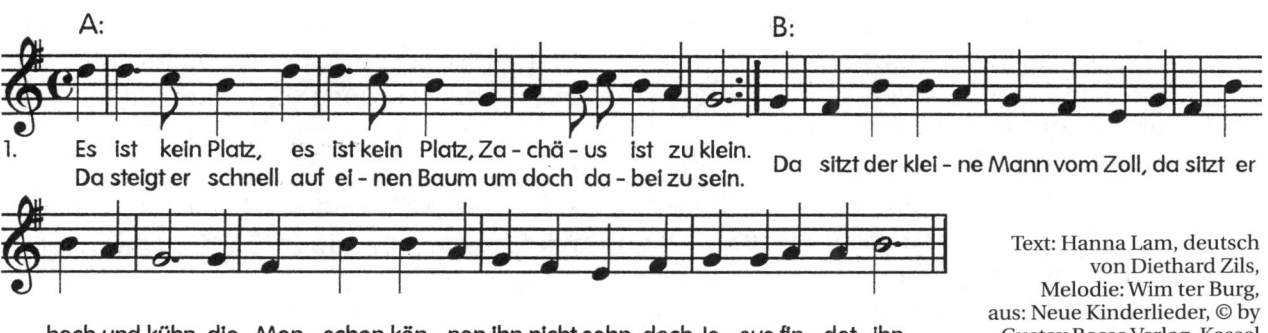

A:

1. Es ist kein Platz, es ist kein Platz, Za-chä-us ist zu klein.
Da steigt er schnell auf ei-nen Baum um doch da-bei zu sein.

B:

Da sitzt der klei-ne Mann vom Zoll, da sitzt er

hoch und kühn, die Men-schen kön-nen ihn nicht sehn, doch Je-sus fin-det ihn.

Text: Hanna Lam, deutsch
von Diethard Zils,
Melodie: Wim ter Burg,
aus: Neue Kinderlieder, © by
Gustav Bosse Verlag, Kassel

Weitere Verse:

2.A: Zachäus, was versteckst du dich wie eine kleine Maus? Zachäus, steig vom Baum herab und bring mich in dein Haus!

2.B: Und Jesus ging mit ihm ins Haus, das macht ihn sehr verhaßt. Zachäus ist vom Zollbüro und Jesus ist sein Gast.

3.A: Denn Jesus, der die Menschen kennt, der will zu allen gehn: Ja, Jesus, der uns alle liebt, läßt keinen draußen stehn.

(Orginaltext letzte Zeile: Der wahre Sohn von Abraham läßt niemand draußen stehn.)
Liedquelle: B. Hoppe, (Hrsg.), Wir loben Jesus, Neuhausen Stuttgart 1975

Hefteintrag. Eine Fotokopie des Liedes »Es ist kein Platz« wird neben den Holzfurnierstreifen (Stamm des Baumes) ins Heft geklebt. Mit ihren Buntstiften vervollständigen die Kinder den Holzstamm mit Ästen, Zweigen und Blättern und dem im Baum sitzenden Zachäus.

Gespräch. Strubblmutz: »Mich übersehen die Leute auch oft. Wenn ich beim Bäcker einkaufen geh, sieht mich die Bäckersfrau oft lange nicht. Kennt ihr das auch?... Glaubt ihr, daß der Jesus mich auch so anschaut wie den Zachäus? Also, des wär' wirklich schön. Da krieg ich ein bißchen Herzklopfen, wenn ich mir das vorstelle...«

b) Jesus begegnet einem taubstummen Menschen (Mk 7, 31 – 37)

Didaktischer Hinweis. Obwohl sich ein taubstummer Mensch durch Bewegungen mitteilt, wird in dieser Unterrichtseinheit auf pantomimische Spiele verzichtet. Alle gestischen und pantomimischen Spiele sind für Kinder sehr lustbetont. Sie erleben auch das Fingeralphabet oder die Gebärdensprache eines Gehörlosen als aufregend und schön. Sie sehen Verbindungen zur Zeichensprache der Indianer. In dieser Unterrichtseinheit liegt der Schwerpunkt darauf, daß Jesus dem Mann etwas schenkt, was ihm bisher gefehlt hat und darum sein Leben erheblich erschwert hat, nämlich die Anteilnahme an der akustischen Umwelt. Es ist sogar für Erwachsene kaum möglich, sich eine schalltote Welt vorzustellen, wo selbst der Gang schwierig ist, weil sich uns die Tiefe eines Raumes durch seine Akustik erschließt. Von der Verständigung mit den Mitmenschen ganz zu schweigen. Die Kinder sollen erleben: Die Schallwelt ist eine besondere Farbe in Gottes Schöpfung. Wer nicht hören kann, für den fehlt diese wichtige klingende Farbe. Die Kinder können hierbei besondere Freude am Horchen erleben und damit ahnen, was Jesus dem taubstummen Mann durch die Heilung Schönes schenkt. (Wenn man sich mit der Lebenswelt gehörloser Menschen im Rahmen einer anderen Unterrichtseinheit befassen möchte, ist es allerdings sinnvoll, Handzeichen aus Gebärdensprache oder Fingeralphabet auszuprobieren oder einige sogar zu lernen.)

Material. Ein Glöckchen, verschiedene Instrumente des Orff-Instrumentariums

Wahrnehmungsspiele des Lauschens.
– Alle Kinder schließen die Augen. Ein Kind geht einen Weg durchs Klassenzimmer, während es mit einem Glöckchen läutet. Die Kinder öffnen die Augen und beschreiben oder gehen diesen Weg, wie sie ihn akustisch wahrgenommen haben.

– Ohrendetektiv: Wieder werden die Augen geschlossen. Drei Kinder spielen Instrumente des kleinen Schlagwerks aus dem Orff-Instrumentarium. Ein Kind spielt nach einer Weile ein viertes Instrument dazu. »Horcht, welches ist dazugekommen?«

– Wettermusik: Die Kinder gestalten mit Orff-Instrumenten Regen, Wind, Blitz, Donner, Schneefall und Sonnenschein. Sie ordnen die unterschiedlichen instrumentalen Klangfarben den einzelnen Wetterformen zu und wählen dafür eine passende Spieltechnik. Man kann zuvor gemeinsam grafische Partituren anfertigen, die dann die Grundlage der Gestaltung bilden können.

– Jedes Kind erhält die Abbildung eines großen fotokopierten Ohres. Alle sind ganz leise und lauschen auf alle Klänge und Geräusche, die von außen ins Klassenzimmer hereindringen (evtl. Fenster öffnen). Alles, was während des Lauschens gehört wird, malen die Kinder in die Ohrenabbildung hinein.

Gespräch. Die Bilder werden verglichen. Es entsteht ein Gespräch darüber, was die Kinder gehört und erkannt haben. Auch Geräusche und Klänge des Alltags können zur Sprache kommen. Z.B. »Wenn ihr morgens aufwacht, und ihr bleibt noch ein wenig im Bett liegen, was hört ihr da?« »Ich höre sehr gerne das Plätschern eines Brunnens. Wenn unser benachbarter Bauer beim Kühemelken ein Lied pfeift, das höre ich auch gerne. Habt ihr Lieblingsgeräusche oder Lieblingsklänge?«

Heftwerkstatt. Das Ohr, das mit Bildern von Klang- und Geräuschquellen bemalt ist, wird ins Heft eingeklebt.

Erzählung. Mk 7, 31-37 wird aus der Sicht des taubstummen Mannes erzählt. Zunächst wird sein Lebensalltag beschrieben, der von Isolation und Einsamkeit bestimmt ist. Beispiele: Oft versteht der Mann nicht, warum Menschen um ihn in Lachen ausbrechen, wenn sie sich etwas erzählt haben. Er weiß nicht, was sich die Kinder beim Spielen zurufen. Er erschrickt, wenn jemand neben ihm auftaucht, weil er ihn von hinten nicht kommen hören konnte. Vögel kann er nicht singen hören, er sieht nur, wie sie ihren Schnabel öffnen usw. Seine Begegnung mit Jesus verändert seine Welt um ihn herum. Sie füllt sich für ihn mit Vogelzwitschern, Lachen, Rufen und dem Rauschen des Windes. Was seine Freunde zu ihm sprechen, kommt plötzlich bei ihm an. Jesus holt ihn aus der Einsamkeit heraus.

Miteinander singen

Text/Melodie: Elisabeth Buck

Spit - ze dei - ne Oh - ren und lau - sche! Hörst du das Ge-zwit-scher und Ge - rau - sche?

Hörst du den Wind und das Mo - ped und den Hund? Je - sus, ich dank`dir, mei - ne

Oh - ren sind ge - sund!

Jeweils nach dem gesungenen Refrain folgen zwei der gesprochenen Einschübe. Der Gesang selbst wird mit Gestik begleitet: »Spitze deine Ohren...« – Hände als Hörmuscheln an die Ohren legen. »Wind« – gleitende Handbewegungen. »Moped« – Gasgeben mit den Händen imitieren. »Hund« – mit einer Hand die bellende Hundeschnauze nachahmen. »Jesus, ich dank' dir...« – im Metrum dazu klatschen.

Sprecheinschübe:

Ich höre Schritte! (Geräusche von Schritten werden mit Stimme oder körpereigenen Instrumenten imitiert. Z.B.:
Tap tap tap/ trippel trippel...)

Ich höre Kinder! (»Hey hey, juhuu...«)

Ich höre Krähen! (»Krah, krah, kärch, kärch«)

Ich höre ein Lastauto!
(»Brmmmärrm brmmm...«)

Ich höre eine Kirchturmglocke!
(»Dongdieung dongdieung«)

Symbolspiel. Die Kinder stehen im Kreis. L. spielt einen gleichbleibenden Pulsschlag auf einer Handtrommel. Jeweils ein Kind tritt mit geschlossenen Augen in die Kreismitte. Alle sprechen gemeinsam:

»Gut, daß du hören kannst, daß Gott dich mag.« (Sprechrhythmus: ♩♩♪♪♪♪♪♪ı♩♩♩∎)

Nun sucht sich das Kind in der Mitte ein anderes Kind, das auf einem ausgewählten Musikinstrument zum Metrum der Handtrommel (L.) ein kleines Solo spielt. Die übrigen Kinder hören es sich mit geschlossenen Augen an.

Z.B.: Triangel: ♩♪♪♩♩ı♩♪♪♪♪♩∎

Der »Solist« ist dann das nächste Kind, das in die Kreismitte tritt. Alles beginnt von Neuem.

Gespräch. Strubblmutz erzählt, wie er in den Ferien bei der Oma zum ersten Mal allein zu Besuch war. Vor dem Haus hätten fremde Kinder gespielt. Sie sprechen einen Dialekt, den er nicht versteht. Sie lachen ihn aus, als er mitspielen möchte. Doch ein Mädchen schließlich spricht mit ihm so, daß er es verstehen kann. Sie nimmt ihn mit ins Spiel hinein. – Anschließend können die Kinder von ähnlichen Erlebnissen erzählen.

Kopiervorlage M 10

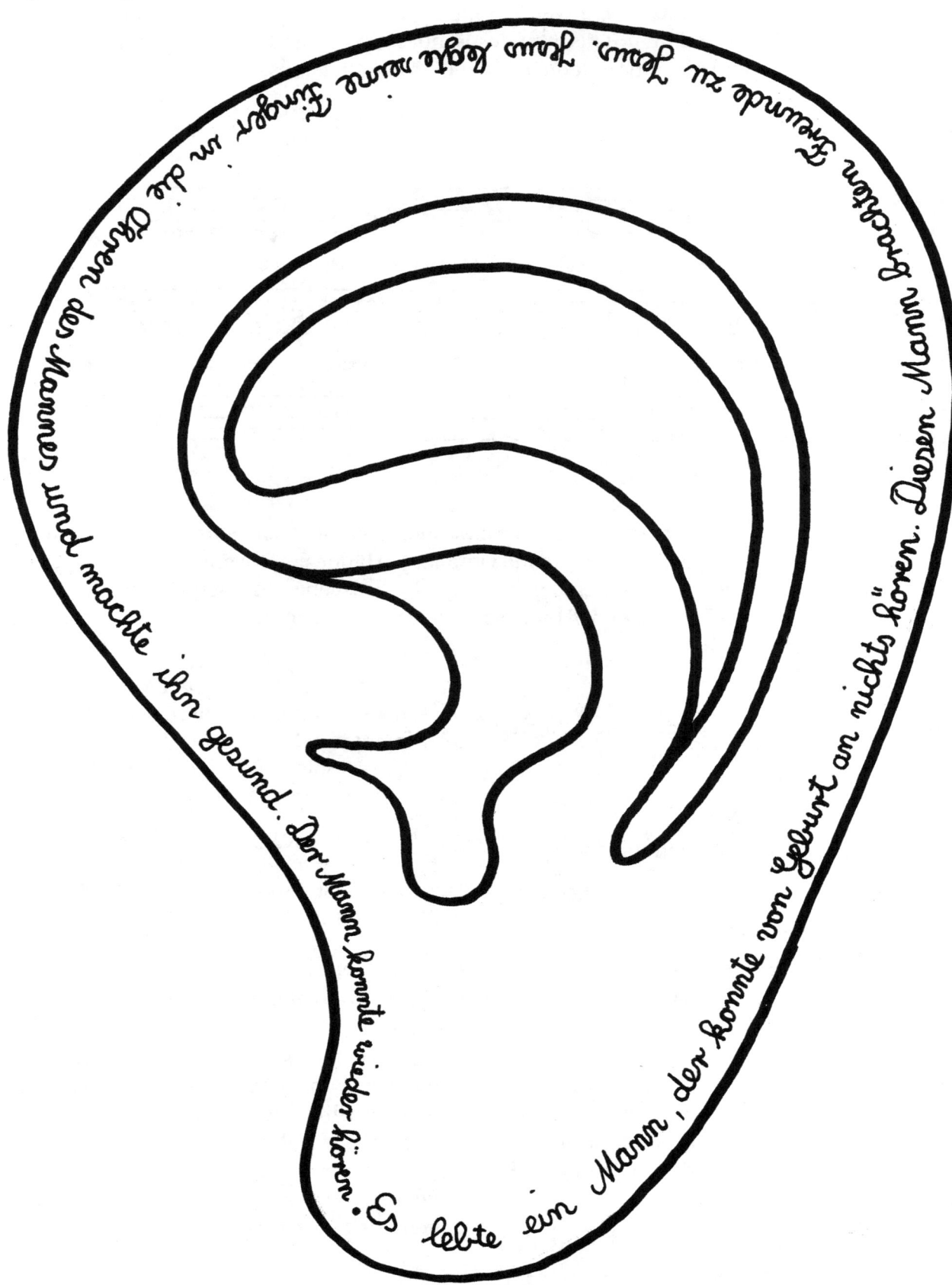

Text im Ohr: Es lebte ein Mann, der konnte von Geburt an nichts hören. Diesen Mann brachten Freunde zu Jesus. Jesus legte seine Finger in die Ohren des Mannes und machte ihn gesund. Der Mann konnte wieder hören.

c) Jesus begegnet einem gelähmten Menschen (Mk 2, 1 – 12)

Material. Musik, mit der man um die Wette tanzen kann (z.B: »Chula«, FidulaFon 1263 Fidula-Verlag, Boppard/Rhein), Scheren, für jedes Kind einen Fotokarton DIN A4, Locher, Briefklammern (14 Stück pro Kind), fotokopierte Blätter nach Kopiervorlage M 11.

Miteinander tanzen. Nach dem Vorbild südamerikanischer Gaucho-Wetttänze versuchen die Kinder, ihre Tanzkünste mit L. zu messen. Alle stehen im Kreis. Jeweils während einer Melodiephrase tanzt L. eine beliebige Schrittfolge in die Kreismitte und zurück. Die nächste Phrase dient als Pause zur Vorbereitung und Erinnerung (bei der Chula ist dies das Trommelzwischenspiel). In der folgenden Phrase tanzen die Kinder die beobachteten Schritte nach.

Beispiele:
– Hüpfer auf einem Bein
– Hüpfer mit geschlossenen Beinen
– Hampelmannsprünge
– Schritt rechts, linkes Bein heben und auf die Fußsohle schlagen, Schritt links, rechtes Bein heben und auf die Fußsohle schlagen usw.

Gespräch. »Was können unsre Beine alles tun?« (Eventuell mit Tafelanschrieb.)

rennen	Schlittschuh laufen	
Gummihüpfen	Rollschuh fahren	
Fußball spielen	schleichen	klettern
tanzen	Fahrrad fahren	

Kurzerzählung. L: »Ich habe einen Jungen gesehen, der am letzten Schultag mit hängendem Kopf heimgegangen ist. Stockend, zögernd, – so ist er gelaufen. Ich bin zu ihm gegangen und habe ihn angesprochen: Seltsam, jetzt fangen die Ferien an und du hüpfst und springst nicht vor Freude? Was ist los mit dir? Ganz leise hat er mir geantwortet: Ich habe einen Vierer in Mathe, und jetzt hab ich Angst, daß mein Vater mich schlägt...«

Pantomimisches Spiel. Jeweils ein Kind überlegt sich eine Situation, die Freude auslöst und zum Springen und Hüpfen führt, oder eine Situation, die den Gang lähmt. (Weihnachten, Geburtstag, Hitzefrei, oder Haustier gestorben, Streit der Eltern, von der Klasse ausgelacht...) Jede vorgeschlagene Situation wird mit den entsprechenden Gangarten spontan gespielt. Man kann einzelne Kleingruppen vorspielen lassen oder mit allen Kindern gemeinsam spielen.

Beispiele für Gangarten:
Sich dahinschleppen – schlurfen – schwerfällig tappen – hüpfen – tänzeln – schlendern usw.

Erzählung. »Ich erzähle euch jetzt eine Geschichte von einem Mann, der nie fröhlich laufen und hüpfen konnte. Seine Beine waren gelähmt.« (Mk 2, 1 – 12)

Miteinander singen. Das Lied der vorangegangenen Unterrichtseinheit »Spitze deine Ohren und lausche« (S. 97) wird mit neuem Text gesungen:

Trippel auf den Zeh'n und streck' die Beine,
hüpfe schnell auf einem Bein alleine,
Stampf' wie ein Bär und trabe wie ein Hund,
Jesus, ich dank dir, meine Beine sind gesund.

Alle gesungenen Bewegungen werden synchron dazu gespielt.

Heftwerkstatt. Die Kinder kleben die Fotokopie des Körperschema-Männchens auf den Bogen Fotokarton. Nun werden alle Körperteile einzeln ausgeschnitten. An den Gelenkpunkten werden mit einem Bürolocher Löcher hineingestanzt. Mit den Briefklammern werden die Körperteile aneinander befestigt. Das fertige Körperschema-Männchen wird am Kopf mit einem Klebstreifen im Heft befestigt.

(Eventuell kann man diese Bastelarbeit auch als Hausaufgabe mit nach Hause geben und die Eltern um Mithilfe bitten. Ein Elternabend wäre ebenfalls geeignet, unter anderem dabei mit den Erwachsenen diese Körperschema-Männchen herzustellen.)

Textzeile für das Heft: »Jesus, du befreist uns, wenn wir uns von Sorgen lähmen lassen. Danke, daß wir springen und laufen können.«

Pantomimisches Spiel. Die Kinder probieren mit ihrem Körperschema-Männchen verschiedene Haltungen aus, die sie im Spiel mit dem eigenen Körper nachahmen.

Gespräch. Strubblmutz: »Ui, ich stell mir grad vor, was der Mann, der gelähmt war, gemacht hat. – Also, wie er dann gesund war. Vielleicht hat er gleich ausprobiert, ob er auch auf einen Baum klettern kann, oder ob er auch auf einer Mauer balancieren kann. Vielleicht hat er sogar mit dem Jesus ein Wettrennen gemacht? Was glaubt ihr, was er da alles ausprobiert hat?«

Kopiervorlage M 11 (Hinweis: Bitte vergrößert kopieren)

d) Jesus begegnet einem aussätzigen Menschen (Lk 5,12 – 14)

Didaktischer Hinweis. Das Erleben von Gemeinschaft zeigt sich in Familien besonders auch durch Körperkontakt, der durch Hautberührung vermittelt wird (Umarmung, Kuß, Streicheln). Hautkrankheiten haben immer eine Störung sozialer Körperkontakte zufolge. »Aussätzig« hat mit »ausgesetzt sein« zu tun, man wird ausgesetzt wegen einer schlimmen Krankheit. Abgelehnt und aus der Gemeinschaft weggestoßen zu sein, in diese Situation können sich Kinder einfühlen.

Material. Tastmaterialien wie ein Stück Fell, eine Feder, Watte oder Samt; Rasseln; Stielkastagnetten; Tuch zum Augenverbinden, für jedes Kind ein Stück Satin, Filzstifte.

Wahrnehmungsspiele.

– Jedes Kind malt seinem Banknachbarn einen Buchstaben auf den Rücken, den er erraten soll.

– Einem Kind werden die Augen verbunden. Die Kinder tauschen ihre Sitzplätze und sind mucksmäuschenstill. Das »blinde« Kind tastet die Gesichter der andern Kinder ab und versucht, sie zu identifizieren.

– Die Kinder schließen die Augen. L. geht mit einem Stückchen Fell, mit einer Feder oder einem Wattebausch von Kind zu Kind und streicht damit über Stirn, Nase und Wangen der Kinder.

– Jedes Kind fühlt bei sich selbst, wo die Haut im Gesicht am zartesten ist.

Gespräch. Strubblmutz erzählt: »Am Sonntag früh krabbel ich immer zu meiner Mama mit ins Bett. Sie riecht so gut nach Mama und ist ganz weich und warm. Da kuschel ich mich gerne in ihre Arme. Macht ihr das auch?« In diesem Gespräch werden körperlich gemütliche Situationen erinnert, die Ausdruck sozialer Gemeinschaft sind (Die Katze kraulen, auf dem Schoß der Mutter einschlafen, eingehenkelt mit der Freundin spazieren gehen usw.). Das Gespräch kann aber auch zu Situationen gelenkt werden, bei denen der soziale Körperkontakt gestört wird (Windpocken, schwere Neurodermitis usw.).

Miteinander singen. Das Lied »Spitze deine Ohren und lausche« aus der Unterrichtseinheit II 2.3.b) (S. 97) wird mit einem neuen dritten Vers gesungen:

> *Streiche rundherum um deine Backen,*
> *kitzel dir den Hals bis hin zum Nacken,*
> *fühle die Stirne und die Nase und den Mund,*
> *Jesus, ich dank dir, meine Haut ist ganz*
> *gesund.*

Während sie den Text singen, führen die Kinder auch die benannten Tastbewegungen der Hände im Gesicht aus.

Kurzerzählung. L. beschreibt den Lebensalltag von leprakranken Menschen, ihre Not, ohne Zärtlichkeit und Kontakt zu den eigenen Angehörigen zu sein.

Ritualisiertes Rollenspiel. Einige Kinder übernehmen die Rollen von leprakranken Menschen. Sie bekommen Rasseln und Stielkastagnetten in die Hand. Die anderen Kinder spielen gesunde Menschen. Alle verteilen sich im Klassenzimmer und gehen »spazieren«. Sobald die »gesunden« den »aussätzigen« Kindern zu nahe kommen, rasseln und klappern die »Kranken«, so laut sie können, und die »Gesunden« weichen zurück. (Mehrere Durchgänge mit Rollentausch.)

Erzählung. Der oben genannte Text aus Lk 5 wird aus der Erlebniswelt des kranken Mannes erzählt. Es kann durchaus noch über den Bibeltext hinaus phantasiert werden, wie sich die Wiederbegegnung mit der Familie des Aussätzigen abgespielt haben könnte. So kann verständlich werden, wie der Mann durch Jesus wieder in die Gemeinschaft zurückkommen konnte.

Heftwerkstatt. Die Kinder schneiden aus einem Stück Satin einen Kopf zurecht. Dieser Satinkopf wird ins Heft geklebt und durch Filzstifte mit Augen, Nase und Mund bemalt. Sie schreiben dazu: »Jesus macht die kranke Haut des aussätzigen Mannes gesund. Die anderen Menschen sind wieder gerne mit dem Mann zusammen.«

Miteinander singen. Der Vers »Streiche rundherum um deine Backen« kann nun auch so gesungen werden, daß die Kinder das weiche Satingesicht in ihrem Heft mit den Fingern umstreichen.

Gespräch. Strubblmutz wundert sich: »Warum hat sich denn der Jesus nicht vor dem kranken Mann gefürchtet? Er hätte doch auch davon laufen können vor ihm, so wie alle anderen Leute. Was meint ihr dazu?« Später kann zur Sprache kommen, daß Jesus uns immer gerade dann ganz nahe kommt, wenn andere Menschen nicht mehr zur Verfügung stehen. Vielleicht können die Kinder von Situationen erzählen, in denen sich andere von ihnen abgewendet haben. Strubblmutz kann dann vermuten, daß Jesus da dann bestimmt ganz in der Nähe war, auch wenn es vielleicht keiner gemerkt hat.

Symbolspiel. Das ritualisierte Rollenspiel (s.o.) wird wiederholt, allerdings mit folgender Veränderung: In der Klassenzimmermitte stehen die Stühle als Stuhlkreis geordnet. Ein Kind kommt aus dem Stuhlkreis heraus. Es nimmt ein Kind, das als Aussätziger rasselt, um andere vor sich zu warnen, an der Hand und führt es in den Stuhlkreis hinein. Die Rassel wird in einen Korb gelegt, denn sie hat jetzt keine Funktion mehr. Am Ende sitzen alle Kinder im Stuhlkreis. Sie singen zum Abschluß nochmals den Vers »Streiche rundherum um deine Backen.« Bei einer guten Klassengemeinschaft können die Kinder ihren Nachbarn Backen, Stirn oder Nase streicheln. Ist der Sozialverbund etwas problematisch, bleibt jedes Kind mit den Tastbewegungen bei sich selbst.

3. Unterrichtsentwürfe für die dritte Jahrgangsstufe

3.1. Spuren des Lebens und Spuren Gottes entdecken

a) Was Spuren verraten und erzählen können

Material. Beliebiges Musikinstrument, Bilderbuch: »Es klopft bei Wanja in der Nacht«, Reinhard Michl/Tilde Michels, München 1987. Rassel.

Wahrnehmungsspiele.

- Detektivspiel im Zimmer: Ein Kind geht durch den Raum und verändert sichtbar eine Kleinigkeit im Zimmer, während die anderen Kinder die Augen geschlossen halten; L. spielt ein Musikinstrument, um eventuelle Geräuschquellen zu übertönen. Hat sich das Kind wieder leise auf seinen Platz gesetzt, öffnen alle die Augen und forschen nach: »Wo hat das Kind seine Spuren hinterlassen?« (Mehrere Durchgänge)
- Detektivspiel im Treppenhaus, auf dem Schulhof, außerhalb des Schulgeländes: Gemeinsam werden Spuren gesucht, die auf Hausmeister, Autofahrer, Kinder, Tiere usw. hinweisen. (Reifenspuren, Hundepfotenabdrücke, Hundekot, Zigarettenkippen, vergessener Ball, Maulwurfshügel, frisch gegossene Blumenerde, Gerüche von Putzmitteln etc.)

Statt Erzählung. Zurück im Klassenzimmer wird das Bilderbuch »Es klopft bei Wanja in der Nacht« gezeigt und vorgelesen. (Schneesturm. Hase, Fuchs und Bär bitten bei Wanja spätabends nacheinander um Einlaß. Sie fürchten sich voreinander sehr und halten nur der Not wegen Waffenstillstand. Im Morgengrauen schleicht sich eins nach dem andern heimlich wieder fort. Als Wanja erwacht, denkt er zunächst, er habe von den Tieren, die bei ihm Obdach suchten, nur geträumt. Bis er aus dem Haus tritt und im Schnee die Spuren der drei Tiere aus seinem Haus heraus entdeckt. Nun weiß er, daß diese seltsame Nacht Wirklichkeit war. Sehr schön sind in diesem Buch auf den beiden Umschlaginnenseiten die Tierspuren noch einmal abgebildet.)

Miteinander singen

Text/Melodie: Elisabeth Buck

Wahrnehmungsspiel. (Ohrendetektivspiel) Alle Kinder bis auf eines schließen die Augen. Dieses eine Kind geht mit einer Rassel durch das Klassenzimmer (leise rasselnd) und setzt sich wieder auf seinen Platz. Die anderen Kinder öffnen die Augen und beschreiben anhand der wahrgenommenen Klangspur den Weg, den das Kind genommen hat. (Mehrere Durchgänge)

Heftwerkstatt. Über eine doppelte Heftseite malen die Kinder selbstgewählte Spuren. (Überschrift: »SPUREN« – Eintrag: »Hier war etwas. Ich sehe es zwar nicht, aber vielleicht ist es noch ganz in der Nähe.«)

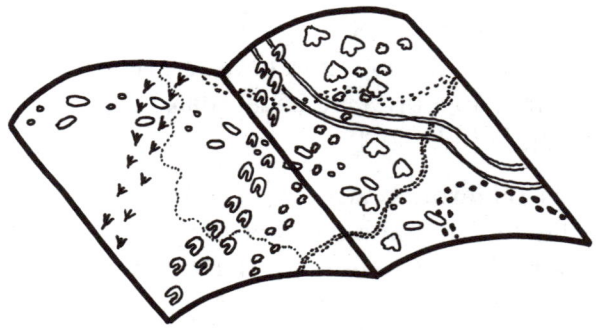

Gespräch. Tilly (Siehe S. 32) interessiert sich für die Spuren, die die Kinder ins Heft gemalt haben und will von den Kindern die Geschichten ihrer Spuren hören: »Hey, du hast ja eine Autoreifenspur gemalt. Wo ist wohl dieses Auto hergekommen und dann hingefahren, und wer saß da drin, und warum...?«

b) Spuren von Menschen und Ereignissen, die für mein Leben bedeutsam sind

Material. Glas Nuß-Nougat-Creme, kleine Schüssel mit Lehm, Theaterschminke oder Lidschatten, Handtücher und Seife bzw. Hautcreme, Zimt, Bohnerwachs, Fruchtaroma (Bonbons oder Früchtetee). Ein Stückchen Fell, ein Glöckchen, Wasser.

Gespräch. »Was haben wir dabei, was ist an uns zu sehen, was die Spuren von unserer Mutter oder von unserem Vater trägt?« (Pausenbrot, Kleidungsstück, das die Eltern uns geschenkt haben...)

Miteinander singen. Spurenlied der letzten Stunde mit Begleitung durch Altxylophon und kleines Schlagwerk.

Bewegungs- und Wahrnehmungsspiel. Die Kinder gehen zu vier Gruppen zusammen. Sie präparieren sich gegenseitig wie Maskenbildner. Die Gesichter sollen anschließend Spuren tragen. Keine Gruppe verrät, was ihre Maskenbildnerarbeit ausdrücken soll. (Entweder mit Zetteln die Gruppenaufgabe erklären oder jede Gruppe leise für sich über ihre Aufgabe informieren.)

Gruppe A: Sie bekommt ein Glas Nuß-Nougat-Creme. Die Kinder präparieren sich so, daß in ihren Gesichtern Spuren vom Frühstück zu sehen sind.

Gruppe B: Sie bekommt eine kleine Schüssel mit Lehm. In den Gesichtern sollen Spuren zu sehen sein, die zeigen, daß diese Kinder im Lehm gebuddelt haben.

Gruppe C: Mit Theaterschminke oder Lidschatten malen sich die Kinder Spuren einer Schlägerei wie blaues Auge etc.

Gruppe D: Mit Theaterschminke oder Lidschatten malen sich die Kinder Spuren von Tränen ins Gesicht.

(Handtücher und Seife bzw. Hautcreme für die spätere Säuberungsaktion bereithalten, Zeit für Säuberung einplanen.)

Gespräch. Sitzkreis. Jede Arbeitsgruppe wird vorgestellt, die übrigen Kinder jeweils überlegen, worauf die Spuren im Gesicht hinweisen und welche Geschichten diese Spuren erzählen könnten. Vielleicht kann das Gespräch noch weiter führen in eine Richtung, die die Kinder ermutigt, persönliche Eindrücke zu berichten, die in letzter Zeit Spuren an ihnen oder in ihnen hinterlassen haben.

Wahrnehmungsspiele. – Das Wort »Spuren« kann auch in Verbindung gesehen werden mit dem »Spürsinn« und mit »aufspüren«. Die Kinder schließen die Augen und spüren:

- Geruchsspuren riechen wie Zimt, Bohnerwachs, Fruchtaroma. Die Kinder äußern, welche Erinnerungen in ihnen aufsteigen, wenn sie diese Spur aufnehmen.
- Tastspuren fühlen wie Fell an der Backe, übers Haar gestrichen werden. Wie oben äußern die Kinder, welche Erinnerungen in ihnen aufsteigen, wenn sie diese Erinnerungsspur aufnehmen.
- Bei Klangspuren aufhorchen wie Patschen, Glöckchen, Wasserplätschern, Erinnerungen äußern.

Miteinander singen. Spurenlied der vergangenen Stunde (S. 103) wiederholen.

Gespräch. Tilly: »Wenn die Tante Susi da war, dann merk ich das am Parfümgeruch! Die Tante Susi, die bringt mir immer ganz tolle Bücher mit. Also, eigentlich hat die Tante Susi mir das Lesen beigebracht. Die hat mir auch immer ewig viel vorgelesen und da hat sie mich auf den Geschmack gebracht. Mein Bruder sagt immer: ›Auwei, die Tante Susi, die hat ihre Spuren hinterlassen an der Tilly!‹ Gibt's bei euch auch so jemand, der euch auf irgendeinen Geschmack gebracht hat, der bei euch so Spuren hinterlassen hat?...«

c) Spuren, die ich hinterlassen habe, und Spuren, die ich einmal hinterlassen möchte

Material. Döschen Hautcreme; kleine Spiegelkacheln oder einige größere Spiegel; ein Korb, der mit verschiedensten Gegenständen gefüllt ist wie z.B. Kinderbuch, Blockflöte, Malkasten, Hammer und Zange, einige Lego-Bausteine, eine Halskette, ein kleines Spielzeugauto, eine Musikkassette...; weißes oder graues Transparent- oder Durchschlagpapier; Klebestifte

Wahrnehmungsspiel. Jedes Kind bekommt auf seine ausgestreckten Hände einen kleinen Klecks Hautcreme, der in den Handflächen verrieben wird. Nun drücken die Kinder ihren Handabdruck auf kleine Spiegelkacheln oder auf die Fenster. Sie betrachten die feinen Handlinien und das Profil der Fingerabdrücke. Sie vergleichen mit ihren Nachbarn. Gemeinsam wird festgestellt: Unsre Spuren zeigen, daß jeder einmalig ist.

Gespräch. Unsre verschiedene Körpereigenart hinterläßt Spuren, an denen wir zu identifizieren sind. (Vgl. Arbeit der Spurensicherung bei der Kriminalpolizei): Fingerabdrücke, Haare, Fußspuren...

Aber kennen wir auch Spuren, die auf unser Wesen, auf unsre Vorlieben hinweisen? Was meint unsre Mutter, wenn sie sagt: »Du hast mal wieder in der ganzen Wohnung deine Spuren hinterlassen?«

Wahrnehmungsspiel. (Einschätzungsspiel): L. hat einen Korb mitgebracht, der mit verschiedensten Gegenständen gefüllt ist wie z.B. Kinderbuch, Blockflöte, Malkasten, Hammer und Zange, einige Lego-Bausteine, eine Halskette, ein kleines Spielzeugauto, eine Musikkassette etc.. Nun versammeln sich jeweils drei bis vier Kinder um den Korb. Die übrigen Kinder schließen die Augen. Eines der Kinder, die beim Korb stehen, legt einen Gegenstand heraus, mit dem es sich häufig und gerne beschäftigt. Dann stellt es sich wie die anderen drei Kinder wieder unauffällig um den Korb. Die anderen Kinder dürfen erst jetzt wieder die Augen öffnen. Sie überlegen, für welches Kind der Gegenstand, der jetzt da liegt, typisch sein könnte, also welches Kind da wohl seine Spur hinterlassen hat.

Miteinander singen. Das Spurenlied der vergangenen Stunden (S. 103) wird gesungen mit Instrumentalbegleitung (Altxylophon und Schlaghölzchen).

Hefteintrag. Eine Heftseite wird diagonal durch einen Trennungsstrich geteilt. Überschrift oben: »An diesen Spuren kann man mich jetzt erkennen.« In die obere Diagonalhälfte malen die Kinder Spuren, die sie in ihrer

Umgebung hinterlassen und die auf ihre Eigenart und ihr Wesen hinweisen. Da können auch farbige Fingerabdrücke hinterlassen werden. (Die untere Diagonalhälfte bleibt für die nachfolgende Unterrichtsphase reserviert.)

Pantomimisches Rollenspiel. (Berufe-Ratespiel) Jeweils ein Kind spielt pantomimisch vor, welchen Beruf es einmal haben möchte. Die Spielbühne wird vorher mit Kreide auf dem Boden abgegrenzt. Haben die anderen Kinder den Beruf geraten, und hat das spielende Kind seine »Bühne« verlassen, ruft L. laut »Stop«. Nun überlegen die Kinder gemeinsam, welche unsichtbaren Spuren das Kind auf der Bühne mit seinem Beruf hinterlassen haben *könnte;* und zwar gegenständliche Spuren und Spuren an Menschen oder im Leben anderer Menschen. Dann kommt das nächste Kind an die Reihe mit seinem Berufswunsch.

Gespräch. Tilly sagt: »Also ich möcht mal berühmt werden. Ist doch klar! Ich will ins Fernsehen kommen und will auf Posters an den Wänden von vielen Kindern drauf sein. Ja also, halt einfach, daß mich jeder kennt auf der Straße. Andererseits, – hm, vielleicht ist das auch ziemlich nervig, wenn man dauernd fotografiert wird, na ja, da kann man ja nicht mal mehr in Ruhe in der Nase bohrn. Hm, also jetzt weiß ich gar nimmer, welche Spuren ich mal hinterlassen mag. Könnt ihr mir da einen Rat geben –, oder wie denkt ihr euch des, welche Spuren ihr hinterlassen wollt, an denen ihr euch echt freuen könnt?«

Heftwerkstatt. In die untere Diagonalhälfte malen die Kinder Spuren, die sie einmal hinterlassen möchten durch ihre Berufswünsche oder in ihrer Familie... An den unteren Rand schreiben sie:

»An diesen Spuren möchte ich einmal erkannt werden.« Die untere Diagonalhälfte wird nun von einem diagonal durchgeschnittenen Din A 4 Blatt aus weißem oder grauem Transparent- oder Durchschlagpapier abgedeckt als Zeichen, daß die Zukunft noch verborgen ist. Nur die Kante, die an der Diagonallinie im Heft anliegt, wird festgeklebt, sodaß man das durchsichtige Papier auch hochklappen kann, um die Bilder darunter klarer sehen zu können.

d) Menschen entdecken Spuren, die ihrem Leben einen Sinn geben

Didaktischer Hinweis. Ich habe mich bei dieser Einheit dafür entschieden, den Schwerpunkt auf Spuren zu legen, die den Kindern zeigen, daß sie von einigen Menschen geliebt werden. So geschieht auch eine Hinführung zur nachfolgenden Einheit über die Spuren der Liebe Gottes. Glücklicherweise wird in diesem Alter noch nicht eindeutig entschieden, was fürs eigene Leben wichtig ist und was nicht. Es wird noch ausprobiert in einer unerschöpflichen Spielwelt, wo auch scheinbar »Sinnloses« von den Kindern als lustvoll erlebt wird. Für mich definiert sich der Lebenssinn der Kinder ausschließlich im passiv Geliebtsein durch die Bezugspersonen, unabhängig von Aufgaben, die die Kinder mehr oder weniger sinnvoll ausführen könnten. Interessanterweise findet genau an diesem Punkt das Evangelium seine menschliche Entsprechung, auf die Jesus hingewiesen hat: »Wer das Reich Gottes nicht annimmt wie ein Kind...«

Material. Pro Kind eine kleine Süßigkeit oder einen Aufkleber; Bilderbuch »Post für den Tiger« von Janosch (Weinheim und Basel, 1980); Papier, aus dem man längere Streifen schneiden kann; dicker roter Farbstift.

Symbolspiel. Die Kinder schließen entweder die Augen oder gehen kurz hinaus vor die Klassenzimmertüre. L. legt dann auf den Platz eines jeden Kindes eine kleine Süßigkeit oder einen Aufkleber etc.

Anschließend dürfen die Kinder wieder herein oder sie öffnen wieder die Augen und dürfen das kleine Geschenk an sich nehmen.

Gespräch. Daran schließt sich ein kurzes Gespräch, welche Spur L. da hinterlassen hat und warum. (Die Kinder werden in der Regel vermuten, sie hätten das Geschenk bekommen, weil sie brav gewesen wären, gut mitgemacht hätten oder ähnliches. Im Sinne des Unterrichtsfortganges wäre es jedoch entscheidend, wenn L. »bekennen« könnte, er habe den Kindern etwas geschenkt, weil er sie mag. Einfach so. Punkt.)

Statt Erzählung ein Bilderbuch. L. liest das Buch »Post für den Tiger« von Janosch vor. (Weinheim und Basel, 1980) Sehr anschaulich wird hier geschildert, wie sinnlos dem Tiger das Leben erscheint, wenn er einsam ist. Er blüht auf und wird wieder putzmunter, als er Spuren der Liebe seines Freundes Bär erhält, nämlich persönliche Briefe. (»Hatte jetzt wieder zu allem Lust und schälte die Zwiebeln, kochte Kartoffeln. Fegte die Stube, und das Leben war schön....«)

Gespräch. »Für den kleinen Tiger waren die Briefe vom Bär eine Spur. Nämlich die Spur, die heißt: Der Bär denkt an mich und mag mich. Welche Spuren finden wir in unserem Leben, die uns zeigen, daß uns jemand mag?« Die Äußerungen der Kinder werden schlagwortartig an die Tafel geschrieben.

> *Mutter bringt mir Brausepulver mit*
>
> *Mein Freund geht mit mir zum Schützenverein, damit ich nicht der einzige Bub in der Mannschaft bin*
>
> *Mein Hund springt an mir hoch, wenn ich heimkomme*
>
> *Meine Mama kuschelt mit mir*
>
> *Mein Papa wirbelt mich durch die Luft*
>
> *Mein großer Bruder nimmt mich zum Angeln mit*
>
> *Mein Opa läßt mich auf dem Bulldog mitfahren*
>
> *Meine Freundin will in der Schule neben mir sitzen*

Symbolspiel. Jedes Kind sucht sich einige andere Kinder aus, die es mag und auf die es zugeht, ihnen nacheinander auf die Schulter klopft und sagt: »Mit dir mag ich gern zusammen sein.« L. achtet auf die Außenseiterkinder und geht »unauffällig« spontan auf ein Kind zu, das vielleicht nicht ausgewählt wird. (Bei schwierigen Klassensozialgefügen kann man dieses Spiel vielleicht nicht machen. Man muß genau abwägen, ob es zur konkreten Klassensituation paßt oder nicht.)

Miteinander singen. An dieser Stelle muß zwangsläufig das Kindermutmach-Lied folgen: »Wenn einer sagt, ich mag dich, du« (Text/ Mel. Andreas Ebert, Hänssler-Verlag, Neuhausen Stuttgart).

Symbolspiel. Aus Papier werden lange Streifen geschnitten (bzw. zusammengeklebt). Durch Fragen sammelt L. Stichwörter, die den Alltag der Kinder beschreiben. Auf jeden Papierstreifen wird je eines der Stichwörter geschrieben. Die Streifen werden kreuz und quer durcheinander gelegt.

(Fragen: »Was hast du gestern gemacht, was dir überhaupt keinen Spaß bereitet hat?« »Was möchtest du heute nachmittag am liebsten tun?« »Was machst du morgens nach dem Aufstehn?« »Wovor hast du am meisten Angst?«

»Was hast du gestern abend gemacht?« »Was macht ihr als Familie oft zusammen?«...)

Anschließend werden nacheinander einige Kinder zum Papierstreifengewirr herbeigeholt. Sie sollen sich einen Papierstreifen aussuchen, in dem sie eine Spur sehen, daß jemand sie mag. Diesen Papierstreifen markiert das Kind mit roter Farbe (Wachsmalstift oder Filzer).

So zeigt sich in diesem symbolisierten Kinderalltag ein Sinnzusammenhang (Ich werde geliebt) optisch.

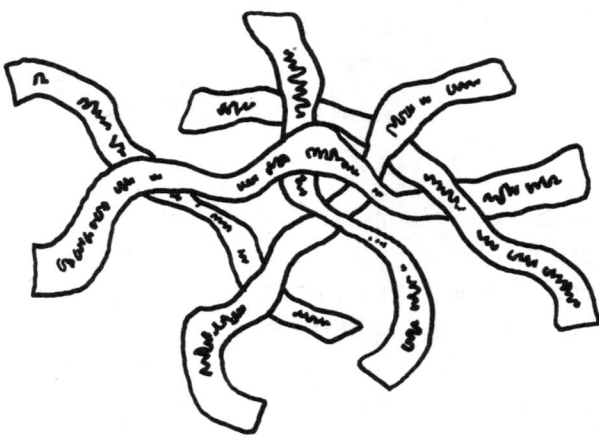

Die Papierstreifen werden in der folgenden Stundeneinheit noch benötigt. Bitte aufheben.

e) Menschen erzählen von den Spuren der Liebe Gottes in ihrem Leben – Verborgene Spuren von Gottes Liebe und Nähe in unserem Alltag

Material. Ruhige Musik vom Tonträger zur Introspektion (z.B. Kanon v. J. Pachelbel), kleines Schlagwerk, Hängebecken, dicker blauer Farbstift, orangefarbenes Tonpapier, Scheren, Kleber.

Sprachspiel. Der Lehrer gibt Halbsätze vor, die die Schüler spontan vervollständigen. »Pfützen sind Spuren von.....« »Betthupferl auf dem Kopfkissen sind Spuren von...« »Abgeknabberte Tannenzapfen sind Spuren von...« »Jacken, Schuhe und Schultasche auf dem Boden verteilt sind Spuren von...« »Fröhliche Gesichter im Klassenzimmer sind Spuren von...« usw.

Introspektion zu Musik. Jedes Kind sucht sich einen Platz, an dem es ungestört sitzen und die Augen schließen kann. Der Lehrer sagt: »Wir haben uns jetzt kurz an sichtbare Spuren erinnert. In unserem Leben gibt es aber auch ganz besonders heimliche und versteckte Spuren, die nicht jeder sehen kann. Es gibt in unserem Leben versteckte Spuren, die Gott bei uns hinterlassen hat.«

Er läßt eine ruhige, empfindsame Musik vom Tonträger ertönen. Die Kinder sollen jetzt still für sich überlegen, wo sie in ihrem Leben schon einmal eine leise Spur Gottes entdeckt haben. (Seine Nähe gespürt in Angstsituationen; empfunden, daß er beim Beten zuhört; gestaunt über Gottes Schöpfung...) (Musikvorschlag: Kanon von Pachelbel).

Gespräch. Kinder, die möchten, können jetzt erzählen, was ihnen während der Besinnung eingefallen ist. Auch der Lehrer kann von sich ein Beispiel erzählen.

Miteinander singen. Die Kinder singen das Lied EG 167 »Wir wollen fröhlich singen Gott, unserm lieben Herrn«, Strophe 1 und 2 (2.: »Wir wollen fröhlich sagen, wie Gott uns herzlich liebt...«).

Begleitung mit kleinem Schlagwerk, Refrain mit weichen Hängebeckenschlägen. (Andere Liedmöglichkeit: In den Gesangbuch-Regionalteilen mancher Landeskirchen findet sich das Lied »Ich sitze oder stehe«.)

Pantomimisches Rollenspiel. Die Kinder teilen sich in Kleingruppen auf. Jede Gruppe entwirft kurz eine pantomimische Szene aus dem Alltag. (Samstag nachmittag mit den Freunden zusammen / in der Schule bei einer schriftlichen Probearbeit / auf dem Schulweg nach Hause / einem Kind ist der Hund gestorben, die anderen trösten es usw. usf.)

L.: »Ich glaube daran, daß Gott überall, bei allem, was wir tun, ganz nah bei uns ist. Meistens sind wir wie blind und merken nichts davon. Aber manchmal entdecke ich mitten im Alltag seine Spuren. Damit wir uns das besser vorstellen können, spielt ihr jetzt eure Geschichten aus dem Alltag vor und wir singen unser Lied (s.o.) nach jeder Szene.« Lied EG 167, 2. Strophe + Refrain.

Symbolspiel. Nun wird der Bandsalat (mit den Beschriftungen aus einem typischen Kinderalltag) aus der Stundeneinheit (»Menschen entdecken Spuren, die ihrem Leben einen Sinn geben«) wieder hervorgeholt und auf dem Boden ausgelegt. Eine blaue Wachsmalkreide wird nun für die Markierung von Spuren Gottes verwendet.

Einzelne Kinder wählen sich nun einen Papierstreifen. Alle Kinder überlegen, welche Spur von Gottes Liebe in einer solchen Alltagssituation verborgen sein könnte, und das einzelne Kind markiert diesen Streifen dann mit der blauen Farbe, bis sich der ganze »Bandsalat optisch durch den neuen Farbton verändert hat.« (Mit dem neuen Blickwinkel »Gott ist im Alltag mit dabei« bekommt das Leben einen neuen Farbton, wird das Leben farbiger).

Heftwerkstatt. Die Kinder ummalen auf einem orangefarbenen Tonpapier ihre Hand und schneiden sie sauber aus. Diese ausgeschnittene Hand symbolisiert die Hand Gottes. Sie malen sich selber in verschiedenen Lagen in die Hand hinein. Nun können sie die Finger der Hand so zurechtbiegen, daß die Hand sich schützend um sie selbst in ihren Bildern legt. So wird sie ins Heft geklebt und mit Refrain und 3. Strophe des Liedes EG 167 versehen.

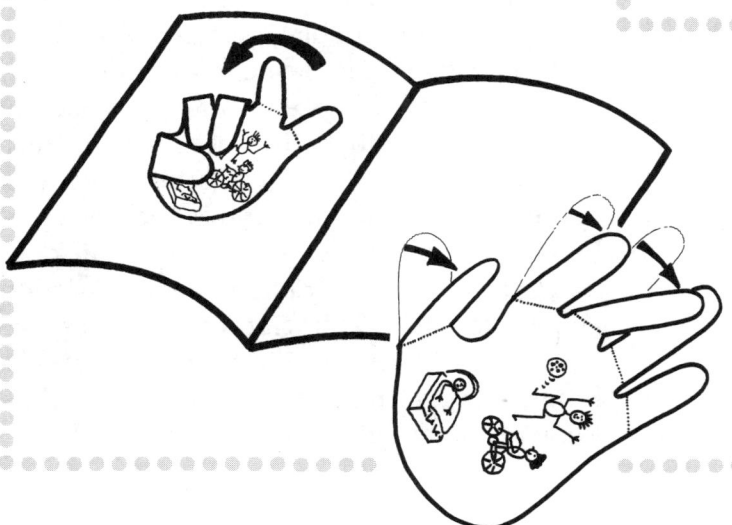

f) Die Taufe als Spur der Liebe Gottes in unserem Leben

Material. Ein Schälchen mit Sand, ein Krug mit etwas Wasser, Schüssel und Handtuch, farbiges Papier, Scheren, Kleber.

Kurzes Symbolspiel. L.: »Habt ihr in der Kirche schon mal erlebt, daß der Pfarrer gesagt hat: ›Gebt euch ein Zeichen des Friedens?‹ Habt ihr gesehen, daß sich da die Leute gegenseitig die Hand geben und sagen: ›Friede sei mit dir!‹? In der letzten Stunde haben wir etwas Ähnliches gemacht, erinnert ihr euch? Ihr habt anderen Kindern die Hand gegeben und gesagt: ›Ich bin gerne mit dir zusammen...‹ Heute wollen wir uns so etwas wie den Friedensgruß geben. Nur, daß wir jetzt sagen: ›Gott mag dich.‹ Aber diesmal sagt ihr es euern Banknachbarn.«

Gespräch. Tilly: »Ey, darf ich jetzt gleich mal was loswerden? Ich hab' gestern der Frau Kestenmeier, also des is unsre alte Nachbarin und die schenkt mir immer Vanillekekse, also der Frau Kestenmeier hab ich von unsrer letzten Relistunde erzählt. Die hat gleich gesagt: ›Hach, da wär ich auch gern dabei gewesen. Mir wär da gleich so ne Spur von Gott eingefallen.‹ Ja?, hab ich sie gefragt. Na, legen Sie mal los. ›Meine Taufe‹, hat sie gesagt. Einfach so, ›Meine Taufe‹. Also, ich hab mich am Kopf gekratzt, weil, des krieg ich net so ganz in meinen Schädel, mit der Taufe und der Spur und so. Weil, ich bin doch gar net getauft! Mag mich der Gott dann gar net oder wie is des, wie war des, wie ihr getauft worden seit, könnt ihr euch erinnern? Was ist da mit euch gemacht worden und ...« L.: »Langsam, langsam Tilly, mal der Reihe nach. Also, laß erst mal die Kinder erzählen, was sie von ihrer Taufe wissen... und später sprechen wir darüber, was ist, wenn man nicht getauft ist.«

Symbolspiel. Sitzkreis. – Die Kinder stellen sich vor (L. malt die Situation sprachlich als Stimmungsbild), sie sind in Israel in der heissen Jahreszeit, sie sind den ganzen Tag unterwegs gewesen und nun sind sie müde, verschwitzt und staubbedeckt. Jetzt sind sie bei guten Freunden eingeladen. Gleich, nachdem sie das gastfreundliche Haus betreten haben, werden sie erfrischt und der Staub wird ihnen von Gesicht, Händen und Füßen gewaschen. Das bedeutet auch: Hier bist du herzlich willkommen, hier soll es dir gut gehen. –

L. streut nun jedem Kind ein bißchen Sand auf den Handrücken. (Am besten eignet sich der staubfeine Sand aus einer Wüste. Manche Leute bringen sich als Andenken ein Glas Wüstensand aus dem Urlaub mit heim. Vielleicht kann man sich ein bißchen davon erbetteln. Für eine Klasse von 25 Kindern ist ein Schnapsglas voll Wüstensand sehr reichlich. Pro Kind reicht eine Prise.)

Anschließend gießt L. über jede »staubige« Hand aus einem Krug etwas Wasser, bis der Sand abgewaschen ist. (Bei Wüstensand genügt ein kleiner »Schwaps«). Darunter wird eine Schüssel gehalten. Die Kinder können sich dann zum Abtrocknen ein Handtuch weiterreichen. Sie erzählen, wie sich das anfühlt, wenn das klare Wasser über ihre Hand rinnt.

kühl
erfrischend
prickelnd

danach fühlt man sich ganz lebendig

Symbolspiel: Die Kinder stellen sich wieder im Kreis auf. L. sagt: »Wir sind jetzt wie eine Familie. Und Gott ist mitten dabei, auch wenn wir ihn nicht sehen können. Alle Menschen, die darauf vertrauen, daß Gott sie lieb hat, sind eine große Familie. Mit jeder Taufe wird ein Fest gefeiert. Das Fest heißt: Ich freue mich, daß ich zu Gottes Familie gehöre!« Nun wird das Tanzlied »Florian, komm herein« gesungen und gespielt. (Siehe nächste Seite).

Gespräch. Tilly ruft aufgeregt: »Ja aber, wenn ich kein Tauffest gekriegt habe, dann gehöre ich ja gar nicht zur Familie Gottes!« Die Kinder erzählen Tilly ihre persönliche Meinung darüber. L. lenkt das Gespräch indirekt, so daß zur Sprache kommen kann, *daß Gott jeden so liebt, wie er ist, auch nicht getauft, – daß aber auch die Taufe ein so schönes Fest mit Gott ist, daß man sich auf die Taufe freuen kann.* Und daß man der Tilly nur Mut machen könne, sich selbst auch so ein Tauffest zu wünschen.

Tilly: »Ach jetzt versteh' ich, des is wohl so wie bei meiner Tante Sylvia. Die liebt ihren Gerhard, aber sie ham keine Hochzeit gemacht. Also wär dann die Taufe so ein Fest wie bei ner Hochzeit? Des Fest macht des ja net, daß die sich liebham, – des ham sie sich sowieso,... oder was meint ihr?«

Miteinander singen und tanzen. Zum Abschluß der Stunde wird das Tanzlied nochmals wiederholt.

Tanzbeschreibung: Die Kinder fassen sich im Kreis an den Händen, sie gehen mit Gehschritten im Grundschlagmetrum links herum und schwingen die Arme rein- und rauswärts. Jedes Kind, dessen Namen am Beginn des Liedes eingefügt wird, tritt in den Kreis hinein. Mit dem Text: »Im Leben sind die Spuren Gottes heimlich und verborgen« gehen die Kinder im Kreis geduckt und mit kleinen Schritten. Dann richten sie sich wieder auf. Ab der Stelle: »Für Gott bist du wer ganz Besondres« gehen die Kinder näher auf das Kind in der Kreismitte zu und vergrößern den Kreis wieder ab »gestern, heute, morgen!«

Komm herein!

Text / Melodie: Elisabeth Buck

Flo - ri - an, komm he - rein, komm zu uns her - ein!

Gott schaut dich freund-lich an, will gut zu dir sein. Im Le - ben sind die Spu - ren Got - tes heim - lich

und ver - bor - gen. Für Gott bist du wer ganz Be - son - dres, ges - tern, heu - te, mor - gen.

Wenn möglich sollten alle Kinder namentlich an die Reihe kommen. Bei großen Klassen kann man das auf einige Stunden aufteilen.

Heftwerkstatt. Die Kinder schneiden aus farbigem Papier sechs bis sieben Männchen von ca. 8 cm Größe aus.

Sie legen die Männchen mit den Füßen zur Mitte kreisförmig auf eine doppelte Heftseite.

In die Kreismitte schreiben die Kinder den Text des Spielliedes, allerdings mit dem eigenen Namen am Anfang: »Sonja, komm herein, komm zu uns herein, Gott schaut dich freundlich an, will gut zu dir sein. Im Leben sind die Spuren Gottes heimlich und verborgen. Für Gott bist du wer ganz Besondres, gestern, heute, morgen.« Die Männchen werden nun nur an den Füßen festgeklebt, sodaß sie sich dreidimensional im Kreis hochstellen lassen.

3.2. Schuld und Vergebung

a) Menschen können durch ihr Verhalten schuldig werden; Schuld belastet das eigene Leben und die Beziehung zu den Menschen

Didaktischer Hinweis. Kinder haben oft leidvolle Erfahrungen mit Schuldzuweisungen oder sind selbst sehr schnell mit dem Beschuldigen. Es gibt in jeder Klasse Sündenböcke, die vorschnell jede Untat in die Schuhe geschoben bekommen. Zudem erleben Kinder häufig, daß schuldhaftes Verhalten Erwachsener zu oft »entschuldigt« wird oder sich Kinder sogar selbst für das Scheitern Erwachsener verantwortlich machen. (Bei Scheidungen geben sich nicht selten die Kinder selbst die Schuld, wenn die Beziehung ihrer Eltern zerbricht.) Deshalb halte ich es für sinnvoll, diesen Themenkomplex zunächst mit der eindeutig definierbaren Schuld aus dem juristischen Bereich zu beginnen, um dann behutsam auf zwischenmenschliches Versagen und später auf Schuld, die Menschen von Gott trennt, einzugehen.

Material. Eine Rolle Krepp-Papier, Schere, Kleber, ein vorbereitetes Netz aus Krepp-Papierbändern (zerrissen), Tonträger mit festlicher langsamer Musik, Xylophone, Schöpfungsbuch.

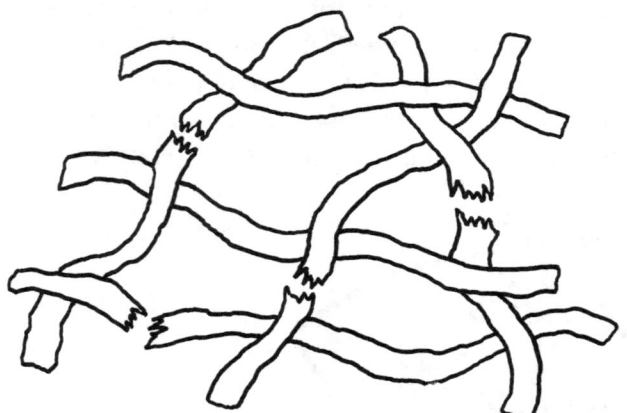

Rollenspiel 1. (selbstinszeniert, thematisch angestoßen). Ein Kind spielt, daß es als Fußgänger über einen Zebrastreifen geht, ein anderes

Kind fährt als Motorradfahrer den Fußgänger um. Ein drittes Kind kommt als Polizist dazu, um die Schuldfrage zu klären. Man kann mehrere Durchgänge spielen mit jeweils eindeutigen Verkehrsverstößen, die den Drittklässlern geläufig sind. (Bei Rot über die Ampel, den Gehsteig zugeparkt, zu schnell durch die Ortschaft gefahren usw.)

Rollenspiel 2. (Selbstinszeniert, thematisch angestoßen). Die Verkehrsregelverstöße aus Rollenspiel 1 kommen zur Gerichtsverhandlung. Hinter einer Schulbank sitzt der Richter. Seitlich davon auf einem Stuhl nimmt der Ankläger Platz, davor sitzen Verteidiger und Angeklagter. Im kurzen Gespräch werden die einzelnen Rollen mit ihren spezifischen Aufgaben umrissen und anschließend gespielt. In der Regel kennen die Kinder Gerichtsverhandlungen aus Filmen und spielen solche Szenen mit intensivem Einsatz.

Gespräch. »Wir haben dicke Gesetzesbücher mit Gesetzen, die unser Leben regeln. Es gibt Verkehrsregeln, Gesetze zum Schutz der Kinder, Gesetze zum Schutz des Eigentums, Tierschutzgesetze usw. Wenn man gegen ein solches Gesetz verstößt, ist man schuldig. Wir wollen jetzt Beispiele sammeln, wofür alles ein Richter ein Schuldurteil sprechen kann.«

Erzählung. »Eindeutige Gesetzesverstöße verfolgt die Polizei. Es gibt aber auch Situationen, für die sich die Polizei überhaupt nicht interessiert und trotzdem verhält sich jemand falsch. Die Tilly hat da gestern etwas erlebt, das will sie euch jetzt erzählen:«

Tilly: »Meine Tante Sylvia, die wohnt bei uns im Haus, die hat letzte Woche Geburtstag gehabt. Und ich hab extra für sie ein wahnsinnig tolles Bild mit einem Segelschiff drauf gemalt. So richtig mit allen Feinheiten, also mit Masten und Seilen und Bullaugen und mit großen Wellen drum rum. Also ich hab da echt lang dran gemalt. Bestimmt drei Stunden. Ich habs der Tante Sylvia dann geschenkt und die hat auch mordsmäßig rumgetan mit Danke und so. Aber am nächsten Tag, wie ich unsern Müll in die Tonne geleert hab, stellt euch vor, da war mein Bild drin gelegen. Ja echt, des war in der Mülltonne! Und völlig verknittert wars. Ich kann euch sagen, ich bin rauf in mein Zimmer, Tür zugeknallt und zugesperrt. Meine Mama hat geklopft und gefragt, was los is. Ich hab bloß gerufen: ›Frag Tante Sylvia, die is schuld!‹«

Die Erzählung kann nun in ein Gespräch übergehen. »Wie findet ihr das denn, daß die Tante Sylvia das Bild einfach in die Tonne wirft?«

Miteinander pfeifen und musizieren: »Singt dem Herrn und lobt ihn« Die Kinder lernen die Melodie des Liedes kennen und pfeifen sie. Dazu spielen andere Kinder auf Xylophonen gleichzeitig zwei verschiedene Ostinati. Rhythmisch begleitet wird mit Stampfen, Patschen, Klatschen und Schnipsen.

Ostinato 1

Ostinato 2

Rhythmische Begleitung

Stampfen, patschen, klatschen oder schnipsen

Buchbetrachtung. Ein Bilderbuch über die Schöpfung wird gemeinsam angeschaut. Am besten eignet sich »Samstag im Paradies« von Helme Heine, weil hier, ein bißchen mit einem Augenzwinkern, Gott als Künstler dargestellt wird, der sich analog zu Tillys Malen viel Mühe gemacht hat mit dem Kunstwerk seiner Schöpfung.

Symbolspiel. Von einer Stange Krepp-Papier werden mit der Schere 3 cm breite Stücke abgeschnitten und zu langen Bändern entfaltet. Die Kinder stehen im Kreis. Hin und her wird nun aus den Bändern zwischen den Kindern ein Netz gespannt nach dem Motto »Gott hat alles gut gemacht. Er will, daß es allen Geschöpfen gut geht.« Zu jeder neuen Vernetzung wird ein neues Beispiel gesucht und genannt. (Gott will, daß es dir und mir gut geht./ Gott will, daß es unseren Eltern gut geht./

Gott will, daß es unserer Atemluft gut geht./ Gott will, daß es den Schmetterlingen gut geht etc.) »Unser Netz ist ein Zeichen für Gottes Schöpfung geworden. Wir werden nun zu Musik dieses Netz gemeinsam langsam hochsteigen lassen oder langsam zu Boden senken. Vielleicht werden wir es auch einmal vorsichtig drehen. Wir geben acht, daß das Netz ganz bleibt und keinen Schaden nimmt.«

Zu langsamer festlicher Musik heben und senken die Kinder das Netz in Zeitlupe oder sie drehen sich mit dem Netz im Kreis.

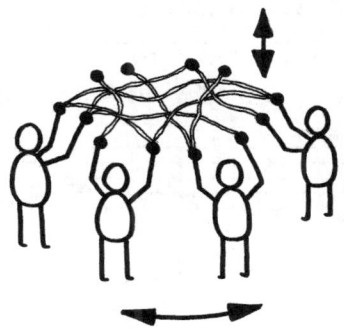

Miteinander singen und pfeifen. (Lied »Singt dem Herrn und lobt ihn« – s.u.). Nun wird der Refrain mit Text gesungen, der Vers aber weiterhin gepfiffen.

»Singt dem Herrn und lobt ihn, Halleluja, lobt ihn, singt dem Herrn und lobt seinen Namen, preiset ihn in Ewigkeit, Amen.«

Gespräch. »Kinder, schließt bitte kurz eure Augen« L. legt das intakte Netz (A) auf die Seite und legt das mitgebrachte zerrissene Netz (B) in die Mitte. »So, jetzt macht die Augen wieder auf. Ihr habt recht, daß ihr euch empört. Doch das ist ein anderes Netz, das jetzt da so kaputt vor euch liegt. Unser Netz, das wir gemacht haben, ist noch ganz. Wenn ich euer Netz wirklich kaputt gemacht hätte, dann hättet ihr mich anklagen müssen. Das wäre ja ganz gemein gewesen. Ich denke aber, wir machen Gottes Netz doch an manchen Stellen kaputt...« Die Kinder überlegen gemeinsam, wie wir daran schuldig werden und Gottes Kunstwerk manchmal so behandeln wie Tante Sylvia Tillys Bild. (Zwischenmenschliche Kränkungen, Umweltzerstörung etc.)

Heftwerkstatt. Jedes Kind malt über zwei DIN A4 Seiten das intakte Krepp-Papiernetz mit Farbstiften. Dann werden Stücke vom zerrissenen Netz (B) genommen und in Fetzen auf das gemalte Netz geklebt. Überschrieben wird alles mit »Gott hat uns und unsere Welt wunderbar gemacht wie ein Netz. Er will, daß es uns und der Welt gut geht.« Unter oder seitlich der bildlichen Gestaltung wird geschrieben: »Wir Menschen beachten oft nicht, wie gut Gott alles gemacht hat. Wenn uns gleichgültig ist, daß es allen gut gehen soll, machen wir Risse in das Netz. Das nennt die Bibel ›Schuld‹.«

Anhang:
Lied »Singt dem Herrn und lobt ihn«

Text (nach Psalm 96,2, Psalm 103)
und Melodie: Die Messengers
Rechte: Oncken Verlag, Wuppertal

2. Vers: Er geht nicht mit uns um, wie wir es verdient, vergilt nicht unsere Schuld, nein, er hat sie gesühnt, und seine Liebe zu uns ist unwandelbar, lobet ihn!

b) Menschen versuchen, mit Schuld umzugehen

Material. Pro Kind eine Männchenschablone (M 12), pro Kind ein DIN A4 Tonpapier-Blatt, Scheren, Kleber, Hängebecken, Schlägel.

Miteinander tanzen und singen.

Zum Lied »Singt dem Herrn und lobt ihn« (siehe 3.2.a), Anhang – S. 114) wird der Refrain gesungen und der Vers gepfiffen. Die Kinder stehen im Kreis. In der Mitte wird ein kleinerer Kreis aus etwa fünf bis sechs Kindern gebildet (mit den Gesichtern nach außen gewandt).

Außenkreis: Mit Handfassung gehen die Kinder nach links. (Schritte: Schritt, Hüpf, Schritt, Hüpf, 4 Stampfschritte)

Innenkreis: Stehen, auf Zählzeit zwei und vier Klatschen, dazu fortwährend den Refrain singen, auch während der Außenkreis den Vers pfeift.

junge Pflänzchen nachgezogen. Stundenlang war sie oft mit ihren Blumen beschäftigt. Sie hat sogar geredet mit ihnen. Eines Tages hat ein Kaktus geblüht. Das war ein besonderer Kaktus, der nur einmal in seinem Leben blühen kann. Fräulein Brockmöller hat die Nachbarn eingeladen und allen stolz ihren blühenden Kaktus gezeigt. Am Abend ist Fräulein Brockmöller zu ihrer Cousine zum Schachspielen gegangen. Die kleine Ulrike hat noch draußen mit den Nachbarskindern gespielt. Plötzlich sagt ein größeres Mädchen: ›He, die Brockmöller ist nicht zu Hause und ihr Fenster ist offen. Kommt, wir steigen ein.‹ Ulrike war dagegen: ›Das können wir doch nicht machen! Das ist ja Einbruch!‹ ›Bist wohl zu feige, was?‹, hat das größere Mädchen gelacht. Mit einem Sprung war sie auf dem Fensterbrett und im nächsten Moment in Fräulein Brockmöllers Wohnung. Ulrike wollte nicht feige sein, und so ist sie hinterhergeklettert. ›Klirr!‹ Da war es auch schon passiert. Der Kaktus lag auf dem Boden, der Blumentopf war zersplittert und die Kaktusblüten waren abgebrochen.«

Gespräch. L: »Was meint ihr, wie die Geschichte ausgegangen ist? Haben die Kinder am nächsten Tag bei Frau Brockmöller gebeichtet? Oder haben sie die Geschichte totgeschwiegen? Haben sie vielleicht vor anderen Kindern damit angegeben? Was meint ihr?«

Klatschrhythmus

Erzählung. »Als meine Freundin Ulrike noch ein kleines Kind war, ist diese Geschichte passiert: Im Nachbarhaus meiner Freundin wohnte ein altes Fräulein, Brockmöller hieß sie. Ihre Leidenschaft waren Zimmerpflanzen. Sie hat die Blumen umgetopft, die Blätter mit Wasser besprüht, gedüngt, alte Blätter entfernt oder

Gestisch-pantomimisches Spiel. Alle Kinder der Klasse spielen gleichzeitig pantomimisch jeweils eine Möglichkeit, mit Schuld umzugehen.

a) Sich verstecken und hoffen, daß niemand bemerkt, wer den Schaden angerichtet hat.

Mitten in dieser pantomimischen Aktion ertönt durch L. ein »Gongschlag« vom Bekken. Die Kinder erstarren in ihrer Bewegung. L. fragt: »Wie fühlt sich das an, wenn man Angst hat, entdeckt zu werden, wenn man sich fortmogeln möchte? Ist das ein angenehmes Gefühl oder ist es eher bedrükkend?« (Kurze Rückmeldung)

b) Abwehren und leugnen, auf andere zeigen und ihnen die Schuld in die Schuhe schieben. Nach einer Weile ertönt wieder der Gongschlag, die Bewegungen erstarren. L. fragt: »Wie fühlt sich das an, wenn man lügt. Wie ist das, wenn andere geschimpft werden, die gar nichts dafür können? Ist das ein angenehmes Gefühl oder ist es eher beklemmend?«

c) Abwinken und verächtlich grinsen, die Schuld verharmlosen. Nach einer Weile wieder der Gongschlag mit Erstarren der Bewegungen: »Wie fühlt sich das an, wenn man sieht, wie der andere verzweifelt ist, dem man etwas angetan hat und man selber tut so, als wäre nichts gewesen? Ist das ein angenehmes Gefühl oder ist es eher beschämend?«

d) Für die eigene Tat geradestehen, sich der Verantwortung stellen, sich zeigen, zugeben. Gongschlag, Erstarren der Bewegung: »Wie fühlt sich das an? Hält man das kaum aus, nicht fortzulaufen? Spürt man, wie mutig man jetzt sein kann, merkt ihr, das jetzt alles wieder gut werden kann?«

Gespräch mit handwerklicher Vorbereitung. Die Kinder bekommen die Männchenschablone, schneiden sie aus und zeichnen mit ihrer Hilfe auf ihr DIN A4 – Tonpapierblatt vier gleiche Männchenfiguren, die sie ausschneiden.

Im Gespräch werden die gespielten Möglichkeiten, wie Menschen mit Schuld umgehen, noch einmal gemeinsam durchdacht. Dazu werden die Papiermännchen in die passenden Körperhaltungen gebogen. Die Kinder überlegen, warum man sich mit seiner Schuld manchmal auf solcherlei Weisen verhält, was

das für das Miteinander bedeutet und wie die entstandenen Probleme dadurch gelöst oder vergrößert werden. (Wofür braucht man den größten Mut? Gewinnt man Achtung des anderen, wenn man einen Fehler zugibt oder verliert man dann Achtung? Was halten wir von Menschen, die Fehler nicht zugeben können? Usw.)

Heftwerkstatt. Jedes Kind klebt seine vier Papiermännchen auf zwei nebeneinanderliegende DIN A4 – Seiten ins Heft. Jedes der vier Männchen wurde zuvor in eine charakteristische Haltung gebogen. Jede Möglichkeit wird beschriftet:

a) Manche schieben ihre Schuld anderen in die Schuhe.

b) Manche nehmen ihre Schuld nicht ernst.

c) Manche verstecken sich oder laufen davon, wenn sie Schuld auf sich geladen haben.

d) Wer seine Schuld zugibt, hat Mut.

Kopiervorlage M 12

c) Wie Gott verzeiht: der gütige Vater (Lk 15, 11 – 32)

Material. Ein Säckchen mit Goldmünzen (Aus Metallfolie. Oder Schokoladentaler, die in Goldpapier eingewickelt sind), ein großes schwarzes Tuch, eventuell Schüssel mit Obst (z.B. Weintrauben), Xylophone, kleines Schlagwerk des Orff-Instrumentariums, pro Kind ein kleines Stück schwarzes Tonpapier, je ein DIN A5 Tonpapier in Braun und in Rot oder Orange, eventuell Fotokopien mit Schablone von Vater und Sohn, Scheren, Kleber, Tonträger mit festlicher Musik.

Gespräch. L. legt ein Säckchen mit Goldmünzen vor die Kinder und sagt dazu: »Stellt euch vor, ein Mann hat sein Leben lang für seine Kinder gearbeitet. Er hat ein Haus gebaut und Geld gespart. Und dann gibt er seinem Sohn, als er frisch erwachsen ist, sein ganzes Erbe. Der Vater möchte, daß der Sohn nun etwas bekommt, wovon er sein ganzes Leben etwas hat. Was meint ihr, was sollte der Sohn wohl mit diesem Erbteil machen, damit es sich fürs ganze Leben lohnt?«

Illustrierendes Rollenspiel. Die Goldmünzen werden an die Kinder verteilt. L. spielt eine Art »billiger Jakob«, der ständig andere Dinge anpreist und an mitspielende Kinder verkauft, bis sie alle Goldmünzen ausgegeben haben. Der »billige Jakob« läßt den Kindern keine Zeit zum Nachdenken und verbreitet große Hektik.

Eine günstige Segeljacht

goldene Uhren

Hier ein Porsche im Sonderangebot

Ein Faß Whisky

Eine Dose Kaviar

Modeschmuck

Dann steckt L. das Geld ein und sagt: »Die Segeljacht wird bald sinken, denn der Boden ist morsch, der Porsche wird am nächsten Baum zu Schrott gefahren werden, die goldenen Uhren sind natürlich nicht echt, von Whisky und Kaviar ist nächste Woche nichts mehr übrig. Aber Hauptsache, ich habe ihnen das Geld aus der Tasche gezogen.«

Erzählung mit Symbolspiel. Die Kinder sitzen im Kreis. L. beginnt, die Geschichte vom barmherzigen Vater und dem verlorenen Sohn zu erzählen. Die Erfahrungen aus dem vorhergehenden Gespräch und dem Rollenspiel werden in die Erzählung eingebunden. An der Stelle, als der Sohn im Elend sitzt, wird ein großes schwarzes Tuch in die Kreismitte gelegt. Nach und nach setzen sich alle Kinder auf das schwarze Tuch am Boden, bis es richtig eng und ungemütlich wird. Sie hören dabei vom Leid des »verlorenen« Sohnes, von seinem nagenden Hunger, von der feuchten Schlafstätte in einem Verschlag, von den häßlichen Worten und Fußtritten anderer Menschen, wenn sie ihn verjagen, bis schließlich der Sohn beschließt, zu seinem Vater zurückzugehen, seine Schuld zuzugeben und zu bitten, als Knecht arbeiten zu dürfen. Jetzt blendet L. langsame festliche Musik ein und erzählt, wie der Vater entgegenläuft, den Sohn aufhebt und in die Arme nimmt und zum großen Wiedersehensfest rüstet. Dazu nimmt L. jedes Kind nach und nach bei der Hand, hilft beim Aufstehen und führt es zu seinem Stuhl, bis kein Kind mehr in der »Grube« sitzt. Das schwarze Tuch wird nun fortgenommen. Eventuell kann dann eine Schüssel mit Obst (z.B. Weintrauben) in die Mitte gestellt werden und jedes Kind darf sich der Reihe nach etwas nehmen, während L. das glückliche Fest schildert.

Miteinander singen, musizieren und tanzen. »Die Geschichte, die wir jetzt kennengelernt haben, hat Jesus einmal erzählt. Er wollte den Leuten damit sagen: So wie dieser Vater in der Geschichte, so ist jemand, der uns alle kennt.

Wen meint Jesus denn? – (Kurzes Gespräch) – Jetzt sind wir soweit, daß wir nun unser Lied nicht mehr pfeifen, sondern dabei singen, wie Gott mit unserer Schuld umgeht.«

Das Lied »Singt dem Herrn und lobt ihn« (S. 114 f.) wird nun erstmals mit dem vollständigen Text aus Refrain und den Versen gesungen. Nacheinander wird die Gestaltung des Liedes aufgebaut, bis der Charakter von Tanz und Musik bei einem Jubelfest annähernd erreicht wird. Allmähliche Temposteigerung kann dazu beitragen.

a) Rhythmische Begleitung durch Klatschen auf Zählzeit zwei und vier jeden Taktes

b) Ostinative Begleitung, indem von einer Gruppe auch während der Verse der Refrain durchgehend gesungen wird

c) mit den Xylophon - Ostinati aus 3.2.a)

d) mit der Tanzgestaltung aus 3.2.b)

Refrain: Singt dem Herrn und lobt ihn,
Halleluja, lobt ihn.
Singt dem Herrn und
lobt seinen Namen,
preiset ihn in Ewigkeit, Amen.

1. Vers: Der dir alle deine Sünden vergibt,
der deine Schuld dir nimmt,
weil er dich liebt,
und der dein Leben vom Verderben
erlöst, lobet ihn.

2. Vers: Er geht nicht mit uns um,
wie wir es verdient,
vergilt nicht unsere Schuld,
nein, er hat sie gesühnt
und seine Liebe zu uns ist
unwandelbar, lobet ihn.

Heftwerkstatt. Über zwei nebeneinanderliegende Heftseiten wird der Weg des Sohnes heim zu seinem Vater gestaltet. Links unten beginnt der Weg im Dunkeln. Ein Stück schwarzes Tonpapier markiert den Anfang. Um dieses schwarze Stück wird geschrieben: »Vater, ich bin schuldig geworden. Ich bin nicht mehr wert, dein Kind zu sein.« Rechts oben wird das hell erleuchtete, freundliche Vaterhaus gemalt. Diese beiden Pole werden mit dem Weg verbunden, der mit Farbstiften so gemalt wird, daß der anfangs dunkle Weg immer heller wird, bis er schließlich gelb oder orange leuchtet. In die Mitte des Weges kommt die Umarmung des Vaters: Aus rotem, gelbem oder orangefarbenem Tonpapier wird der Vater ausgeschnitten und auf die Mitte des Weges geklebt. Die Arme dürfen allerdings nicht mit angeklebt werden. Sie werden über den Sohn umgeknickt, der (aus braunem Tonpapier ausgeschnitten) auf Bauch und Brust des Vaters geklebt wird. Unter die beiden Figuren wird geschrieben: Der Vater sagt: »Mein Sohn war wie tot und ist lebendig geworden. Er war verloren und ist gefunden worden.« Genauso vergibt uns Gott alle unsre Schuld, wenn wir ihn von Herzen darum bitten. Über die linke Heftseite wird in eine Wolke geschrieben: Psalm 103, 8; 13 – Barmherzig und gnädig ist der HERR, geduldig und von großer Güte. Wie sich ein Vater über Kinder erbarmt, so erbarmt sich der HERR über die, die ihn ernst nehmen.

Gespräch. Tilly: »Hm, also, wenn ich was Schlimmes ausgefressen hab, dann werd ich doch immer erst mal geschimpft! Der Gott ist doch dann auch erst mal sauer auf mich, oder net? Ich hab immer gedacht, daß ma sich erst mal 'ne Zeitlang anständig benehmen muß, bevor ma wieder mit ihm reden, – also beten oder so –, kann. Was denkt ihr da drüber?«

Kopiervorlage M 13

d) Menschen versuchen, Schuld wiedergutzumachen

Material. Text aus »Hörbe und sein Freund Zwottel«, O. Preußler, S. 89–95, zerrissenes Netz aus 3.2.a, andersfarbige Krepp-Papierstreifen, Scheren, Kleber.

Miteinander singen und tanzen. »Singt dem Herrn und lobt ihn«, Strophe 1 und 2 als Tanzgestaltung wie in 3.2.b).

Statt Erzählung. Aus »Hörbe mit dem großen Hut« von O. Preußler werden zwei Kapitel von S.89–95 vorgelesen.

Kurze Inhaltsangabe: Der Zottelschratz Zwottel lebt seit kurzem bei seinem neuen Freund, dem Hutzelmann Hörbe. Die Hutzelmänner tragen große Hüte, die sie vor schlimmen Wetterzeiten schützen. Das Leben im Haus ist für den Waldschratz ungewohnt und er ist mit der Zeit nicht mehr so abgehärtet wie früher. Eines Tages kommt er niesend und schniefend nach Hause. Ein Regenguß hat ihn überrascht. Er beschimpft Hörbe, weil der einen Hut hat und er, Zwottel, nicht. Hörbe wehrt sich, ein Wort gibt das andere und sie geraten in ihren ersten Streit, bei dem sie sich tiefe Kränkungen zufügen. In der Nacht schlafen beide schlecht, denn es tut ihnen sehr leid, was sie sich gegenseitig an den Kopf geworfen haben. Am nächsten Tag teilt Hörbe seinen Hut; er besteht nämlich aus einem »Obendrüberhut« und einem »Untendrunterhut«. Feierlich überreicht er Zwottel den Untendrunterhut und beide versöhnen sich wieder herzlich.

Gespräch. Wenn man sich gestritten hat, wenn man etwas Dummes angestellt hat, wenn man einem anderen Schaden zugefügt hat, dann tut es einem oft hinterher leid. Aber es ist schwierig, wie man dem anderen wieder gegenübertreten kann. Es ist schwierig, wie man sich wieder versöhnen kann. Wie kann man Schaden wieder gutmachen? Tilly weiß ein Beispiel: »Ich hab' meine Freundin wie jeden Früh an der Bushaltestelle getroffen. Und weil ich mich so gefreut hab', sie wiederzusehn, bin ich an ihr hochgesprungen, ich wollt' sie halt umarmen. Dabei is' sie umgekippt und auf' nen Betonblumenkasten gestürzt. Die Geranien sin' abgebrochen und sie hat sich sehr wehgetan. Da hat sie mich angeschrien und dann hat sie sich von mir weggedreht. Sie wollte nix mehr mit mir zutun ham. Die ganze Busfahrt hat sie von mir weggeschaut. Was soll ich denn jetzt bloß machen?«

Die Kinder überlegen, was Tilly tun kann, um ihre Schuld wieder gut zu machen, oder zumindest, um sich zu entschuldigen. Welche Wege der Entschuldigung gibt es? Welche Worte, welche Gesten können helfen? Die Kinder können von eigenen Erfahrungen berichten. (Es darf aber auch nicht verschwiegen werden: Manchmal kann es passieren, daß eine Entschuldigung nicht gleich angenommen wird. Es kann manchmal etwas dauern, bis die Kränkung überwunden werden kann. Manche Menschen nehmen eine Entschuldigung auch nie an. Die Hauptabsicht dieser Unterrichtseinheit sollte aber darin bestehen, den Kindern Mut zu machen, sich zu entschuldigen und Schaden wieder gut machen zu wollen.)

Selbstinszeniertes, thematisch angestoßenes Rollenspiel. Die Kinder gehen in fünf Gruppen auseinander. Jede Gruppe erfindet für einen der folgenden Konflikte eine Lösung und spielt sie anschließend der Klasse vor.

– Stelle dir vor, du spielst gerade »Ballwerfen« gegen eine Mauer. Du hast gerade schlechte Laune, denn deine Mutter hat dich soeben geschimpft. Dein bester Spielkamerad kommt zu dir und möchte mitspielen. Aus deiner schlechten Laune heraus sagst du: »Hau ab, laß mich in Ruhe.« Dein Spielkamerad geht fort und ist traurig. Jetzt tut es dir sehr leid. Was nun?
– Stelle dir vor, du hast in der Küche mit deinen Freunden Kuchen gebacken. Der Kuchen ist gut geworden, aber die Küche sieht

aus wie ein Schlachtfeld. Deine Mutter kommt ganz erschöpft von der Arbeit nach Hause. Als sie die Küche sieht, bricht sie fast zusammen. Jetzt tut dir deine Mutter sehr leid. Was nun?

– Stellt euch vor, ihr habt Fußball gespielt. Der Fußball fällt in den Nachbarsgarten und bricht etliche Blumenstengel ab. Das sieht wirklich schlimm aus. Was nun?

– Stellt euch vor, ihr habt die Schokolade eures Bruders oder eurer Schwester (oder Cousine/Cousin) aufgegessen, weil ihr euch wirklich nicht beherrschen konntet. Als der Schaden entdeckt wird, gibt es bittere Tränen. Jetzt tut es euch leid. Was nun?

– Stellt euch vor, euer Lieblingslehrer hat einen Strauß Wildblumen mitgebracht. Er will sie mit euch im Unterricht untersuchen und legt sie auf das Lehrerpult. In der Pause vor diesem Unterricht schießt euch Unfug durch den Kopf. Ihr reißt den Blumen alle Köpfe ab. Als der Lehrer nach der Pause in den Unterricht kommt und das Unheil sieht, setzt er sich stumm auf den Stuhl.

Er sagt nichts über die Blumen. Er sagt nur: »Nehmt die Hefte raus und schreibt aus dem Buch S. sowieso ab.« Den Rest der Stunde sagt er kein Wort. Jetzt tut es euch sehr leid. Was nun?

Symbolspiel. Die Kinder sitzen im Kreis. Der Lehrer legt das zerrissene Netz aus 3.2.a) (S. 114) in die Mitte: »Wißt ihr noch, wofür unser zerrissenes Netz ein Zeichen sein sollte? (Kurze Rückmeldungen. Die Barmherzigkeit des Vaters, mit der er den schuldig gewordenen Sohn wieder aufnimmt, sollte zur Sprache kommen.) Als der Sohn wieder mit offenen Armen aufgenommen wird, ist das der Neuanfang seines Lebens. Ihr habt gerade Möglichkeiten gefunden, wie man Schuld wieder gutmachen kann. Das ist, wie wenn man das kaputte Netz wieder zusammenfügt. So kann also ein Neuanfang weitergehen, wenn man sich entschuldigt und Schaden wieder gutmachen möchte.« Mit andersfarbigen Krepp-Papierstreifen und mit Klebestiften reparieren einzelne Kinder nach und nach das Netz. Dazu sagt der Lehrer immer den Satzanfang: »Wir können Schuld wiedergutmachen, wenn wir...« Andere Kinder vollenden den Satz mit verschiedenen Möglichkeiten.

> »...wir sagen, es tut uns leid.«
> »... etwas schenken.«
> »...aufräumen helfen.«
> »...putzen helfen.«
> »...etwas Kaputtes reparieren.«

Heftwerkstatt. Aus Krepp-Papierstreifen einer Farbe basteln die Kinder ein unvollständiges, »zerrissenes« Netz. Mit kurzen Krepp-Papierstreifen einer anderer Farbe fügen sie die losen Bänder des Netzes zusammen, bis es vollständig »geflickt« ist. An einigen Punkten wird das Netz ins Heft geklebt und folgender interpretierender Text dazugeschrieben:

»Weil uns Gott unsre Schuld vergibt, können wir wieder in Ordnung bringen, was wir durch unsre Schuld angerichtet haben.«

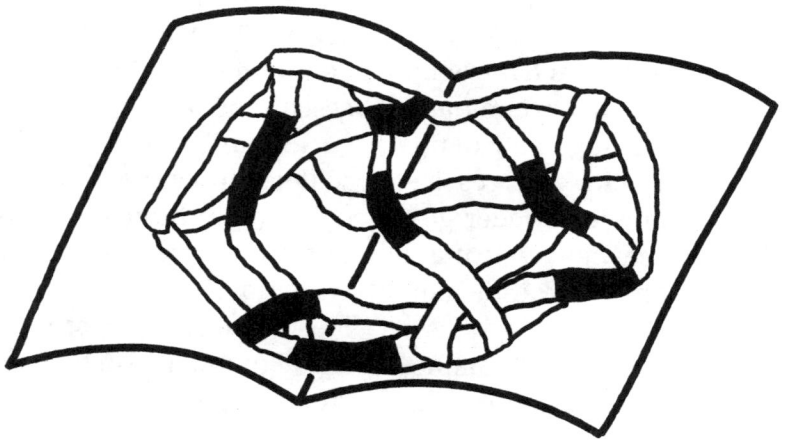

e) Christen nehmen Gottes Angebot, Schuld zu vergeben, an und richten ihr Leben an dieser Erfahrung aus

Material. Keines

Symbolspiel: Alle liegen am Boden im Kreis, nur L. steht. L. reicht dem Kind neben sich die Hand und hilft ihm aufzustehen. Dieses Kind nimmt den nächsten Nachbarn bei der Hand und zieht ihn hoch, dieser richtet wieder den nächsten auf. Das geht solange weiter, bis schließlich alle Kinder stehen.

Nun wird dieses Symbolspiel reihum nochmals verbal bewußt gemacht: Das erste Kind schaut seinen nächsten Nachbarn an und sagt: »Jemand hat mir aufgeholfen, komm, dir helf' ich auch hoch«. Das angesprochene Kind sieht darauf hin wieder den nächsten Nachbarn an und sagt den gleichen Satz: »Jemand hat mir aufgeholfen, komm, dir helf' ich auch hoch«. Dieser Satz läuft reihum mit dem entsprechenden Blickkontakt.

Erzählung. L. erzählt Mt 18, 21 – 29 und läßt den Ausgang der Geschichte zunächst offen. L. fragt die Kinder, wie der Mann ihrer Meinung nach handeln sollte, dem alle Schulden erlassen wurden, und nun steht ein anderer vor ihm, der bei ihm selbst Schulden hat. Anschließend wird der Bibeltext bis zum Vers 33 erzählt. (»Deine ganze Schuld habe ich dir erlassen, weil du mich gebeten hast; hättest du dich da nicht auch erbarmen sollen über deinen Mitknecht, wie ich mich über dich erbarmt habe?«) Als Abschluß der Erzählung wird nochmals der Anlaß der Geschichte aufgenommen: Petrus, der möglicherweise von einem anderen Menschen immer wieder verletzt wurde und denkt, jetzt müsse er mal abrechnen, versteht, was Jesus meint. (»Jetzt rutscht Petrus ganz nah an Jesus heran. Er senkt den Kopf und sagt leise: ›Du weißt Jesus, daß ich oft versage. Mit dem Reden bin ich ja immer schnell vorn dran. Aber wenn es darauf ankommt, in Schwierigkeiten zu Dir zu halten, dann habe ich oft Angst bekommen und mich versteckt.‹ Jesus sieht ihn an und legt ihm die Hand auf den Arm: ›Das ist deine Schuld, die Gott dir vergibt, Petrus.‹ Petrus hat immer noch den Kopf gesenkt. Er flüstert jetzt fast: ›Dieser Knecht, dem der Herr alle Schulden erlassen hat, der ist wie ich, nicht wahr? Du meinst Jesus, ich soll dem anderen auch so viel vergeben? Aber Jesus,‹ jetzt hebt Petrus den Kopf und sieht Jesus von unten ins Gesicht, ›Jesus, – leicht ist es nicht, immer wieder zu vergeben!‹ ›Nein,‹ Jesus schüttelt den Kopf, ›leicht ist es nicht, immer wieder zu vergeben. Aber es ist ein Sieg über das Unrecht.‹«)

Miteinander singen. Zum Lied »Singt dem Herrn und lobt ihn« (S. 114) lernen die Kinder einen neuen Vers.

Refrain wie immer:
Singt dem Herrn und lobt ihn,
Halleluja, lobt ihn,
singt dem Herrn und lobt seinen Namen,
preiset ihn in Ewigkeit. Amen

Neuer Vers:
Gott hat jedem von
uns Vergebung geschenkt,
darum vergib auch du,
wenn man dich kränkt,
weil Gott sich wie ein Vater
über alle erbarmt. Lobet ihn!

Symbolspiel: Das Symbolspiel wird wiederholt, allerdings werden jetzt Bewegungshandlung und Sprache gekoppelt. Gesprochener Satz: »Vergib uns unsre Schuld, wie auch wir vergeben unsern Schuldigern.«
(Sprechrhythmus:

♩ ♩♩♩♩ ♩♩♩ ♩♩♪♪♪♪ ♩♩♩ ∥)

Die Kinder, die bereits stehen, klatschen im Takt der Sprache dazu, so daß sich das Klatschen nach und nach akustisch verstärkt, je nach dem, wie viele Kinder bereits aufgerichtet sind.

Gespräch. Tilly erzählt ein Erlebnis aus der letzten Woche: »Am Samstag war ich mit Papa in einer Gastwirtschaft. Ich hab mir eine Leberknödelsuppe bestellt und mein Papa einen Schweinebraten. Und zu trinken wollte ich einen Apfelsaft und Papa wollte ein Bier. Also die Bedienung ist zwar ständig hektisch rumgerannt, aber zustande gebracht hat sie irgendwie nix. Erst ham mir ewig nix zu trinken gekriegt. Dann, als unser Essen da war, gabs kein Besteck dazu. Endlich hat der Papa Messer und Gabel bekommen, da mußten wir sie nochmals herrufen, damit ich für meine Suppe einen Löffel krieg. Und alles hat sie mit einem grantigen Gesicht gemacht. Als es dann ans Bezahlen gegangen is, da hat mein Papa ihr plötzlich doppelt so viel Trinkgeld gegeben, als es üblich is. Sie hat völlig überrascht aus der Wäsche geguckt. Wahrscheinlich hat sie eher erwartet, daß wir uns beschweren. Und auf einmal is diese Bedienung aufgeblüht, hat gestrahlt, hat uns einen schönen Tag gewünscht und gesagt, wie schön es is, daß draußen die Sonne scheint. Als wir draussen waren, hab ich ihn gefragt: Warum hast du der soviel Trinkgeld gegeben? Was denkt ihr, hat er geantwortet?« (Tatsächliche Antwort war: »Weil ich plötzlich Lust dazu hatte.«)

Welche Situationen fallen den Kindern ein, wo sie schuldhaftes Verhalten von Mitschülern oder Spielkameraden vergeben konnten. (Auch wenn das Verzeihen nicht gleich gelang, so doch vielleicht am nächsten Tag.)

Es sollte im Gespräch auch die ambivalente Spannung des Vergebens zur Sprache kommen. Einerseits, wie sich oft durch eine vergebende Geste alles ändern kann. Andererseits, wie schwer es oft ist, zu vergeben. L. sollte auch bekennen, daß die Aufforderung zum Vergeben zunächst an erwachsene, glaubende Christen gerichtet ist, daß es für Kinder aber auch Situationen geben kann, wo Gott nicht von ihnen erwartet, daß sie vergeben. Nämlich dann, wenn Erwachsene sie mißbrauchen. Aber auch Kinder können das Vergeben einüben, nämlich gegenüber Spielkameraden, Nachbarskindern oder Mitschülern.

Hefteintrag. Zum geflickten Netz im Heft wird noch ein Text dazugeschrieben: »Weil Gott uns unsre Schuld vergibt, dürfen wir auch anderen vergeben, die uns Schaden zugefügt haben. Wir beten im Vaterunser: Vergib uns unsre Schuld, wie auch wir vergeben unsern Schuldigern.«

4. Unterrichtsentwürfe für die vierte Jahrgangsstufe

4.1. Gott befreit und führt sein Volk – Mose

a) *Unterdrückung und Sklavenarbeit des Volkes Israel in Ägypten – als Rechtlose im fremden Land (2 Mose 1, 6 – 14, 22)*

Material. Zwei bis drei Handtrommeln, Altxylophon, große Flußkieselsteine, dicke schwarze Plakatschreiber.

Gestisch-pantomimisches Spiel. Einige Kinder malen mit Kreide große ägyptische Pyramiden auf die Tafel, sofern sie schon einmal Abbildungen von solchen Bauwerken gesehen haben. In einem kurzen Gespräch überlegen die Kinder gemeinsam, welche Arbeiten notwendig waren, um sie zu bauen. Nun werden diese Arbeiten pantomimisch gespielt: Steine behauen, Steine schleppen, aufeinander schichten, größere Quader schieben bzw. ziehen... Nachdem man in der Großgruppe ersteinmal die verschiedenen Bewegungsmöglichkeiten gefunden und ausprobiert hat, kann man die Kinder auch zu Kleingruppen zusammenfassen, die jeweils ihre eigene Pyramide bauen.

Tanzspiel. Die oben entwickelten pantomimischen Arbeitsbewegungen werden zu Reihungen zusammengefaßt, die sich häufig wiederholen lassen. (z.B.: Vier mal Bewegungen des Steine Behauens, vier mal imaginären Stein zum rechten Nachbarn weiterschieben, vier mal Steine hochwuchten und auf andere imaginäre Steine aufschichten... dann beginnt alles von vorne.) Musikalische Begleitung gibt es lediglich durch zwei bis drei Handtrommeln, die ein straffes Metrum mit einigen elementaren Rhythmen spielen.

$$(\ \quad , \quad , \quad , \quad , \quad // \ )$$

Allerdings spielen die Handtrommeln nach und nach immer schneller und treiben somit das Tempo des Sklaventanzes an.

Gespräch. »Wie muß wohl so ein Leben sein, wo man schuften muß bis zum Umfallen und auch noch ständig von Sklaventreibern angetrieben wird?« – »Würde uns das gefallen?«

Erzählung. (Frei nach dem oben angegebenen Bibeltext.) Das Leben in Sklaverei wird dabei (exemplarisch an einer jüdischen Familie) entfaltet. Die Sehnsucht nach Freiheit mit ihren ganz konkreten Wünschen (Feste feiern, Zeit haben für Muse...) kommt in deren Klage zum Ausdruck.

Miteinander singen und musizieren. Aus dem Lied »Gib uns Frieden jeden Tag« EG Nr. 425, wird die zweite Strophe gesungen »Gib uns Freiheit jeden Tag! Laß uns nicht allein....«

Musikalische Begleitung erfolgt wieder durch die Handtrommeln (Pulsschlag) und durch einen Bordun vom Xylophon (f-c).

Symbolspiel. Auf Steine schreiben die Kinder mit dicken Plakatschreibern, was sie als Beengung oder Gefangenschaft empfinden. »Was fesselt uns, was nimmt uns die Freiheit...«. Alle Steine werden in einen Stoffsack geworfen. Im Kreis reihum wird der Sack einmal von jedem Kind auf den Rücken genommen. Als Begleitung kann man wieder das Metrum durch die Handtrommeln aufnehmen und vielleicht noch den Xylophonbordun aus der Liedgestaltung. (Beispiele für Aufschriften auf den Steinen: Autoverkehr / strenge Vermieter / lieblose Lehrerinnen und Lehrer...)

b) *Geburt und Rettung des Mose (2 Mose 2,1–10)*

Material. Eine Handtrommel, ein Sopranglockenspiel, ein geflochtener Weidenkorb, Folkloremusik aus Ägypten, Tonträger, Bastelstroh oder Stroh vom Bauernhof, brauner Fotokarton, Scheren, Klebestifte, selbstklebende Klarsichtfolie.

Miteinander tanzen und singen. Die zweite Strophe von EG 425, »Gib uns Freiheit jeden Tag« wird gesungen, während die gestisch-pantomimische Sklavenarbeit des Tanzspiels aus der vergangenen Unterrichtsstunde dazu getanzt wird. Musikalische Begleitung gibt wieder die Handtrommel.

Erzählung. Nach dem oben angegebenen Bibeltext wird von der Familie des Mose erzählt, den Schwierigkeiten im Alltag, ein lebhaftes Baby zu verstecken, bis zu der Stelle, wo die Mutter Mose im Rohrgeflechtkorb ins Wasser setzt und Miriam sich versteckt, um Mose zu beobachten. Hier wird die Erzählung unterbrochen:

L. stellt einen Weidenkorb in die Mitte und daneben ein Glockenspiel. Einzelne Kinder spielen Glissandi auf dem Glockenspiel (mit dem Klöppel auf den Plättchen hin und her streichen), um das Wassermurmeln darzustellen. Andere Kinder sprechen dazu kurze Bitten, die Moses Eltern oder seine Schwester Miriam an Gott gerichtet haben könnten in ihrer Sorge um das Baby.

(*Beispiele:*
Lieber Gott, beschütze den kleinen Mose.
Gott, paß' auf, daß er nicht ertrinkt.
Hilf, daß ihn die Soldaten nicht finden.)
Erst jetzt wird die Geschichte zu Ende erzählt.

Gestisch-pantomimisches Tanzspiel. Die Kinder finden gemeinsam ritualisierte Bewegungsgesten, mit denen sich der Inhalt der Erzählung darstellen läßt. Zu ägyptischer Folkloremusik »tanzen« die Kinder dann die Erzählung als Geschichtentanz.

(*Möglichkeiten:* Babywiegen; aus den gekreuzten Armen aller Kinder einen geflochtenen Korb darstellen; mit den Händen Wasserwellen gestalten; das Körbchen beobachten mit den Händen über den Augen, um die blendende Sonne abzuschirmen; sich in die Pharaonentochter verwandeln durch das Zeigen eines imaginären Halsschmucks, gestisch Überraschung zeigen, Babywiegen usw.)

Heftwerkstatt. Jedes Kind schneidet aus Fotokarton eine Korbform aus (ca. 7 cm Länge). Die Korbform wird dick mit Kleber bestrichen und mit Strohhalmen belegt. Was übersteht, wird abgeschnitten. Das so entstandene Strohkörbchen wird auf die Heftseite gelegt und mit einem Stück selbstklebender Klarsichtfolie überklebt. Die Geschichte wird als Zusammenfassung dazugeschrieben.

Gespräch. Tilly wird in den Gesprächskreis geholt. Sie sagt: »Au Mann, eure Geschichte ist ja grade nochmal gut gegangen! Ich hab schon Angst gehabt, ein Sturm kommt auf und des Baby säuft ab! Aber ich frag mich, wen hat wohl der Mose dann für seine Mutter gehalten? Hat der sich mehr wie ein Ägypter gefühlt oder wie ein Israelit oder mehr wie ein Israelypter? Was meint ihr? ... Der hat ja dann als feiner Typ leben können. Ob der sich hat vorstellen können, wie die Sklavenschufterei seinen Landsleuten schmeckt?«

c) Mose muß fliehen (2 Mose 2, 11–21)

Material. Einige Handtrommeln, Schlaghölzer, evtl. auch eine Pauke, Kassettenrecorder mit Mikrofon, Leerkassette, eine alte Tapetenrolle, Scheren, Wachsmalkreiden, pro Kind ein Stück Buntpapier DIN A 6, Klebestifte.

Klangbild. L. malt folgende Notation an die Tafel:

In einem kurzen Gespräch wird der Charakter dieses Klangbildes abgesprochen: Einzelne Schläge, die sich verdichten, schneller und lauter werden, enden in starken, langsamen Schlußschlägen. Danach abrupte Stille.

Einige Kinder üben nun gemeinsam das Klangbild nach der Notation mit den oben genannten Orff-Instrumenten, die anderen Kinder können mit Klatschgeräuschen oder mit Handschlägen auf der Tischplatte begleiten. Anschließend wird das Klangbild mit dem Kassettenrecorder aufgenommen. Wichtig ist, daß auch mindestens zehn Sekunden Stille mit aufgenommen werden. Die Kinder müssen wissen: Die Schlußstille ist wichtiger Bestandteil des Klangbildes. Die Kinder dürfen die Aufnahme ein-, zweimal anhören.

(Was hier aufgenommen wird, ist, ohne daß es die Kinder zunächst wissen, der klanglich symbolisierte Totschlag durch Mose.)

Erzählung. Erzählung des oben angegebenen Bibeltextes bis Vers 15a. An der Stelle, an der Mose den Ägypter erschlägt, wird das Klangbild vom Kassettenrecorder abgespielt. Die Wirkung der Stille sollte bewußt ausgekostet werden und münden in der Erzählung vom »Entsetzen Moses über seine eigene Tat«.

Symbolspiel. Die Kinder legen ihre ausgestreckten Arme mit ausgestrecktem Zeigefinger auf die Tapetenrolle, die mit der Rückseite nach oben ausgerollt wurde. Sie ummalen ihre Arme mit Wachsmalkreiden und schneiden diese Formen aus. Die Kinder schreiben auf die Papierarme, was nun alles über Mose geredet wird vom Pharao, von Ägyptern und Israeliten. (Mörder / Verräter / Besserwisser / Angeber / Verbrecher usw.) Wie Pfeile werden die Papierarme auf den Boden gelegt mit dem Finger zur Mitte:

Gespräch. L: »Können wir uns vorstellen, wie es dem Mose jetzt zumute ist? Was würden wir tun in einer solchen Situation, wenn alle auf uns zeigen, wenn alle uns verurteilen würden? usw.« Auch Tilly kann sich zu Wort melden: »Also in Moses Haut möcht' ich jetzt net stekken! Na ja, er hat ja eigentlich den Schwächeren helfen wollen. Aber irgendwie hat er da zu arg draufgedroschen! Ich versteh' des net! Als Art Königssohn hätt' er doch dem Ägypter befehlen können, die Israeliten besser zu behandeln! Wo hat der bloß die Wut hergehabt, daß er da so draufgedroschen hat? Was meint ihr? ... Also, erschlagen hab ich ja noch keinen. Aber Mist gebaut, mehr so aus Versehen, schon öfter. Des Gefühl kenn' ich, wenn die andern mit ihrem Finger auf mich zeigen und sagen, ›Der war's!‹... Kennt ihr auch sowas? ...« ... Am Ende des Gesprächs erzählt L. den Kindern, daß Mose nur *eine* Lösung gesehen hat, nämlich die Flucht in ein anderes Land.

Erzählung. Nun wird die Geschichte zu Ende erzählt.

Gestisch-pantomimisches Spiel: Im Sitzkreis wird stumm und nur gestisch die Erzählung ab der Flucht nachgespielt: Fliehen (Schnelles Händepatschen auf die Beine), sich müde an den Brunnen setzen (Über die Stirn streichen und Schweiß abwischen, aufseufzen und die Schultern nach vorne fallen lassen), beobachten, was sich am Brunnen zuträgt (Hand über die Augen heben).

L. spricht nun das Wort »Rollenwechsel«. Jetzt wird das Erlebnis aus der Sicht der Mädchen am Brunnen gespielt:

Wasser schöpfen (mit imaginären Tonkrügen), zurückschrecken (ängstlich eine Schulter vorschieben und den Arm schützend vors Gesicht heben).

Wieder spricht L. das Wort »Rollenwechsel« und nun wird wieder Mose gespielt:

Zornig werden (die Arme einstützen mit zusammengezogenen Augenbrauen), mit dem Finger drohen, Wasser schöpfen helfen (mit imaginären Tonkrügen)... .

Heftwerkstatt. Eine Kurzfassung der Geschichte wird ins Heft geschrieben oder fotokopiert eingeklebt. Dann zerreißt jedes Kind ein Stück Buntpapier in zwei Teile. Die beiden Stücke werden mit einem ca. 1 cm großen Spalt nebeneinander geklebt.

Gespräch. Die Kinder überlegen gemeinsam, was der Riß durch das Buntpapier über Moses Leben sagen möchte.

d) Gott gibt sich mit seinem Namen zu erkennen: Ich bin für euch da! (2 Mose 3,1–15)

Material. Ein großer Dornenzweig; ein weißes Bettlaken, das sich mit Hilfe zweier Schnüre im Klassenzimmer aufhängen läßt, Wäscheklammern, Sicherheitsnadeln, Diaprojektor, mit Folienstiften bemaltes Diaglas (Feuerflammen aus gelben, orangefarbenen und roten Farbtönen); Xylophon; pro Kind eine Overheadfolie; Klebstreifen; und einige Packungen Folienstifte.

Erzählung mit symbolhaftem Wahrnehmungsspiel. Ein Dornenzweig wird an einem Bettlaken befestigt. (Wäscheklammern oder Sicherheitsnadeln). Das Bettlaken wird in der Mitte des Klassenzimmers aufgespannt (z.B. mit zwei Schnüren).

Die Kinder stehen mit L. im Halbkreis davor, sie erinnern sich und tragen im Gespräch zusammen, was sie von Moses Leben seit seiner Flucht noch wissen.

Plötzlich knipst L. den Diaprojektor an. (Vor der Stunde hat ihn L. auf den Ort des Bettla-

kens ausgerichtet.) Das »Feuer« des bemalten Diaglases leuchtet nun also von hinten durch den Dornenzweig hindurch.

An dieser Stelle setzt die Erzählung ein, während die Kinder weiter vor dem Bettlaken stehen. Beispiel: »Und wie Mose seine Schafe vor sich hertreibt, hin in die Nähe des Berges Sinai, sieht er plötzlich einen Dornenstrauch, der lichterloh brennt. Mose bleibt stehen. ›Wie kann das sein, der Strauch brennt, aber er verbrennt nicht.‹ Das will er sich genauer ansehen, und er geht neugierig auf den Strauch zu. Doch was ist jetzt los? Mose hört eine Stimme und vor Schreck zuckt er zusammen. ›Mose, Mose!‹ Mose sieht sich vorsichtig um. ›Hier bin ich.‹ ›Mose, komm nicht näher, zieh deine Schuhe aus, da, wo du stehst, ist heiliges Land. Denn hier bin ICH, der Gott Abrahams, Isaaks und Jakobs.‹«

L. und die Kinder ziehen sich jetzt ebenfalls ihre Schuhe aus und setzen sich im Halbkreis vor den Dornstrauch, der weiterhin wie brennend leuchtet. Und so erzählt L. die Geschichte zu Ende und entfaltet, daß Mose die Welt, hier symbolisiert im Dornstrauch, nun in einem völlig anderen Licht sieht, – daß er nun feinfühliger weiterschreiten wird (ohne Schuhe), nicht mehr so trampelig und gewalttätig wie bisher. Und L. erzählt, wie Mose Halt findet in dem Namen, mit dem Gott sich vorstellt: »Ich werde für euch da sein.«

Miteinander singen und musizieren. Die Kinder lernen den ersten Vers des Spirituals »When Israel was in Egyptsland«[43] in einer deutschen Übersetzung:

Als Israel in Ägypten war, –
«Laß mein Volk doch ziehn!«
als Sklaven unterdrückt sie war'n, –
»Laß mein Volk doch ziehn!«
Geh hin, Mose, hin ins Ägypterland,
sag dem Pharao:
»Laß mein Volk doch gehn!«

(Übersetzung: Elisabeth Buck)

Begleitung: Xylophon – Bordun aus Grundton und Quinte. Während den Ausrufen »Laß mein Volk doch ziehn!« wird eine kleine Tonleiter aus fünf Tönen abwärts gespielt: Von der Quinte bis zum Grundton.

Heftwerkstatt. Der fotokopierte Bibeltext wird ins Heft geklebt auf die linke Hälfte einer Doppelheftseite. Auf die rechte Seite malen die Kinder einen dornigen Strauch. Zwischen beide Seiten wird mit Klebstreifen eine Overheadfolie geklebt, die durch Folienstifte mit Feuerflammen bemalt wird.

Gespräch. L.: »Ein ungewöhnlicher Name, mit dem Gott sich da vorgestellt hat. Stellt ein Mensch sich so vor? Was können wir mit diesem Namen anfangen...?« Auch Tilly meldet sich zu Wort: »Also, ganz versteh ich des net! Wenn ihr da sagt, daß der Gott auch für jeden von uns da sein will, des kapier' ich net! Wie kann der denn für alle Menschen da sein. Der kann doch net auf alle immerzu gleichzeitig schaun. Oder was meint ihr? ... Und wenn ich mal was Schlimmes ausgefressen hab, dann will er doch bestimmt nimmer für mich da sein? Was sagt ihr...?«

Heftwerkstatt. Im Anschluß an das Gespräch wird über den Dornstrauch im Heft geschrieben:

Ich bin mit Dir –
Ich werde für Euch da sein!

*e) Der Pharao erfährt durch Gott die
Grenzen seiner Macht
(2 Mose 5, 1–9; 8, 16–28 /
Psalm 105 in Auswahl).*

*Israels Aufbruch in die Befreiung
(2 Mose 11, 4–8; 12, 1–14.29-33)*

Material. Großes Tuch (rot oder violett wenn
möglich), Goldpapierstreifen, Tonträger mit
Fanfarenmusik (z.B. Promenade aus »Bilder in
einer Ausstellung« von Modest Mussorgskij),
10 Plakatkartons DIN A3, dicke Buntstifte oder
Wachsmalkreide, Hängebecken, zwei Klöppel,
Neukirchener Kinder-Bibel (I.Weth), pro Kind
ein Stück ungesäuertes Brot (in manchen
Läden kann man auch Matzen kaufen), Xylophon, pro Kind ein Streifen roter Fotokarton.

Illustrierendes Rollenspiel. Die Kinder verwandeln einen Stuhl in den Thron des Pharao:
Das Farbige Tuch wird über den Stuhl gebrei-
tet und mit einigen Goldpapierstreifen verziert. Man kann den Stuhl auch erhöhen und
ihn auf einen Tisch stellen.

Vom Tonträger ertönt nun Fanfarenmusik.
Die Kinder ziehen am Thron vorbei und verbeugen sich vor dem imaginären Pharao. L.
regt an, dem Pharao »Huldigungen« zuzuru-
fen: »Unser Pharao ist der Mächtigste im Land.
Ihm müssen alle gehorchen! Was der Pharao
wünscht, das geschieht! Unser Pharao hat ein
riesiges Soldatenheer!« usw.

Erzählung. Die Kinder setzen sich mit L. vor
den Thron auf den Boden. L. erzählt 2 Mose 5,
1–9 und bringt dabei zum Ausdruck, wie über-
heblich sich der Pharao gibt und wie er seine
Mächtigkeit genießt. Zum Abschluß der Erzählung malt L. eine riesige Hand an die Tafel
und schreibt in ihre Handfläche den Text 2
Mose 6,1: »Da sprach der Herr zu Mose: Nun
sollst du sehen, was ich dem Pharao antun
werde; denn durch eine starke Hand gezwungen muß er sie ziehen lassen.« Gemeinsam
lesen die Kinder laut diesen Text.

Bildnerisches Gestalten. Die Kinder teilen sich
in 10 Gruppen auf (2–3 Kinder pro Einheit).
Jede dieser Kleinstgruppen bekommt einen Plakatkarton, einige dicke Buntstifte oder Wachsmalkreiden und gestaltet nun bildlich eine der
zehn Plagen gemeinschaftlich. (Die Plagen
werden einzeln auf Aufgabenkärtchen geschrieben und an die Gruppen verteilt.)

1. Gruppe: Bäche und Seen voll Blut
2. Gruppe: Frösche überschwemmen das Land
3. Gruppe: Schwärme voller Stechmücken
4. Gruppe: Schwärme voller Stechfliegen
5. Gruppe: Tote Pferde, Esel, Kamele, Kühe usw.
6. Gruppe: Hautausschläge bei Menschen
7. Gruppe: Schweres Hagelunwetter
8. Gruppe: Heuschrecken
9. Gruppe: Sonnenfinsternis
10. Gruppe: Tod aller ältesten ägyptischen Söhne

Liturgisches Spiel. Sitzkreis. Nacheinander tritt
nun eine Gruppe mit ihrem Bild in die Mitte.
Mit zwei Klöppeln spielen sie auf dem Hängebecken einen kleinen Trommelwirbel.

L. spricht dazu, ähnlich dem Schema von
Psalm 105, je einen Spruch zu jeder Plage (z.B.:
»Da schickte Gott die erste Plage. Er verwandel-
te das Wasser in Blut und tötete ihre Fische«).

Die Kinder antworten nach jeder Plage
gemeinsam mit dem Satz:

*»Aber Pharao blieb hart:
er ließ das Volk nicht fort.«*

Die zehnte Plage wird noch nicht zur Sprache
gebracht, sondern noch zurückgehalten.

Erzählung. L. erzählt die Geschichte nun ab der neunten Plage. An der Stelle, bei der die Israeliten auf ihren gepackten Körben sitzen und das letzte gemeinsame Mahl halten, bekommt jedes Kind ein Stück ungesäuertes Brot, das nun während der Geschichte gegessen wird. Erst als die letzte Plage erzählt wird, die die Macht des Pharaos bricht, zeigt die letzte Malgruppe ihr Bild zu ihrem »Beckenwirbel«. Die Geschichte kann nun zu Ende erzählt werden.

Miteinander singen und musizieren. Von dem Spiritual »When Israel was in Egyptsland« aus der vergangenen Unterrichtseinheit lernen die Kinder nun weitere Verse:

2. Und Mose sagt zum Pharao:
»Laß mein Volk doch ziehn!
Denn Gott, der Herr, befiehlt es so:
Laß mein Volk doch ziehn.«

3. »Oh laß uns von den Ketten fliehn.
Laß mein Volk doch ziehn!
Und laß uns in die Freiheit ziehn.
Laß mein Volk doch ziehn!«

Refrain: Geh hin, Mose,
hin ins Ägypterland, sag dem Pharao:
»Laß mein Volk doch gehn!«

(Übersetzung: Elisabeth Buck)

Die Kinder singen und begleiten sich mit dem Xylophon (siehe Unterrichtseinheit 4.1.d) und Klangakzenten vom Hängebecken.

Heftwerkstatt. Das Lied »When Israel was in Egyptsland« wird in seiner deutschen Übersetzung ins Heft geschrieben. Darunter malen die Kinder den prächtigen Thron des Pharao. Sie können als Verzierung auch dünne Goldpapierstreifen oder -kreise aufkleben. Aus rotem Fotokarton schneiden sie einen Balken, den sie quer über den Thron kleben. Sie beschriften den Balken mit dem Satz: Gott besiegt die Macht des Pharao.

Gespräch. Tilly sagt ihre Meinung: »Der war ja ganz schön stur, der Pharao in eurer Geschichte. Des ganze Drama hätt' er sich doch sparen können, wenn er mit sich hätt reden lassen! Mir scheint, da hat der Gott dann auch net mit sich spaßen lassen. Der Pharao mit seiner Mächtigkeit hat ja dann ganz schön alt ausgesehn... Also, solche Plagen sieht ma im Fernsehn fei auch manchmal. Da gibts Überschwemmungen, da brechen Seuchen aus, dann gibts wieder Erdbeben. Was meint ihr, will da jedesmal der Gott auch jemand besiegen? Oder welchen Sinn ham solche Plagen? ...« Freies Gespräch, in dem die Äußerungen der Kinder nicht gewertet werden!

f) Das Wunder am Schilfmeer (2 Mose 13, 17f; 21f; 14; 15, 1f. 20f)

Material. Mehrere alte Zeitungen, blaue und grüne Wachsmalstifte, Klebstreifen, mehrere schwarze Bögen Tonpapier (DIN A5), weiße Wachsmalkreiden, Tonträger mit »Morgenstimmung« aus der Peer-Gynt-Suite Nr.1 von Edvard Grieg, pro Kind ein hellblauer Tonpapierbogen DIN A5, Xylophon, Schlaghölzchen, Holzblocktrommel, Handtrommel.

Miteinander singen und musizieren. Das Spiritual »Als Israel in Ägypten war« (Siehe 4.1. d) und e)) wird mit allen Versen und der musikalischen Gestaltung wiederholt.

Erzählung und gestisch-pantomimisches Spiel. Die Auszugswanderung aus Ägypten wird gestisch im Sitzkreis gemeinsam gespielt. (Schritte: Händepatschen auf den Beinen. Babies tragen, Tiere treiben, Körbe schleppen: Entsprechende pantomimische Gesten.) L. bringt zur Sprache, wie sich die Israeliten auf dieser Wanderung nochmals alles durch den Kopf gehen lassen, was sie in der vergangenen Nacht erlebt haben. (Wiederholung und Vertiefung vor allem der Einsetzung des Passamahles als Erinnerungsmahl.)

An der Stelle, wo sich das Volk Israel vor dem Schilfmeer lagert, endet diese Phase.

Bühnenbildnerisches Gestalten. Die Kinder bauen eine Darstellung der undurchdringlichen Wassermassen des Schilfmeeres auf:

Sie schieben die Bänke so, daß eine ca. 1 ½ m breite Gasse entsteht. Sie bemalen Zeitungsseiten mit grünen und blauen Wachsmalkreiden. (Wellen, Strudel, Luftblasen usw.) Mit Klebstreifen werden die Zeitungsseiten nun so aneinander und an den Bänken befestigt, daß die Gasse durch mehrere symbolische Wasserwände versperrt wird.

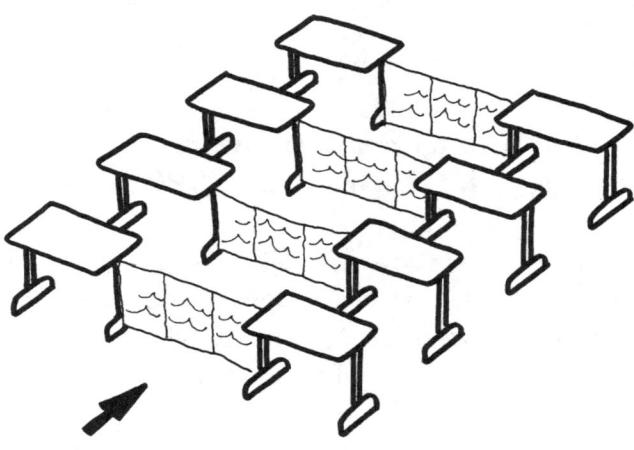

Erzählung mit Klangbild. »Horcht, hört ihr das Donnern? Was ist das! Und dort hinten, eine riesige Staubwolke! Unzählige Pferde und Streitwägen!« Die Kinder spielen auf dem Xylophon, auf Holzblocktrommeln und mit Schlaghölzchen ein vielgestaltiges Pferdegetrappel. L. ruft laut in das Klangbild hinein: »Pharaos Soldaten kommen hinter den Israeliten her!«

Gespräch. (Die Instrumente werden weggeräumt.) Die Kinder äußern spontan, was die Israeliten jetzt ausgerufen haben könnten und wie ihnen jetzt wohl zumute ist. L. schreibt diese Äußerungen in Kurzform auf schwarze Tonpapierbögen (DIN A5) mit weißer Wachsmalkreide. (Auch die Kinder können sie aufschreiben.) Diese beschrifteten Tonpapierbögen werden an die »Wasserwand« aus Zeitungspapier geklebt.

Hilfe!

Wir müssen sterben

Wir sind verloren

Erzählung. Weiter erzählt L., wie die Israeliten schließlich Mose beschimpfen und wie Mose antwortet. (»Der Herr wird für euch streiten und ihr werdet stille sein.«)

Symbolspiel mit Erzählung. Jetzt erklingt vom Tonträger die »Morgenstimmung« aus der Peer-Gynt-Suite Nr.1 von Edvard Grieg. L. bittet ein Kind, die anderen Kinder durch das »Meer« zu führen, indem es vorangeht und mit dem Körper die Papierwände einreißt. Alle Kinder ziehen nun zur Musik durch die offene »Wassergasse«. Am Ende fassen sich die Kinder bei den Händen und bilden einen Kreis. Sie nehmen den Spielort dabei in die Mitte.

Während die Musik noch läuft, erzählt L. die Geschichte bis zu 2 Mose 15, 21 zu Ende.

Aufräumphase.

Tanzgestaltung. L.: »Mirjam hat also eine Pauke genommen, darauf gespielt und Gott ein Danklied gesungen. Und gleich ist daraus ein begeisterter Tanzreigen geworden… Wir kennen auch ein Danklied: Danke, für diesen guten Morgen (EG 334). Wir machen es wie Mirjam und erfinden unsere eigenen Verse.«

Nun wird mit den Kindern gemeinsam gedichtet, bis zwei oder drei Verse entstanden sind. Zu diesen Versen entwerfen die Kinder dann gemeinsam eine eigene Reigentanzgestaltung, die mit dem eigenen Gesang und mit einer Handtrommel begleitet wird.

Beispiel: *Danke, für deine große Hilfe/*
　　　　　8 Schritte nach rechts im Kreis

　　　　　Danke, für deine große Tat./
　　　　　8 Schritte nach links

　　　　　Danke, du hast uns durchgeführt/
　　　　　4 Schritte auseinander, 4 Schr. zurück

　　　　　durchs Meer auf deinem Pfad/
　　　　　8 kleine Schritte als Drehung
　　　　　am eigenen Platz

Heftwerkstatt. Jedes Kind erhält einen hellblauen Tonpapierbogen DIN A4. Es schneidet ihn längs in einer gewellten Linie in zwei Hälften. An den beiden Außenrändern werden beide Hälften an den Längskanten einer Heftseite mit Klebstreifen aufgeklebt. Die beiden gewellten Schnittstellen sollen sich ca. 2–3cm überlappen. Nun kann man also das geschlossene »Schilfmeer« aufklappen und darunter die gemeinsam erfundenen Dankverse schreiben. Außen, auf das geschlossene »Meer« kommt die Überschrift. »Gott rettet sein Volk durch das Schilfmeer hindurch.«

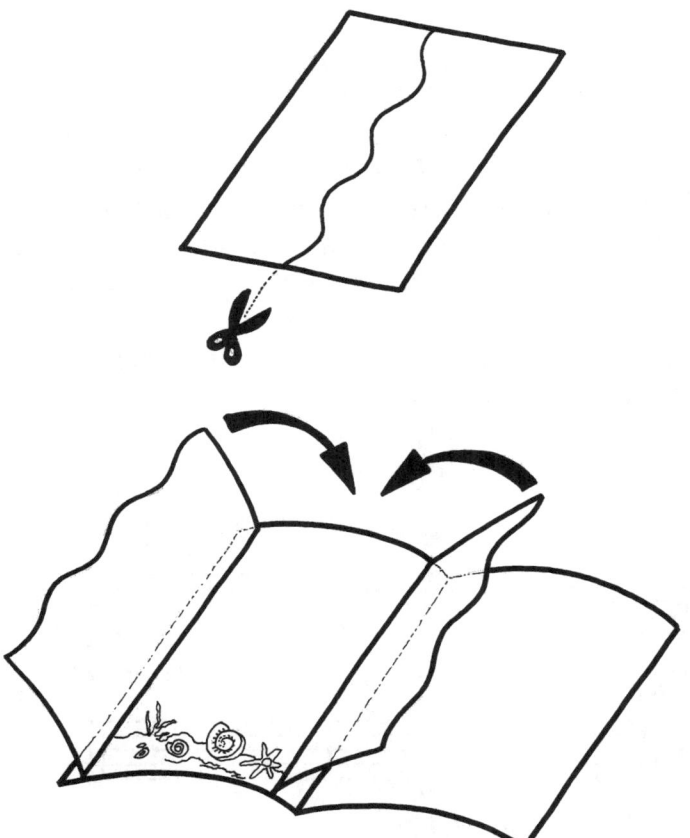

Gespräch. Tilly räuspert sich: »Euer Spiel grad, des is' mir ganz schön nah gegangen. Wie ihr die dichte Wand gebaut habt mit den Schildern –, na, ihr wißt schon. Auf die habt ihr die Wörter ›Angst‹ und so ähnlich geschrieben. Also, letzte Woche, da hab ich auch so was ähnliches wie 'ne Wand vor mir gehabt. Da hab ich echt gedacht, da geht's nimmer weiter. Meine Eltern ham sich furchtbar gestritten. Ich bin in mein Zimmer, hab die Tür zugesperrt und mir die Ohren zugehalten. Ich hab gedacht, die vertragen sich jetzt nie mehr und alles is' aus! Eine Wahnsinnsangst hab' ich gehabt. Da hätt' ich auch gern jemand gehabt, der mich an die Hand genommen hätt' und mich aus den Problemen rausgeführt hätt'. So wie der Gott die Israeliten durchs Meer da in eurer Geschichte geführt hat. Was meint ihr, vielleicht hätt' ich mit dem Gott drüber reden sollen? ... Kennt ihr so was auch? ...« (Freies Gespräch. Vielleicht werden auch Fragen von manchen Kindern zur Sprache kommen, ob der Durchzug durchs Meer tatsächlich so stattgefunden hat, was die Geschichte aber unabhängig von aller Interpretation für uns heute an Trost und Zusprache bereit hält. Wenn die Atmosphäre der Stunde danach ist, werden die Kinder sehr persönlich über ihre eigenen Glaubenshaltungen sprechen können.)

g) Gott schließt seinen Bund mit seinem Volk und verpflichtet es auf seine Gebote (2 Mose 19,1 – 20,17)

Material. Tücher und Bänder (oder auch in Streifen geschnittenes Krepp-Papier), Handtrommel, Nüsse, einige Wunderkerzen, kleine Vase, zehn Kieselsteine (ungefähr mandarinengroß), Alt – Metallophon (oder Altxylophon) mit vier bis sechs Klöppeln, Klebepunkte in zwei Farben, ein heller Plakatkarton DIN A2, mehrere Bögen dunkler Fotokarton DIN A5 oder DIN A4, weißer Papierbogen DIN A4, pro Kind ein Stück brauner oder grauer Fotokarton DIN A6, pro Kind ein kleines Stück Watte, Scheren, Kleber. Pro Kind eine Fotokopie der 10 Gebote aus dem Bibeltext.

Tanzspiel. Der selbstentworfene Tanz zu den selbstgedichteten Dankliedversen aus der vorangehenden Unterrichtseinheit wird zu Beginn noch einmal durchgeführt.

Wahrnehmungsspiel. Die Kinder sitzen im Kreis. L. zündet die Wunderkerzen an (Zuvor evtl. Raum abdunkeln). Während die Funken sprühen, nimmt L. die Handtrommel zur Hand und läßt in ihr einige Nüsse rollen. Das ergibt ein donnerartiges Geräusch. Bis die Wunderkerzen abgebrannt sind, wird nicht gesprochen. Die Kinder lassen das Geschehen auf sich wirken.

Gespräch. Wie fühlen wir uns bei Gewitter? Wie fühlen wir uns auf einem hohen Berg? Wie groß oder klein würden wir uns fühlen, wenn wir bei Gewitter auf einem hohen Berg wären?

Erzählung mit Symbolspiel. L. erzählt oben angegebenen Bibeltext. Zu Vers 14 holt L. die Tücher und Bänder hervor: »Die Israeliten zogen ihre schönsten Kleider an, die sie dafür extra frisch gewaschen hatten. So haben sie sich für diesen besonderen Tag vorbereitet. Wir machen es jetzt auch fast so wie die Israeliten. So wie man zur Konfirmation oder zur Erstkommunion oder auch zur Hochzeit ganz besondere Kleider anzieht.« Die Kinder schmücken sich mit den Tüchern und Bändern (um Hals, Kopf oder Schultern). Nachdem später zu Ende erzählt ist, wie Gott auf den Berg herabfuhr und Mose die Gebote anvertraute, legt L. zehn Kieselsteine in die Mitte: »Mose ist den Berg wieder heruntergestiegen. Regungslos sind die Menschen dagestanden wie gebannt. Mose ist auf sie zugegangen und hat die Arme ausgebreitet. ›Hört alle her, was Gott euch sagen will,‹ hat er laut gerufen...« Die Steine werden nun zu einem Altar zusammengelegt. Jedes Kind, das eines der zehn Gebote noch weiß, legt dafür einen Stein.

Miteinander singen und musizieren. Die Kinder lernen das Lied zum Bundesschluß am Sinai. Zwei Kinder markieren mit bunten Klebepunkten auf dem Metallophon (bzw. Xylophon) einen D-Dur Akkord (d-fis-a) in einer Farbe und einen G-Dur- Akkord (g-h-d) in einer anderen Farbe. Ein Kind ist für den einen, das andere Kind für den anderen Akkord zuständig. Es können auch vier Kinder am Instrument spielen. (d-fis: Spieler Nr. 1/ a: Spieler Nr. 2, g-h: Spieler Nr. 3 / d: Spieler Nr.4). L. zeigt mit den Händen, welche Akkordfarbe gerade an welcher Stelle des Liedes gespielt werden darf (z.B. Fingerspitzen nach oben = blau, Fingerspitzen nach unten = rot).

Text/Melodie: Elisabeth Buck

Gott, un-ser Herr, du hast uns be-freit! Du gibst uns die Ge-bo-te da-mit nichts uns ent-zweit!

Gott, un-ser Herr, dei-ne Gü-te reicht so weit, so weit wie die Wol-ken- gehn.

Gespräch. L. schreibt auf einige dunkle Fotokartonblätter Worte wie »Streit«, »Krieg«, »Betrug«, »Raub«, »Angst«, »Terror«, »Einsamkeit« usw. Die Kinder sitzen im Kreis, die Blätter liegen in der Mitte am Boden. Nun wird ein heller Plakatkarton in zehn Streifen geschnitten. Jeder der Streifen gilt als eines der zehn Gebote.

L.: »Die Gebote sind Regeln, die unser Leben schützen sollen. Wir wollen gemeinsam überlegen, wovor uns jedes einzelne Gebot schützt.« Die Schutzbedeutungen der einzelnen Gebote werden im Gespräch zusammengetragen. So werden nacheinander die hellen Plakatkartonstreifen, (man kann sie auch mit dem jeweiligen Gebot beschriften), so auf den Boden gelegt, daß ein Zaun gegen die dunklen Fotokartonstücke entsteht. Zum Schluß wird auf einen weißen Papierbogen »Leben« und »Frieden« geschrieben. Er wird in die Mitte des Zaunes gelegt.

Heftwerkstatt. Die Kinder schneiden aus braunem oder grauem Fotokarton einen Bergkegel und kleben ihn ins Heft. Ein Stück Watte wird als Gottes Wolke auf die Bergspitze geklebt. Darunter kommt der Text: »Gott begegnet Mose auf dem Berg. Er schließt mit dem Volk Israel einen Freundschaftsbund. Er gibt ihnen die Gebote als Schutz für ihr Leben.« Auf die nächste Heftseite kleben die Kinder eine Fotokopie der 10 Gebote aus dem Bibeltext. Um die 10 Gebote werden die Umrisse zweier Steintafeln gemalt.

Gespräch. Tilly meldet sich zu Wort: »Hey, das bringt ja die Sache in ein völlig andres Licht! Also, das muß ich erklären! Ich hab da 'ne Tante in der Verwandtschaft. Die stellt sich immer vor mich hin und fuchtelt mit dem Zeigefinger unter meiner Nase herum. Und dann schwafelt sie mir oft was von den 10 Geboten vor. Sie quatscht dann von Sich-anständig-benehmen und so. Also bisher hab ich immer gedacht, die 10 Gebote sind dazu da, um uns das Leben mies zu machen. Aber daß die 10 Gebote uns schützen sollen, da hab ich noch nie drüber nachgedacht. Manchmal hab ich mir gewünscht, man müßte die Gebote abschaffen. Hm, grad kommt mir der Gedanke, – was meint ihr, was würde passieren, wenn man bei uns in .... (Namen der eigenen Ortschaft einsetzen) sagen würde, die 10 Gebote gelten nimmer? ...«

h) Die Israeliten brechen den Bund mit Gott und machen sich selbst einen sichtbaren Gott (2 Mose 32, 1 – 20)

Didaktischer Hinweis. Der Tanz ums goldene Kalb ist ein starker Ausdruck von Bewegung. Dieses Motiv bietet einen starken Anreiz, es mit den Kindern nachspielen zu lassen. In dieser Unterrichtseinheit wird jedoch ein anderer Schwerpunkt gesetzt: Die Kinder können sich mit Mose identifizieren. Der Unterrichtsinhalt wird so angeboten, daß die Kinder zunächst über die Treulosigkeit des Volkes entsetzt sind. Erst später erhalten sie Gelegenheit, darüber nachzudenken, in welcher Gestalt solche Treulosigkeiten Gott gegenüber bei uns noch genauso lebendig sind.

Material. Alt-Metallophon oder Xylophon mit vier bis sechs Klöppeln, ein Hängebecken, die zehn Steine der letzten Stunde, eine aus Goldpapier geschnittene Kalbfigur (Größe ca. 40 cm), eine Schüssel, Klebestifte.

Miteinander singen und musizieren. Aus der vorhergehenden Unterrichtsstunde wird das Lied »Gott, unser Gott, du hast uns befreit« gesungen und musiziert. (S. 134)

Gespräch. Die Kinder bauen den kleinen Steinealtar der vergangenen Unterrichtsstunde wieder auf. Dabei wird im Gespräch nochmals der Bundesschluß am Sinai ins Gedächtnis zurückgerufen. »...und das Volk, die Israeliten haben ja Gott etwas versprochen. Wißt Ihr es noch?«

Erzählung. Der oben angegebene Bibeltext wird aus der Sicht des Mose erzählt.

Erzählvorschlag in Kurzform: Erfüllt von Gottes Zusage und dem Versprechen des Volkes steigt er wieder auf den Berg und denkt noch einmal daran, wie Gott sie aus Ägypten befreit und aus der Todesnot am Schilfmeer gerettet hat. Lange bleibt er auf dem Berg, betet und spricht mit Gott. Er merkt gar nicht, wie die Zeit vergeht. Es müssen wohl schon einige Wochen vergangen sein. Da sagt Gott zu ihm: Steig wieder herunter, – dein Volk hat schnell wieder vergessen, welchen Bund wir miteinander geschlossen haben. Unruhig macht sich Mose an den Abstieg. Noch bevor er unten ankommt, hört er bereits Lärm von Gröhlen, Johlen und Trommeln. Er hastet in Sorge weiter. Als er endlich unten ist, sieht er eine goldene Statue in der Form eines Kalbes, um die die Menschen herumtanzen und sich verbeugen. Er hört, was sie rufen: »Seht, dieses goldene Kalb ist unser Gott, der uns aus Ägyptenland geführt hat.« Da packt den Mose ungeheurer Zorn. In den Händen trägt er noch die Steintafeln, auf denen auch geschrieben steht: »Ich bin der Herr, dein Gott. Du sollst keine anderen Götter haben neben mir.« Er wirft mit Wucht die Steintafeln zu Boden, und sie zerbrechen zu Scherben. (An dieser Stelle könnte L. ein Hängebecken scheppernd zu Boden werfen.) Voller Angst steigt Mose wieder auf den Berg. Was wird Gott jetzt tun? Ist nicht das ganze Volk jetzt dem Untergang geweiht?

Hier wird die Erzählung abgebrochen.

Gespräch. Die Kinder sprechen über Moses Zorn. Sie formulieren, wie er seiner Empörung Luft machte. Sie überlegen auch, was Mose zu Gott gesagt haben könnte, wie er versucht haben könnte, für das Volk Israel ein gutes Wort einzulegen.

Die Vorschläge werden als Bitten formuliert und von einzelnen Kindern an die Tafel geschrieben.

Mit Bittgebärden werden die Bitten von einzelnen Kindern gesprochen. Sie treten dazu in den Kreis. Nach jeder Bitte singen die Kinder gemeinsam »Herr, erbarme dich« (Beispiel EG 178.11)

Symbolspiel. Einige Kinder suchen in der Bibel von L. den Vers 14 aus dem oben angegebenen Text und lesen ihn vor: »Da gereute es den Herrn....«.

L. holt das Kalb aus Goldpapier hervor. Während L. die Episode von der Zerstörung des Götterbildes erzählt, gibt L. die Figur herum und jedes Kind reißt ein Stückchen davon ab. Alle Fetzen werden dann in eine Schüssel gelegt. Es kann sich auch noch ein Gespräch anschließen darüber, was das für ein Gott sein soll, den man bauen oder zerstören kann.

Heftwerkstatt. Jedes Kind klebt ein Fetzchen von der zerstörten Götterfigur ins Heft. Dazu schreibt es das 1. Gebot: »Ich bin der HERR, dein Gott. Ich habe dich aus Ägyptenland, aus der Knechtschaft geführt. Du sollst keine anderen Götter neben mir haben.«

Gespräch. Tilly: »Also, ich bin ja zuerst stinkesauer auf die Israeliten gewesen. Ich hab mir gedacht, ja spinnen die denn? Da hat der Gott alles für sie gemacht, daß es ihnen gut geht und zum Dank erfinden sie sich einen künstlichen Gott! Aber dann hab ich mir gedacht, vielleicht mach ich's manchmal ähnlich, daß ich mir sowas wie 'nen falschen Gott bau. Hm, also, des is jetzt schwierig, wie soll ich des erklären... Wißt ihr vielleicht, wie ich des mein? Also, manchmal denk ich, daß der Gott, den ich net sehen und net anfassen kann, daß ich den ziemlich oft vergeß'. Und ich glaub oft, was ich anfassen kann, was Geld gekostet hat und glänzt, daß des mir bei meinen Problemen helfen soll, daß ich mich stärker oder wichtiger fühl, oder so. Kennt ihr des auch?«...

i) Gott rettet die Israeliten. Wachteln und Manna (2 Mose 16)

Material. Ein einfarbiges Tuch, ein Krug, kleine Plätzchen oder Puffreis oder Smacks, Lückentext »Gott sorgt für das Volk in der Wüste« (M 14), farbiges Faltpapier, Scheren, Kleber, Instrumente des kleinen Schlagwerks (z. B. Triangel, Cymbeln, Schlaghölzchen, Handtrommel usw.)

Miteinander singen. »Gott, unser Herr, du hast uns befreit.« Die Kinder begleiten sich mit körpereigenen Instrumenten wie Klatschen, Stampfen, Schnipsen.

Erzählung mit Symbolspiel. In der Mitte des Sitzkreises liegt auf dem Boden ein einfarbiges Tuch. L. erzählt die Geschichte nach dem oben angegebenen Bibeltext. An der Stelle, als das Manna in der Erzählung erscheint, hält L. kurz inne und bittet die Kinder, die Augen zu schließen. L. holt einen Krug hervor, der mit kleinen Plätzchen, mit Puffreis oder mit Smacks gefüllt ist. L. schüttet den Inhalt des Kruges auf das Tuch. Die Kinder dürfen wieder die Augen öffnen. Nun darf jedes Kind *der Reihe nach* etliche Plätzchen aufsammeln und in den Krug füllen. Dabei erzählt L. weiter, wie eifrig alle, Männer, Frauen und Kinder ans Sammeln gingen. Ist der Krug wieder vollständig gefüllt, hält jedes Kind die Hand auf und es bekommt einige der süßen Dinge in seine Hand, bis der Krug leer ist. Während die Kinder essen, wird die Geschichte zu Ende erzählt.

Miteinander singen. »Gott, unser Herr, du hast uns befreit...« (S. 134) wird nun mit einem neuen Texteinschub gesungen:

> »Gott, unser Herr, du hast uns befreit.
> Du gibst uns unsre Speise,
> hilfst aus unserem Leid.
> Gott, unser Herr, deine Güte reicht so weit,
> so weit wie die Wolken gehn.«

Gespräch. Die Kinder erhalten den Lückentext (M 14) »Gott sorgt für das Volk in der Wüste«. Gemeinsam versuchen die Kinder, auch mit Hilfe von L., die Füllwörter zu finden.

Reihenfolge der Erzählung?

(Vollständiger Text:

Gott sorgt für das Volk in der Wüste

Volk Israel

Heh, du Mann Mose, schau an unsre Not.
Wir müssen wohl verhungern
ohne Wasser und Brot.
Wär'n wir in Ägypten noch,
dann ginge es uns gut.
Dann wär'n wir jetzt nicht ohne Fleisch.
Und das bringt uns in Wut!

Gott

Hört auf zu schrein, ihr könnt
mir doch vertraun.
Ich sorge für die Kinder
und die Männer und Fraun.
Morgen früh steht auf
und schaut vor das Zelt:
Da findet ihr zu essen,
was vom Himmel fällt!)

Miteinander einen »Rap« singen. Für jedes Lückenwort wählen die Kinder Klangsymbole mit den bereitstehenden Instrumenten aus. Dann wird die gereimte Geschichte als Sprechmotette oder moderner ausgedrückt, als »Rap« gesprochen und von einigen Kindern mit den entsprechenden Klangsymbolen begleitet.

Tanzgestaltung. Stehkreis. Der Kreis dreht sich, indem sich die Kinder mit gestampften Seit - Anstellschritten nach links fortbewegen. Die Kinder klatschen im Takt und sprechen dazu den ausgefüllten Lückentext im Rap-Tempo. Man kann auch die Kinder in zwei Gruppen teilen, die jeweils den Text des Volkes Israel bzw. Gottes sprechen. Dann empfiehlt es sich, daß sich die zwei Gruppen in zwei Reihen gegenüber stehen und jeweils immer mit vier Schritten auf die andere Reihe zugehen und wieder zurückmarschieren.

Heftwerkstatt. Die Kinder kleben den ausgefüllten Lückentext ins Heft. Aus farbigem Faltpapier schneiden sie kleine Zelte aus. In die Mitte der unteren Zeltkante kommt ein kleiner Schnitt. So kann man eine Zelttüre ausklappen. Die Zelte werden unter den Lückentext geklebt. Manna und Wachteln malen die Kinder um das kleine Zeltlager herum.

Gespräch. Tilly meldet sich zu Wort: »Boh ey! Sagt mal, gibt's wohl sogar in der Bibel so Schlaraffenlandgeschichten? Oder wie soll ich die Geschichte sonst verstehen? Könnt ihr mir des erklären?«

Kopiervorlage M 14

Gott sorgt für das Volk in der Wüste

Volk Israel

Heh, du Mann Mose, schau an _____ _____ .

Wir müssen wohl _____ ohne Wasser und Brot.

Wär'n wir in _____ noch, dann ginge es uns _____ .

Dann wär'n wir jetzt _____ _____ _____ !

Und das bringt uns in _____ !

Gott

Hört auf zu schrein, ihr könnt mir doch _____ .

Ich _____ für die Kinder und die Männer

und die Fraun.

Morgen früh steht auf und _____ vor das Zelt:

Da _____ ihr zu _____ , was vom _____ .

4.2. Trennendes und Verbindendes zwischen den Kirchen wahrnehmen

a) Die Angst vor dem Gericht Gottes prägte Luthers Leben von Anfang an

Material. Musik des ausgehenden Mittelalters z.B. Tilmann Susato, »Pavane zur la Battaglia« (Capella Antiqua Bambergensis, CAB-04-CD, LC 7049), Overheadfolie der »vier apokalyptischen Reiter« von Albrecht Dürer, pro Kind eine Fotokopie der »Vier apokalyptischen Reiter« (M 15), Text M 16.

Tanzspiel. Die Kinder tanzen einen einfachen Reigentanz zu einer Musik des ausgehenden Mittelalters z.B. zur Musik von Tilmann Susato (siehe Material).

Schrittmöglichkeit:

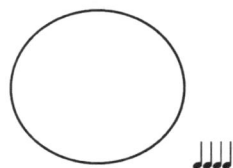

Vier Gehschritte nach rechts,
Blick in Tanzrichtung,
Wendung mit Blick zur Mitte,
rechter Fuß zur Seite, linken Fuß beistellen,
rechter Fuß zur Seite, linken Fuß beistellen,
Wendung mit Blick in Tanzrichtung,
von vorne beginnen

Gespräch. Die Kinder raten, aus welcher Zeit die Musik sein könnte. Im Gespräch versucht L., die Zeitvorstellung der Kinder zu klären. Vor 500 Jahren, was war da alles anders? Die Kinder tragen zusammen, was sie aus der Zeit alles wissen (kein elektrischer Strom, keine Autos, keine Flugzeuge, keine Waschmaschinen, keine Antibiotika und Impfungen...).

Illustrierendes Rollenspiel. Das Klassenzimmer wird in einen mittelalterlichen Markt umfunktioniert. Vorher wird vereinbart, welche Rollen die Kinder übernehmen.

Vorschläge:

○ Marktstand mit Töpferwaren
○ Marktstand mit Lederschuhen
○ Marktstand mit Filzhüten
○ Kleine Schwertschmiede
○ Ziegenverkauf
○ Bettler
○ Lahme
○ Gaukler
○ Soldaten und an den Pranger Gestellte (Hände und Kopf im Block geschlossen)

Zu mittelalterlicher Musik spielen die Kinder nun die Marktszenen. Sie kaufen pantomimisch ein oder verkaufen, betteln, geben Almosen, je nach gewählter Rolle.

Gespräch. Mit Overheadfolie projiziert L. die »Vier apokalyptischen Reiter« von Albrecht Dürer an die Wand. Die Kinder beschreiben, was sie sehen. Im Gespräch mit L. arbeiten sie heraus, daß es sich um die Angstbedrohungen der Menschen des Spätmittelalters handelt (von links unten bis rechts oben: Hunger, Gottes Strafgericht, Krieg und Pest). Wie könnte so ein von Angst geprägtes Leben ausgesehen haben?

Erzählung. Luthers Kindheit und Jugend in Elternhaus und Schule.[44] Besonders die harten »Strafgerichte« der Eltern und die strafende

Pädagogik der Schule sollten zur Sprache kommen, also die Angst des Kindes Martin Luther, das einmal so vom Vater geschlagen wurde, daß es sich längere Zeit nicht in die Nähe des Vaters traute. (Dies wird für heutige Kinder zum Anknüpfungspunkt, die Angst vor dem Gottesgericht zu verstehen: Ein Vater, der hart straft, prägt das Gottesbild vom zornigen Gott. Dies galt natürlich nicht nur für Martin Luther, sondern für seine ganze Zeit.)

Illustrierendes und definiertes Rollenspiel. Noch einmal stellen sich die Kinder in die Marktszene wie oben. Sie können noch einmal eine kurze Weile ins Spiel einsteigen. In der Zwischenzeit bekommt ein Kind untenstehenden Text und eine Handtrommel ausgehändigt. Es stellt sich als Wanderprediger auf einen Stuhl und schlägt auf die Trommel, bis sich alle Mitspieler um es versammelt haben. Dann liest es seinen Text vor. (M16)

Erzählung. Luthers Gelübde, Mönch zu werden[45] sowie seine Zeit im Kloster[46].

Heftwerkstatt. Die Kinder bekommen eine Fotokopie der »Vier apokalyptischen Reiter«. Sie schneiden sie aus und kleben sie an der unteren Fußleiste in ihr Heft, so daß man die Reiter aufklappen und aufstellen kann. Das Ganze bekommt die Überschrift: Martin Luther. Unter die Reiter schreiben die Kinder den Text: Zu Martin Luthers Zeit fürchteten sich die Menschen vor Hunger, Gottes Strafgericht, Krieg und Pest. Martin Luther wird Mönch und quält sich in seiner Angst vor Gottes Strafe.

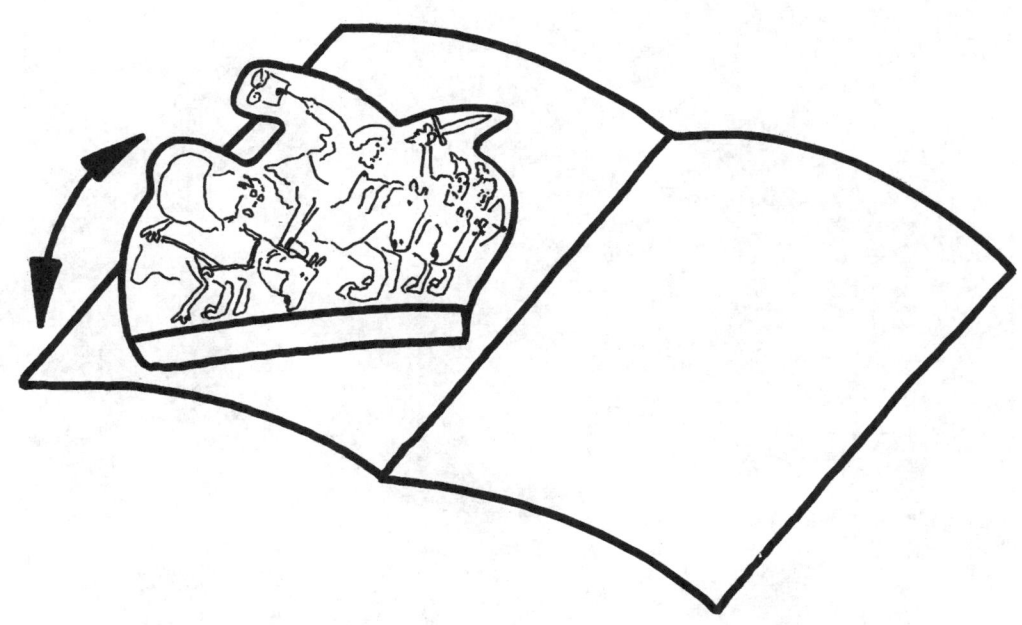

Kopiervorlage M 15

Albrecht Dürer, *Die Reiter der Apokalypse,*
Holzschnitt 1496 – 1498, Bildarchiv Foto Marburg

Kopiervorlage M 16

**Männer und Frauen, Bauern und Kaufleute,
Mägde und Knechte, hört alle her!
Gottes Strafgericht erwartet euch alle!
Gott straft schon jetzt durch Krieg,
Pest und Hunger.
Alle werdet ihr in der Hölle braten.
Keiner wird entrinnen.
Es sei denn, ihr wendet euch ab von
dieser Welt. Wenn ihr in ein Kloster eintretet,
wenn ihr fastet und betet, kann es sein,
dass ihr vom Strafgericht verschont werdet.
Wenigstens solltet ihr für die Klöster
euer Geld spenden.
Ihr seid gewarnt!
Böses wird über euch kommen, wenn
ihr nicht eure Gulden den Klöstern gebt.**

b) Luthers große Entdeckung: Wer auf Gott vertraut, der ist ihm recht und darf aus seiner Gnade leben

Material. Großes schwarzes Tuch, Handtrommel, Schachtel mit Zetteln (Zettel beschriftet mit Röm 3,20; Röm 3,23; Röm 3,24; Joh 3,17), ruhige, freundliche Musik (z.B. Air von J.S. Bach), Kerze, pro Kind ein schwarzer, ein gelber und ein roter Fotokarton DIN A5, Scheren, Kleber, Tesa.

Brainstorming in Symbolspielform. Die Kinder knien im Kreis auf dem Boden. In der Mitte liegt ein großes schwarzes Tuch. Jeweils ein Kind spricht eine Sorge oder eine Angst aus, die Luther in seinem jungen Leben bedrückte. L. unterteilt die Aussagen der Kinder jedesmal mit drei Handtrommelschlägen. Das schwarze Tuch symbolisiert die Angst. Unter dem Tuch versteckt liegt die Schachtel mit den vorbereiteten Zetteln. Die Schachtel kann man auch mit der Aufschrift »Wort Gottes« versehen.

Beispiel: «Pest« ♩♩♩

»Gottes Strafe« ♩♩♩

»Tod« ♩♩♩

»Schläge seiner Eltern«

Erzählung. Luther forscht in der Bibel. Allmählich entdeckt er, daß sie an vielen Stellen von Gott in einer Art und Weise redet, die nicht mit dem Bild vom zornigen Gott vereinbar ist. In der Erzählung soll vor allen Dingen lebendig werden, wie Luther gepackt ist von dem, was er liest. (Sich tief übers Buch beugend, die Seiten ans Kerzenlicht halten, aufspringen, aufgeregt hin- und herlaufen, sich wieder setzen und atemlos weiterlesen usw.)

Symbolspiel. Auf das schwarze Tuch wird die Schachtel mit den vorbereiteten Zetteln gelegt. Nacheinander werden die Zettel herausgenommen und vorgelesen:

Kein Mensch kann durch eigene Kraft und durch Einhaltung der Gebote Gott recht sein. (Röm 3,20)

Es ist kein Unterschied: Alle haben gesündigt und die Herrlichkeit verloren, die Gott für sie geplant hatte. (Röm 3,23)

Alle werden ohne eigene Leistung vor Gott recht, weil Jesus Christus sie frei gemacht hat. (Röm 3,24)

Gott hat seinen Sohn nicht in die Welt gesandt, daß er die Welt richte, sondern daß die Welt durch ihn gerettet werde. (Joh 3,17)

Nach jedem Zettel kann L. kurz die Reaktionen Luthers spielen:

1. »Da haben wir es ja wieder: Niemand wird es schaffen, daß Gott mit ihm zufrieden ist.«

2. »Na, sag ich doch, daß Gott niemanden in Ordnung findet.«

3. »Was, was steht da? Lest nochmal den dritten Zettel!... Weil Jesus uns frei macht, sind wir Gott recht? Das ist ja unglaublich!...«

4. »Gott will uns alle retten vor dem Strafgericht? Ist das wahr? Ja, warum hab ich das denn bis jetzt noch nie gelesen? ...«

Anschließend wird das dunkle Tuch aus der Mitte der Kinder weggezogen, L. macht leise eine ruhige, freundliche Musik an (z.B. »Air« von J. S. Bach) und stellt eine Kerze in die Mitte. Ein Kind zündet die Kerze an. Alle stehen auf und fassen sich an den Händen. Sie gehen langsam im Kreis und sprechen mehrmals gemeinsam den Vers aus EG 79, 1:

> »Wir danken dir Herr Jesus Christ,
> daß du für uns gestorben bist
> und hast uns durch dein teures Blut
> gemacht vor Gott gerecht und gut«

Gespräch. Die Kinder erinnern gemeinsam die Geschichte vom verlorenen Sohn. Sie überlegen, wie die Entdeckung dieser guten Nachricht Luthers Leben verändert haben könnte. Die Eindrücke, die das schwarze Tuch und später die schöne Musik und die Kerze hinterlassen haben, können auf Luthers Empfindungen bezogen werden.

Symbolspiel. Die Befreiung, die Luther durch das Evangelium erfahren hat, können die Kinder nun symbolisch nachempfinden. Einzelne Kinder wickeln sich jeweils in das schwarze Tuch ein. Sie sprechen dazu: »Die Angst vor dem ewigen Tod umgibt mich.« Ein anderes Kind tritt auf das eingewickelte Kind zu, befreit es von dem Tuch und sagt: »Jesus Christus hat dich gerettet. Gott hat dich lieb so wie du bist. Du bist frei.«

Heftwerkstatt. Aus schwarzem Fotokarton wird ein Turm geschnitten. Die eine Seite des Turms wird mit gelbem Fotokarton beklebt. An die Oberkante kommt ein rotes Dach. Nun wird der Turm an einer Turmseite in die vertikale Heftmitte mit Klebstreifen geklebt, so daß man den Turm umwenden und von zwei verschiedenen Seiten anschauen kann. Als Überschrift kommt der Satz: »Reformation: Luther entdeckt die frohe Botschaft Gottes wieder.«

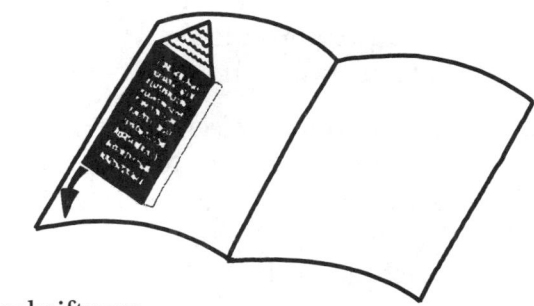

Beschriftung:

Jahrhundertelang war die frohe Botschaft vergessen. Lange Zeit wurde gepredigt: Gott ist ein zorniger, strafender Gott. Durch besondere Anstrengungen könnte man Gottes Strafe mildern. Wende den Turm um, und du liest, was den Martin Luther umgewendet hat.

Beschriftung:

Luther entdeckt beim Lesen der Bibel: Gott liebt jeden von uns bedingsungslos. Sein Sohn Jesus Christus hat uns vom ewigen Tod erlöst zum ewigen Leben. »Es ist hier kein Unterschied: Sie sind alle Sünder und haben keinen Ruhm, den sie bei Gott haben sollten, und werden ohne Verdienst gerecht (vor Gott in Ordnung) aus seiner Gnade durch die Erlösung, die durch Jesus Christus geschehen ist.« (Neues Testament, Brief des Paulus an die Römer, Kapitel 3, Verse 23 und 24)

Tanzgestaltung. Die Kinder lernen das Lied EG 341 kennen. Schritt für Schritt versuchen sie, mit Hilfe von L., den Text in kindgerechteres Deutsch zu übertragen.

Übersetzungsvorschlag:

> Nun freut euch, liebe Christen mein,
> und laßt uns fröhlich springen,
> daß wir getrost im hellen Schein
> mit Lust und Liebe singen,
> was Gott für uns gewendet hat
> durch seine große Wundertat.
> Sehr teuer hat ers erworben.

Später singen die Kinder das Lied zu einer rhythmisch betonten, schwungvollen Handtrommelbegleitung von L.. Sie tanzen das Lied im Kreis:

Die Tanzrichtung geht nach rechts (Symbolik: Entgegen dem Uhrzeigersinn = dem Orient, dem Osten, – dem Ostermorgen entgegen, – sich *orient*ieren.)

Schritte: rechts (r) Schritt, r hüpf, links (l) Schritt, l hüpf, r Schritt, l Schritt, r Schritt, r hüpf.

♩ ♪,   ♩ ♪,   ♩   ♩   ♩   ♪,

Vereinfachung: Fortwährend »Schritt Hüpf« ♩♪, ♩♪,

Gespräch. Tilly kratzt sich am Kopf: »Sagt mal, gilt des auch für mich? Daß der Gott mich so mag, wie ich bin? Zu mir hat mal ein Mädchen gesagt: Erst, wenn du mir von deinen Gummibärchen gibst, bin ich deine Freundin.... Ich weiß gar nicht, ob der Gott mich wirklich so mag. Wißt ihr, ich bin nämlich ziemlich unordentlich. Und in Mathe bin ich ganz schlecht. Wie ist des bei euch, – wenn ihr euch so vorstellt, daß der Gott euch echt lieb hat mit allen Macken, die jeder hat, also dich, Marco und dich Kathrin und dich..., – was denkt ihr dazu?«

c) Luthers Erkenntnis verbreitet sich rasch in der Öffentlichkeit

Material. Eine Handtrommel, eine Geldkassette, Text M 17 und Texte M 18, großer Plakatkarton, Hammer und Nägel, ein Briefbogen, Kassettenrecorder, Mikrophon und Leerkassette.

Illustrierendes und definiertes Rollenspiel. Alle spielen wieder den mittelalterlichen Marktplatz, allerdings weniger intensiv. Dafür bekommt ein Kind eine Trommel, eine Geldkassette und untenstehenden Text (M 17) ausgehändigt. Es läuft trommelnd über den Marktplatz, steigt auf einen Stuhl und verliest laut den Text, nachdem sich alle anderen mitspielenden Kinder um den Stuhl versammelt haben. (Rolle des Tetzel)

Man kann dem Tetzel-Spieler auch eine Preisliste geben, damit die anderen Mitspieler im Rollenspiel auch Ablässe kaufen können.

Preisliste:

Könige, Erzbischöfe, Bischöfe, Fürsten
25 Goldgulden

Äbte, Domherren, Grafen, Barone
20 Goldgulden
Gehobene Geistliche, niederer Adel, Ritter
6 Goldgulden
Niedere Geistliche, Kaufleute, Bürger
3 Goldgulden
Handwerker, Bauern
1 Goldgulden }= 1 Monatslohn
Gesellen
1/4 Goldgulden

Gespräch. Zunächst schlagen die Kinder den letzten Hefteintrag auf und lesen noch einmal Luthers Lebenswende durch die Entdeckung des Evangeliums. Die Kinder überlegen gemeinsam, wie Luther reagiert haben könnte, als er den Ablaßhandel miterlebte.

Gespräch/Erzählung/Rollenspiel. Die Kinder formulieren Gegenargumente, die Luther erhoben haben könnte. Einige Kinder schreiben sie auf einen großen Plakatkarton. L. erzählt vom Thesenanschlag Luthers und einige Kinder nageln den Plakatkarton an die Klassen-Pinnwand. (An die Holzleiste mit echtem Hammer und Nägeln wäre schön und eindrucksvoll.)

Gegenargumente (Beispiel):

Gottes Gnade kann man nicht mit Geld kaufen. Weil Gottes Sohn am Kreuz gestorben ist, ist alles schon bezahlt. Jeder, dem seine Schuld leid tut, ist mit Gott wieder versöhnt etc.

Rollenspiel. Auf einen Briefbogen schreiben die Kinder die wichtigsten Argumente vom Plakatkarton ab. Dann bestimmen die Kinder verschiedene Orte des Klassenzimmers als deutsche Städte. Z.B.: Bei der Tafel ist Augsburg, beim Papierkorb ist Regensburg, am mittleren Fenster ist Nürnberg... Alle Kinder verteilen sich auf die verschiedenen Städte. Jeweils ein Kind kommt mit dem Brief zu einer »Stadt« und verliest ihn dort. Die Bürger der Stadt reagieren mit Klatschen und Jubelrufen. Nun wird aus dieser »Stadt« ein anderes Kind mit dem Brief zur nächsten »Stadt« losgeschickt, bis die Botschaft an allen Orten verkündet wurde.

Rollenspiel als Hörspiel. Jetzt wird ein kleines Hörspiel improvisiert: Kassettenrecorder, Mikrophon und Kassette stehen bereit. Die Kinder werden vorher eingeweiht, daß sie nun eine Szene sprechen, die ein Diener von aussen vor der Tür mitgehört haben könnte und Luthers Freunden weiterverrät. L. spielt dabei einen Abgesandten des Papstes und die anderen Kinder hohe Kirchenfürsten.

L.: »*Dieser Luther wird langsam gefährlich! Wenn er uns weiter so die Leute aufhetzt, kann das böse für uns ausgehen. Wie sollen wir den Mainzer Dom fertig bauen, wenn uns das Geld ausgeht? Wir haben mit den Ablaßgeldern fest gerechnet. Was meint ihr, was sollen wir tun? Wie können wir den Luther unschädlich machen?*«

Kinder... :

Anschließend hören die Kinder vom Kassettenrecorder das Hörspiel nocheinmal ab und versetzen sich dabei in die Perspektive von Luthers Freunden.

Rollenspiel als Symbolspiel. Ein Stuhlkreis wird gebaut. Ein Kind stellt sich als Luther hinein. Einzelne Kinder lesen vorbereitete Texte (M 18) vor:

Luther, wir wollen, daß du mit deinen Predigten aufhörst, die nur Unruhe stiften.

Wenn du unsern Ablaßhandel in Ruhe läßt, lassen wir dich auch in Ruhe.

Sag: Ja, ihr habt recht. Was ich predige, ist falsch.

Nun überlegen die Kinder gemeinsam, wie Luther geantwortet haben könnte. Haben sie sich auf eine Formulierung geeinigt, lassen sie das Kind, das Luther spielt, diesen Satz laut und deutlich sagen. Z.B.: *Solange mir keiner aus der Bibel das Gegenteil beweist, bleibe ich dabei!*

Ein Kind liest die Verurteilung vor, die der Kaiser daraufhin aussprach:

Niemand darf dem Luther zu essen oder trinken geben, niemand darf ihn beherbergen, jeder darf ihn straflos fangen, ja töten, seine Bücher sollen verbrannt werden.

Jetzt führt L. das »Luther-Kind« aus dem Kreis mit den Worten, daß für Luther kein Platz mehr in der römisch-katholischen Kirche war, – daß man ihn sozusagen »rausgeschmissen« hatte. Er durfte an keinem Abendmahl in der römisch-katholischen Kirche mehr teilnehmen. Daß das Kind nun den Stuhlkreis verläßt, soll dies verdeutlichen.

Miteinander singen. Die Kinder singen den letzten Vers des Liedes »Nun freut euch lieben Christen gmein« – EG 341 –, nachdem sie über den Text gesprochen haben: (In Umgangssprache der Verständlichkeit wegen übersetzen!)

Was ich getan hab und gelehrt,
das sollst du tun und lehren,
damit das Reich Gotts werd gemehrt
(es soll mehr werden, größer...)
zu Lob und seinen Ehren;
und hüt dich vor der Menschen Satz
(Satzung, Gesetz),
davon verdirbt der edle Schatz:
Das laß ich dir zur Letzte (zum Abschied).

Gespräch. Tilly: »Also sagt mal, das is' ja ein starkes Stück! Daß der Luther einfach vogelfrei war, also, daß den jeder straflos hat umbringen dürfen! Wenn ich an dem Luther seiner Stell gewesen wär' –, ich weiß net, ob ich da standhaft geblieben wär! Andererseits, – nur den Mund halten und kuschen! Hm, ich überleg mir grad, wie des heut wär. Wenn da jemand käm und tät sagen: *Tilly, der Gott is sauer auf dich und is erst zufrieden, wenn du jeden Tag dein Zimmer aufräumst und keine Süßigkeiten mehr ißt, – und dein Taschengeld gibst du der Kirche.* Wie müßt ich da reagieren, was sag ich dem denn? Was tätet Ihr denn sagen?... Na ja, also umbringen will uns ja keiner deswegen. Aber schwach angeredet werd ich schon manchmal. *Tilly, was du bloß immer mit dem Religionsunterricht hast! Das ist doch frommer Tantenkram!* Geniere ich mich dann?...

Oder sag ich: Hey, ob's du's verstehst oder net, aber ich glaub, daß der Jesus mich gern hat und lebendig da is, auch wenn ich ihn net sehen kann. Oder wie is des bei euch, habt ihr schon mal jemand vom Gott erzählt, so wie der Luther vor den Herrschaften da?....«

Kopiervorlage M 17

**Tretet heran, ihr Leute! Hört mich an,
ich bin der Mönch Tetzel
und habe euch zu verkünden:**

**Die Kirche, eure gute Mutter ist großzügig.
Sie gibt euch etwas ab von dem,
was Christus getan hat.
Für ein paar Gulden werden euch die
Sünden vergeben.
So könnt ihr Gottes Strafgericht mildern:**

**Sobald das Geld im Kasten klingt,
die Seele aus dem Fegfeuer springt!**

Kopiervorlage M 18

Luther, wir wollen, dass du mit deinen
Predigten aufhörst, die nur Unruhe stiften.

Wenn du unsern Ablasshandel in Ruhe lässt,
lassen wir dich auch in Ruhe.

Sprich:
Ja, ihr habt Recht. Was ich predige, ist falsch.

Niemand darf dem Luther
zu essen oder zu trinken geben,
niemand darf ihn beherbergen,
jeder darf ihn straflos fangen, ja töten,
seine Bücher sollen verbrannt werden.

d) Luther übersetzt die Bibel

Material. Für jedes Kind ein Stück Schokolade, Bibeltexte in lateinischer, griechischer und hebräischer Sprache (wenn möglich, echte lateinische, griechische und hebräische Ausgaben), farbiges Tonpapier, Scheren, Kleber, in der Anzahl der Kinder fotokopierte Texte aus den fremdsprachigen Bibeln, deutscher Text in der Lutherübersetzung vom verlorenen Sohn (Lk 15, 1ff).

Symbolspiel. L. erklärt den Kindern auf englisch, daß für jedes Kind ein Stück Schokolade bereit liegt. Wenn die Kinder unruhig genug sind und deutlich mitteilen, daß sie kein Wort verstehen und wissen möchten, was L. sagt, übersetzt L. es ihnen:

>»Ich habe euch auf englisch erzählt, daß ich für jedes von euch ein Stück Schokolade dabei habe. Allerdings, wenn ich beim Englischen geblieben wäre, hättet ihr nichts davon kapiert und ich hätte dann die Schokolade behalten können, ohne daß ihr es gemerkt hättet.« (Nun bekommt aber auch jedes Kind seine Schokolade.)

Erzählung von einem lateinischen Gottesdienst aus dem Mittelalter. Kein Mensch aus dem Volk versteht, was die Priester erzählen, keiner kann in der Bibel selbst nachlesen.

Rollenspiel. Jeweils drei Kinder spielen Passanten in einer Stadt. Einer davon ist ein Tourist, der die Landessprache nicht versteht. Er fragt das zweite Kind nach dem Weg (zum Bahnhof, zum Hotel, zum Hallenbad, zu einer Eisdiele...). Dieses Kind antwortet mit einer unverständlichen Phantasiesprache. (*Agrumu halimatsch schiblabla...*) Der Tourist reagiert hilflos und zeigt sein Unverständnis. Da kommt das dritte Kind dazu und antwortet verständlich. Es erklärt den Weg zum gewünschten Ort.

Dieses beliebte Rollenspiel sollte man in mehreren Durchgängen spielen.

Auch andere Dolmetscherspiele aus dem Improvisationstheater bieten sich hier an:

Im Fernsehstudio ist ein ausländischer Experte eingeladen. Er spricht in Phantasiesprache, der Fernsehmoderator übersetzt (kraft eigener Phantasie) ins Deutsche. (Die Kinder wählen die Themen: Der Siegeszug des Hamburger in der Antarktis / Die Erfindung fliegender Rollschuhe...).

Gespräch. Nun werden den Kindern Bibeltexte in lateinischer, griechischer und hebräischer Sprache vorgelegt oder wenn möglich, echte lateinische, griechische und hebräische Ausgaben. (Kann man sich vom Ortspfarrer ausleihen). Die Kinder werden gebeten, die Geschichte vom verlorenen Sohn darin zu suchen. Reaktion: »Geht doch net, mir verstehn des doch net!« L.: »Ach so, ja freilich. So ist es ja allen Leuten damals gegangen, die normale Durchschnittsbürger waren wie wir. Puh, da ist Luther aber vor einem Problem gestanden. Er wollte doch, daß alle Leute von Gottes Liebe erfahren.« (Vielleicht kommen jetzt die Kinder darauf, daß Luther die Bibel in die Umgangssprache übersetzt hat.)

Erzählung von der Bibelübersetzung auf der Burg Wartburg, einschließlich vorgetäuschter Entführung.

Miteinander singen und tanzen. Zuerst auf Schwedisch und dann auf Deutsch singen die Kinder aus dem EG Nr. 268, »Strahlen brechen viele«. Sie begleiten sich mit Fingerschnalzen und Klatschen im Wechsel. (Auch im Kreis mit gestampften Seit-Anstellschritten, – Seitschritt lang, gestampfter Anstellschritt kurz)

♩ ♪ ♩ ♩ ♪ ♩ ♩ ♪ ♩ ♩ ♪

Gespräch. Der Text von der Kindersegnung (Mk 10, 13–16) wird gemeinsam in den heimischen Dialekt übersetzt. Beispiel, s. Anm. 47.

Heftwerkstatt. Die Kinder basteln aus farbigem Tonpapier ein kleines Heftchen, das evtl. mit der Titelseite des ersten Bibeldrucks der Lutherübersetzung beklebt wird. Auf die inneren Seiten werden Fotokopien lateinischer, griechischer und hebräischer Texte geklebt sowie der Luthertext des verlorenen Sohns. Die Rückseite wird ins Heft geklebt. Dazu schreiben die Kinder:

Damit jeder selbst die frohe Botschaft lesen kann, übersetzt Luther die Bibel ins Deutsche.

Gespräch. Tilly kommt ins Gespräch: »Also die normale, dicke Bibel, die is' mir zu schwierig zu lesen. Des is' zwar deutsch, – aber da kommen Wörter vor, die ich echt net versteh'! Habt Ihr schon mal in so 'ne echte Bibel selber nei g'schaut? Du lieber Himmel! ..... Aber letztes Weihnachten hab' ich 'ne Kinderbibel geschenkt gekriegt! Die gefällt mir, des macht Spaß, die zu lesen. Habt ihr auch so 'ne Kinderbibel zu Haus'? .... He, du Frau (Herr)......, kannst du uns net mal verschiedne Kinderbibeln mitbringen? .....«

e) Vom Leben evangelischer und katholischer Christen in unserem Ort – evangelische und katholische Christen haben vieles, was sie verbindet

Material. Ein Xylophonschlägel, zwei Pappschachteln (Größe ca. 60 x 60 x 80 cm), roter Plakatkarton, bunter Fotokarton oder Buntpapier, Klebstreifen, Klebestifte, Scheren, kirchliche Mitteilungsblätter der katholischen Nachbar- und der eigenen evangelischen Gemeinde, gelbe und lila Papierbögen oder Zettel, Blockflöte oder anderes Musikinstrument von L., Schlaghölzchen, Handtrommeln, evtl. Holzblocktrommeln, pro Kind ein Bogen DIN A 4

Tonpapier in gelber, rosa oder beigem Farbton (Kirchenmauer – Farbe), ebenso pro Kind ein Streifen rotes Tonpapier (Kirchendach).

Gespräch als Rollenspiel. L. spielt Rundfunkjournalist und nimmt einen Xylophonschlägel als Mikrophon. Nun beginnt L. für eine imaginäre Rundfunksendung die Kinder aus konfessionsverschiedenen Ehen zu interviewen. L. befragt sie, ob sie Unterschiede zwischen katholischen und evangelischen Gottesdiensten, Bräuchen und Feiertagen schildern können. (Gibt es in der Klasse keine Kinder aus konfessionsgemischten Ehen, können die Kinder von sonstigen Erfahrungen mit der katholischen Gemeinde am Ort erzählen.)

Beispiel:

»Liebe Hörerinnen und Hörer, wir sind für Sie in eine Schulklasse gegangen. Es ist die vierte Klasse der .... -Schule in ....! Neben mir steht Thomas. Thomas, wie alt bist du?« Thomas: »Ich bin zehn Jahre alt.« »Thomas, kannst du unseren Hörern mal erzählen, wer in eurer Familie katholisch und wer evangelisch ist?« »Also, mein Vater ist katholisch und meine Mutter ist evangelisch. Wir drei Kinder sind alle evangelisch. Die Oma ist katholisch.« »Okay, Thomas, sprecht Ihr in der Familie manchmal darüber, was bei evangelisch und katholisch verschieden ist?« »Mit meinem Papa net so sehr. Aber die Oma erzählt öfters, wenn sie wieder zur Beichte geht oder zum Rosenkranzbeten, des gibts ja in der evangelischen Kirche net.« »Geht ihr manchmal gemeinsam in einen Gottesdienst, oder sagt ihr an der Straßenkreuzung ›tschüß‹ und dann geht jeder in seine eigene Kirche?« »Die Oma nimmt uns manchmal mit in die Maiandacht. An Weihnachten gehn wir alle zusammen in die evangelische Kirche zum Familiengottesdienst« usw.

Gemeinsame Bau-Werkstatt. In Gemeinschaftsarbeit bauen die Kinder aus zwei Pappschachteln zwei Kirchengebäude. Das Dach aus rotem Plakatkarton wird mit Klebstreifen befestigt. Seitlich sollte das Dach auf beiden Seiten offen sein, damit man unter das Dach etwas hineinlegen kann. Eine aufklappbares Tor wird hineingeschnitten, Fenster werden aufgeklebt und mit Buntpapier als Kirchenfenster verziert. Die eine Kirche wird mit einem lila Kreuz beklebt und gilt als evangelische, die andere mit einem gelben Kreuz stellt die katholische Kirche dar.

Gruppenarbeit mit Texten. Die Kinder teilen sich in Kleingruppen. Jede Gruppe bekommt kirchliche Mitteilungsblätter der evangelischen und der katholischen Gemeinden am Ort, außerdem erhalten sie gelbe und lila Papierbögen oder Zettel. Jede Gruppe sucht nun Angebote der Kirchengemeinden aus den Mitteilungsblättern heraus. Angebote der evangelischen Gemeinden werden dann auf lila Zettel geschrieben und Angebote der katholischen auf gelbe Zettel.

Anschließend finden sich alle Kinder im Sitzkreis um die zwei Schachtelkirchen ein. Die Arbeitsgruppen lesen ihre Zettel vor und legen sie dann unter das zugehörige Kirchendach.

Gespräch. »Was gibt es im Leben einer katholischen Kirchengemeinde, das es in der evangelischen nicht gibt? (Wallfahrten, Totenmessen, Weihrauch, Fronleichnam usw.) Was gibt es in der Regel nur in der evangelischen Kirchengemeinde? (Posaunenchor, Pfarrerinnen, Buß- und Bettag, verheiratete Pfarrer, Reformationsfest usw.)« Zur Sprache kommen kann, was jeden einzelnen dabei anspricht, was man in der eigenen Konfession vermißt oder was uns an der anderen Konfession stört. Auch Tilly mischt bei diesem Gespräch kräftig mit.

(Dieses Gespräch kann in eine sehr persönliche Sphäre führen, in der L. keinesfalls werten darf. Hier kann sehr viel zur Sprache kommen, was Kinder befremdend finden, was sie an einer Kirchengemeinde tödlich langweilt oder auch, wovon sie sich angezogen fühlen. Klar sollte aber auch im Raum stehen: Kirchengemeinden sind sehr verschieden, auch innerhalb einer Konfession. Sehr vieles hängt an den individuellen Menschen, die die Kirchengemeinde mitgestalten. Die jeweilige Konfession darf nicht mit der jeweiligen Pfarrerpersönlichkeit einer Kirchengemeinde verwechselt werden.)

Symbolspiel. L. spielt auf der Blockflöte oder auf einem anderen Musikinstrument improvisierte Melodien. Die Kinder laufen dabei durch den Raum. Endet die Musik, so bilden jeweils zwei bis drei Kinder aus ihren Körpern ein Haus. Wieder erklingt die Musik, die Kinder gehen auseinander und laufen weiter. Beim nächsten Musikstop bauen jeweils vier bis sechs Kinder ein Haus, beim nächsten Mal acht bis zwölf, dann bauen die beiden Hälften der Klasse zwei große Häuser.

L.: »*Wißt Ihr noch: Luther hat entdeckt, daß Gott uns lieb hat so wie wir sind. Heutzutage sind sich evangelische und katholische Gemeinden darin einig. Katholische und evangelische Christen glauben also heute gemeinsam: Gott hat uns lieb so wie wir sind. Drum können wir zusammen, evangelische und katholische Christen, miteinander Gottesdienst feiern. Dann sind wir alle eine gemeinsame Kirche aus lebendigen Bausteinen.*«

Beim letzten Spieldurchgang entsteht ein großes Haus aus allen Kindern. In diese »Kirche aus lebenden Steinen« kann man zur Verdeutlichung noch die beiden Schachtelkirchen hinein-stellen.

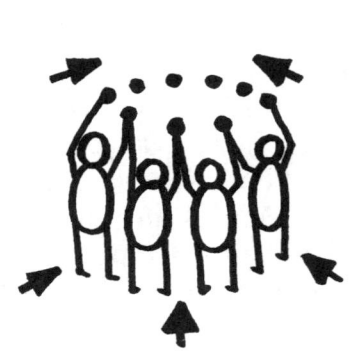 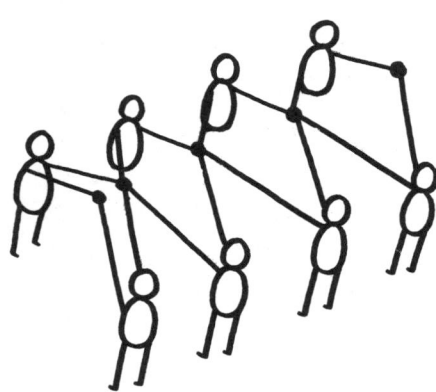

Miteinander singen und sich bewegen

Text/Melodie: Elisabeth Buck

So vie - le Fü - ße,   so vie - le Hän - de   wer - den wie Tü - ren, wie   schüt - zen - de Wän - de.
So vie - le Oh - ren, so vie - le Au - gen   kön - nen zu - sam - men zum Kir - chen - bau tau - gen.

Hel - fen wir zu - sam - men mit Ar - men und Bei - nen, so wächst un - sre Kir-che aus le - ben - den Stei-nen.

Bewegungsgestaltung:

»So viele Füße« –
Die Kinder stehen im Kreis. Sie stellen einen Fuß vor, Richtung Kreismitte.

»So viele Hände« –
Die Kinder fassen sich an den Händen.

»Werden wie Türen« –
Die Kinder stellen beide Beine in Grätsch-haltung auseinander (Türen).

»Wie schützende Hände« –
Die gefaßten Hände werden erhoben.

»So viele Ohren« –
Jeweils eine Hand an ein Ohr legen.

»So viele Augen« –
Hände über die Augen legen.

»Können zusammen zum Kirchenbau taugen« –
Gehschritte nach links.

»Helfen wir zusammen mit Armen und Beinen« –
Drei Gehschritte zur Mitte, drei zurück. Wdh.

»So wächst unsre Kirche« –
Sich langsam auf den Boden knien.

»aus lebenden Steinen« –
Gemeinsam langsam hochwachsen zum Stehen mit erhobenen Händen.

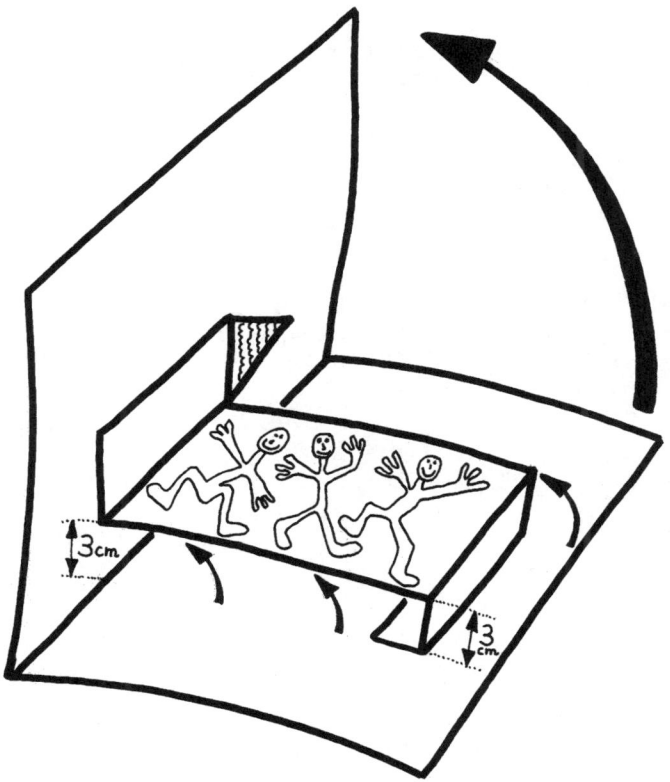

Heftwerkstatt. Auf eine Doppelseite wird eine gefaltete Kirche aus Tonpapier geklebt, die beim Öffnen des Heftes dreidimensional aufsteht. Die Kirchenmauer wird mit Menschen in verschiedenen Farben beklebt.

Beschriftung:

Katholische und evangelische Kirchengemeinden haben heute vieles gemeinsam. Aber manches ist auch verschieden.
Für Gott sind wir alle eine gemeinsame Kirche, als lebende Steine gebaut auf den Grundstein Jesus Christus.

Unterrichtsgang. Die Kinder besuchen eine katholische Kirche. Sie lassen sich vom katholischen Pfarrer Besonderheiten des katholischen Kirchengebäudes erklären. Im Gespräch mit dem Pfarrer versuchen sie, die Gemeinsamkeiten und die Unterschiede beider Konfessionen zu finden.

Projekt. Gemeinsam mit den katholischen Kindern ihrer Klasse und deren Religionslehrer entwerfen die Kinder einen ökumenischen Schulgottesdienst, der am Schuljahresende mit allen Klassen in einer Kirche gefeiert wird.

Anhang

Nachwort

Ich danke allen, die mich bei der Arbeit an meinem religionspädagogischen Konzept und bei der Ausarbeitung dieses Buches unterstützt haben:

○ Prof. Dr. Dr. Rainer Lachmann, Universität Bamberg, für seine engagierte, unermüdliche Begleitung, Beratung und Ermutigung,

○ Reinhold Albert, real – Gestaltung Sand am Main, für die Illustrationen,

○ Michael Aust, XPO Fotodesign Bamberg, für die Fotografien,

○ den Kindern aus Lisberg, Neuhausen, Priesendorf und Trabelsdorf, die alle Experimente mitgemacht und viele Ideen beigesteuert haben.

Abkürzungsverzeichnis

1 Chr	Das 1. Buch der Chronik	Joh	Das Evangelium nach Johannes
1 Mose	Das 1. Buch Mose	L.	Die Lehrerin, der Lehrer
2 Mose	Das 2. Buch Mose	Lk	Das Evangelium nach Lukas
2 Sam	Das 2. Buch Samuel	Mk	Das Evangelium nach Markus
Apg	Die Apostelgeschichte	Mt	Das Evangelium nach Matthäus
EG	Evangelisches Gesangbuch	Ps	Die Psalmen
Jer	Das Buch Jeremia	Röm	Der Brief an die Römer
Jes	Das Buch Jesaja		

Anmerkungen

[1] R. Zimmer, spielen und lernen, S. 20.

[2] E. A. Albaum, S. 3.

[3] Vgl. G. Brüggebors, Einführung / E. J. Kiphard, Mototherapie / E. Pöppel, A-L. Edinghaus, Geheimnisvoller Kosmos / Spektrum der Wissenschaft, Gehirn und Kognition.

[4] W. Radigk, Kognitive Entwicklung, S. 54.

[5] W. Radigk, Kognitive Entwicklung, S. 58.

[6] Vgl. R. Baur.

[7] F. Vester, Neuland, S. 57.

[8] P. Tillich, S. 75.

[9] H. v. Ditfurth, der Geist, S. 281.

[10] R. Ofshe in der Süddeutschen Zeitung vom 4.8.1994.

[11] G. Adam / R. Lachmann, Methodisches Kompendium, S. 180.

[12] K. S. Stanislawski, Das Geheimnis des schauspielerischen Erfolgs«, Zürich 1938, S. 201.

[13] B. Hachmeister, S. 250.

[14] Z. B. G. Adam in: Adam / Lachmann, Methodisches Kompendium, S. 137ff; E. Dieterich, Erzähl doch wieder.

[15] O. Preußler, Hörbe mit dem großen Hut, S. 97.

[16] E. Kästner, Das fliegende Klassenzimmer, S. 103.

[17] A. Lindgren, Die Kinder von Bullerbü, S. 288ff.

[18] Siehe z. B. R. Lachmann in: Adam / Lachmann, Methodisches Kompendium, S. 122ff.

[19] W. Radigk, Kognitive Entwicklung, S. 141.

[20] T. Kleinspehn, S. 120.

[21] E. Orlandi, S. 10 / Bibel in Auswahl, Thomas Zacharias, S. 379.

[22] W. Keller, Nr. 48.

[23] M. / W. Jehn, 28 Kinderspiele aus aller Welt, Nr. 11.

[24] E. Buck / U. Biasin, Wolkenspiel und Trommeltanz S. 79

[25] Ebd. S. 11

[26] Ebd. S. 63

[27] Ebd. S. 62

[28] Liederheft für die Gemeinde Nr. 746.

[29] A. Ebert / K. Hannemann, Feiert Gott in eurer Mitte, Nr. 220.

[30] Ebd. Nr. 256.

[31] B. Hoppe, Wir loben Jesus, Nr. 30.

[32] O. Riecker, Jesu Name nie verklinget, Nr. 709.

[33] E. Klusen, Deutsche Lieder, S. 731.

[34] W. Sauer, Die Weihnachtsgeschichte in deutschen Dialekten, S. 44.

[35] Ebd. S. 73.

[36] Ebd. S. 85.

[37] Ebd. S. 57.

[38] Ebd. S. 79.

[39] Ebd. S. 15.

[40] Ebd. S. 175.

[41] Ebd. S. 151.

[42] Ebd. S. 154.

[43] A. Ebert / K. Hannemann, Feiert Gott in eurer Mitte, Nr. 353.

[44] H. A. Obermann, Luther – Mensch zwischen Gott und Teufel, S. 87 ff.

[45] Ebd. S. 97ff.

[46] Ebd. S. 132ff.

[47] H. Preß »Obä Jesus hot gsocht« – das Markus-Evangelium in Fränkisch, S. 73f: »Und sie hom klana Kinnerla zu na nogetrogn, daß er sie olanga söllät, die Jünger obä hom sie ogepflaumt....«

Literatur

Adam, G. / Lachmann R., Hrsg.: Religionspädagogisches Kompendium, Göttingen 1986, 5., neubearbeitete Aufl. 1997.

ders., Hrsg.: Methodisches Kompendium für den Religionsunterricht, Göttingen 1993, 2. Aufl. 1996.

Albaum, E.A., Intern, in: Intelligenz und Bewußtsein, Geo Wissen 20/94, Hamburg 1994.

Baur, R.S., Superlearning und Suggestopädie, Berlin, München 1990.

Bettelheim, B., Kinder brauchen Märchen, München 1980, 1. Aufl.

Bildungsplan für die Grundschule, Ministerium für Kultus und Sport Baden-Württemberg, Stuttgart 1994.

Brüggebors, G., Einführung in die Holistische Sensorische Integration, Teil 1, Dortmund 1992.

Buck, E., Rhythmik – Prozeßorientierte Pädagogik, in: Rhythmik in der Erziehung 2/91, 17. Jhrg., Wolfenbüttel 1991.

Buck, E. / Biasin, U., Wolkenspiel und Trommeltanz – Musikalische Bewegungsspiele zur Sensibilisierung der Sinne, Mainz 1997.

Die Bibel in Auswahl, Gestaltung Thomas Zacharias, Stuttgart 1992.

Dieterich, E., Erzähl doch wieder, Stuttgart 1989.

v. Dithfurt, H., Der Geist fiel nicht vom Himmel, München 1980.

Ebert, A. / Hannemann K., Feiert Gott in eurer Mitte, Liederbuch der Teestube Würzburg, Stuttgart 1979.

Evangelisches Gesangbuch, Ausgabe für die Evangelisch-Lutherischen Kirchen in Bayern und Thüringen, München / Weimar 1995, 1. Aufl.

Galperin, P.J., Die geistige Handlung als Grundlage für die Bildung von Gedanken und Vorstellungen, in: Probleme der Lerntheorie, Berlin 1979.

Hachmeister, B., Wider den unreflektierten Gebrauch v. Entspannungsmusik in der bewegungs-therapeutischen Arbeit, in: Praxis der Psychomotorik 4/91, 16. Jhrg., Dortmund 1991.

Habbe, J., Palästina zur Zeit Jesu. Die Landwirtschaft in Galiläa als Hintergrund der synoptischen Evangelien, Neukirchen-Vluyn 1996.

Hoellering, A., Zur Theorie und Praxis der rhythmischen Erziehung, Berlin 1976.

Hoppe, B., Hrsg.: Wir loben Jesus, 124 Kinderlieder aus unserer Zeit, Neuhausen-Stuttgart 1975.

Heine, H., Samstag im Paradies, Köln 1985.

Inkpen, M./ Butterworth R., Wunderbare Welt, Kassel 1990.

Jehn, M. u.W., 28 Kinderspiele aus aller Welt, Lilienthal/Bremen 1979.

Johnstone, K., Improvisation und Theater, Berlin 1995.

Kästner, E., Das fliegende Klassenzimmer, Zürich 1987.

Keller, W., Ludi musici 1, Spiellieder, Boppard/Rhein, 1970.

Kiphard, E.J., Mototherapie Teil 1 und 2, Dortmund 1994.

Kleinspehn, T., Der flüchtige Blick. Sehen. und Identität in der Kultur der Neuzeit, Reinbek b. Hamburg 1989.

Klusen, E., Hrsg., Deutsche Lieder, Frankfurt am Main, 2. Aufl. 1981.

Liederheft für die Gemeinde, Evangelischer Presseverband München, 15. Aufl. 1989.

Leontjew A.N., Probleme der Entwicklung des Psychischen, Königstein/Ts. 1980.

Lindgren, A., Die Kinder aus Bullerbü, Hamburg 1987.

ders., Pippi Langstrumpf, Hamburg 1986.

Michl, R., Michels T., Es klopft bei Wanja in der Nacht, München 1987.

Obermann, H.A., Luther: Menschen zwischen Gott und Teufel, Berlin 1982.

Orlandi, E., Hrsg., Dürer und seine Zeit, Verona / Wiesbaden 1970.

Pawlow, I.P., Die bedingten Reflexe, München 1972.

Piaget, I., Die Psychologie der Intelligenz, Zürich 1948.

Pöppel, E. / Edingshaus A-L., Geheimnisvoller Kosmos Gehirn, München 1994.

Preß, H., Obä Jesus hot gsocht – das Markus-Evangelium in Fränkisch, Bamberg 1992.

Preußler, O., Hörbe mit dem großen Hut, Stuttgart 1983.

ders., Hörbe und sein Freund Zwottel, Stuttgart 1983.

Radigk, W., Kognitive Entwicklung und zerebrale Dysfunktion, Dortmund 1991.

Riecker, O., Hrsg.: Jesu Name nie verklinget, Band 3 (Liedsammlung), Neuhausen-Stuttgart 1975.

Sauer, W., Hrsg., Die Weihnachtsgeschichte in deutschen Dialekten, Husum 1993.

Schlaudt, B., Hrsg.: So spielt die Kindergottesdienstband, Heft 59 der Materialhefte, Beratungsstelle für Gestaltung von Gottesdiensten, Frankfurt 1990.

Stanislawski, K.S., Das Geheimnis des
schauspielerischen Erfolges, Zürich 1938.
Tillich, P., Systematische Theologie, Bd. I,
Stuttgart 1956, 2. Aufl.
Vester, F., Neuland des Denkens – Vom technokrati-
schen zum kybernetischen Zeitalter, Stuttgart 1985.
Watkinson, G., Hrsg.: 111 Kinderlieder zur Bibel,
Lahr/Schwarzwald und Freiburg im Breisgau 1981.
ders., Hrsg.: 77 Spiel- und Tanzlieder zur Bibel,
Lahr/Schwarzwald und Freiburg im Breisgau 1979.
Weber-Kellermann, I., 151 Deutsche Advents-
und Weihnachtslieder, Mainz 1982.

von Weizsäcker, V., Der Gestaltkreis, Stuttgart 1968.
Wolters, G., Hrsg.: ars musica –
Ein Musikwerk für höhere Schulen, Band III –
Chor im Anfang, Wolfenbüttel und Zürich 1971.
Weth, I., Neukirchener Kinder – Bibel,
Neukirchen-Vluyn 1991, 5. Aufl.
Zimmer, R., Kinder brauchen Bewegung, in:
Spielen und Lernen 8/92, 25. Jahrgang,
Seelze 1992.
Zeitschrift: Spektrum der Wissenschaft –
Gehirn und Kognition,
Heidelberg 1990.

Lehrpläne

Lehrplan für den Evangelischen Religions-
unterricht an Grundschulen in Bayern,
Hrsg. Katechetisches Amt Heilsbronn,
Neuendettelsau 1993.

Rahmenplan Grundschule,
Hessisches Kultusministerium,
Frankfurt am Main 1995.

Rahmenplan Grundschule,
Evangelischer Religionsunterricht,
Klassenstufen 3 – 4 , Erprobungsfassung,
Kultusministerium Mecklenburg-Vorpommern,
Schwerin 1994.

Rahmenrichtlinien für die Grundschule, Evangelische Religion, Niedersächsisches Kultusministerium, Hannover, 1984.

Richtlinien und Lehrpläne für die Grundschule
in Nordrhein-Westfalen,
Evangelische Religionslehre,
Düsseldorf 1985.

Vorläufiger Lehrplan Grundschule,
Mittelschule, Gymnasium – Religion,
Sächsisches Staatsministerium für Kultus,
Dresden 1992.